초등 영어 식스

초등 학부모 필독서

교집합 스튜디오 멘토
권태형 지음

초등 영어 성공의 6가지 절대 공식

초등 영어 식스

북북북
PUBLISHING COMPANY

차례

들어가며 영어 공부를 잘 시키고 있다는 착각 • 10

PART 01 초등 영어를 결정짓는 6가지 학습 성향

납득 필요형 vs. 습득 선호형 • 27
'납득 필요형' 아이의 특징 | '습득 선호형' 아이의 특징
언어 학습 성향 테스트 | 1-2학년 (저학년) 추천 학습법
3-4학년 (중학년) 추천 학습법 | 5-6학년 (고학년) 추천 학습법

스토리 지향 vs. 지식정보 지향 • 42
스토리/지식정보 선호 성향을 알아야 하는 이유
현명하게 두 성향의 균형을 잡는 방법

회복탄력성 • 50
회복탄력성은 아이마다 다릅니다
특정 시기에 더욱 중요해지는 회복탄력성
회복탄력성 향상을 위해서는 이렇게 해보세요!

사교형 vs. 독립형 • 59
주변과 상호작용을 하는 방식은 아이마다 다릅니다
선호 유형에 따른 추천 학습 방법

영단어 학습 성향 • 68
영단어 학습이 중요하지만 대부분 실패하는 이유
영단어 학습 성향은 이렇게 나뉩니다 | 영단어 학습 성향별 특징과 대비법

영문법 학습 방식 이해도 • 81
영문법 학습, 초등 때 시작해야 하는 이유와 방법
영문법 학습 태도 체크리스트 | 문법 학습 실패의 원인 4가지

PART 02 영어 학습 시기별(학년별) 성공 로드맵

미취학 ~ 초등 저학년 (1~2학년) • 103
초등 중학년 (3~4학년) • 107
초등 고학년 (5~6학년) • 113
중고등 대비 • 119

PART 03 6대 영역별 영어 학습 전략

리스닝 영어 학습의 시작 • 125
수년째 영어 소리에 노출해도 잘 못 듣는 진짜 이유

리스닝의 시작: 소리 노출의 절대 법칙 • 130
소리 노출의 타이밍 | 소리 노출의 효과적인 방법: 영어 동요 노출하기

본격적인 리스닝 학습의 시작 • 137
흘려듣기는 이렇게 시작하세요! | 흘려듣기: 동화책(그림책) 읽어주기 | 흘려듣기: 자막 없이 영상 노출하기 | 흘려듣기에서 집중듣기로 넘어가야 하는 이유 | 집중듣기는 이렇게 하세요! | 중고등 대비 리스닝

리스닝 컨설팅 상담 / 자주 묻는 질문 • 168
1. 한글과 영어 노출의 우선순위는 어떻게 되나요?
2. '사이트 워드'가 뭐죠? 따로 외워야 하나요?
3. 리스닝 시작이 늦은 고학년(5, 6학년)인데 단기간에 실력을 키울 방법은 없나요?

리딩 영어 학습의 중심 · 173
'리딩을 잘한다'의 진짜 의미를 아시나요? | 그냥 막 읽히는 게 리딩이 아닙니다!

본격 리딩을 시작하기 위한 준비 3가지 · 178
이런 특징을 보인다면 리딩 준비가 된 것입니다

본격적인 영어 리딩 · 183
영어책 읽기의 단계 | 리딩 능력을 높이는 방법이 있습니다!

리딩 로드맵 그리고 추천 도서 · 202
그림책(픽처북, Picture Book) | 파닉스 리더스(Phonics Readers)
리더스(Readers) | 챕터북(Chapter Book) | 챕터북 이후

중고등 영어는 결국 비문학 리딩이 결정짓는다 · 225

어휘가 리딩(Reading)을 리딩(Leading)한다 · 229
그림책부터 리더스까지의 단계 | 챕터북 단계 | 챕터북 이후 단계

초등 고학년 이후(중등 과정)의 리딩 · 233
단어와 문법: 언어의 기초 다지기 | 독해력: 비판적 사고의 기반
배경지식: 깊이 있는 이해의 열쇠
문제 유형별 테스트 적응 능력: 실전 대비

리딩 컨설팅 상담 / 자주 묻는 질문 · 237
1. 영어책 읽기를 거부하는 아이는 어떻게 지도할까요?
2. 렉사일 지수, AR 지수가 뭐예요?
3. 리딩 책을 고를 때, 수상작을 읽히는 건 어떤가요?
4. 미국 교과서, 한국 영어 교과서 읽기가 리딩에 도움이 될까요?
5. 초등 고학년까지 어려운 수준의 영어 리딩을 거의 해보지 않은 아이, 어떻게 할까요?
6. 영어 리딩 열심히 시키는데도 독해력이 부족해 보이고 문제도 자주 틀리는 아이, 어떻게 하죠?
7. 문법 공부를 따로 안 시켜도 리딩은 잘할 수 있지 않나요?

어휘 영어 학습의 승부처 • 254
영어 실력의 발목을 잡는 압도적 1순위 원인 = 어휘

아이의 영어를 망치는 최악의 영단어 학습 • 256

노출만으로 충분한 시기: 어휘 학습 시작 ~ 초등 2학년 • 259
우연적 어휘 학습은 이렇게 시키세요.

초등 3학년 이후의 어휘 학습 • 263
초등 중~고학년이 언어 발달의 중요한 전환점인 이유 | 우연적 어휘 학습과 의도적 어휘 학습의 균형을 맞춰 주세요.

영단어 학습을 본격적으로 시작해 볼까요? • 266
영단어 학습의 현실적인 목표는? | 영단어 학습의 도구는 딱 2가지만 있으면 됩니다. | 효과적인 영단어 학습 방법

어휘 컨설팅 상담 / 자주 묻는 질문 • 291
1. 영단어 공부를 잘하고 있는지 걱정이 되는데 확인할 수 있는 방법이 있나요?
2. 눈으로만 영단어를 공부하는 아이, 그냥 놔둬도 될까요?
3. 영단어 외우는 걸 정말 싫어하는 아이, 좋은 방법이 없을까요?

영문법 영어 실력 도약의 활판 • 297
여전히 문법은 넘기 힘든 영어의 장벽

잘못된 3가지 문법 학습 • 300
문법 선행은 문제가 많습니다 | 발달 단계에 맞지 않는 학습 방법으로 공부하는 아이 | 파편적 문법 학습의 한계

문법이란 정말 무엇인가요? • 304
문법 공부의 진짜 목적은?
초등 문법과 중고등 문법의 목표와 방법의 차이
문법과 구문 어떻게 다를까요?

효과적인 문법 공부 방법은 이렇게 합니다 • 315
영문법 학습의 시작 시기 | 성향에 맞는 추천 문법 공부법 | 진짜 효과적인 영문법 공부법 3단계 | 영문법 추천 교재

영문법 컨설팅 상담 / 자주 묻는 질문 • 326
1. '내신 문법'은 어떻게 대비할 수 있을까요?
2. 중학교 입학을 앞둔 6학년인 아이, 문법 공부를 정말 싫어해서 제대로 시작도 못 했는데 어떻게 해줘야 할까요?
3. 미국에서 몇 년 살다 온 아이라 문법 없이도 영어를 잘하는데 문법 공부를 꼭 해야 하나요?
4. 방학 특강 등 단기로 진행되는 '문법 특강'을 수강하는 것이 도움이 될까요?

라이팅 중고등 영어의 승부처 • 334
라이팅에 대한 인식 전환이 필요한 때

라이팅에 대한 오해 • 337
충분한 인풋, 문법 공부가 되어야만 라이팅이 가능할까?
'순수한 글쓰기'만이 라이팅일까? | 잘못 쓴 글은 반드시 수정이 필요할까?

라이팅은 이렇게 시작하세요 • 341
본격적인 라이팅을 시작해야 하는 타이밍
지필고사와 수행평가 점수를 위한 라이팅 | 자신의 생각을 담은 라이팅

단계별 라이팅 훈련법 • 355
알파벳 쓰기 | 단어 쓰기 | 문장 쓰기 | 일기 쓰기 | 북리포트 쓰기
학년별 추천 라이팅 STEP: 1~3학년 | 학년별 추천 라이팅 STEP: 4~6학년
학년별 추천 라이팅 STEP: 중등 이후

추천 모음 • 379
추천 교재 | 추천 사이트 및 APP 활용 방법

라이팅 컨설팅 상담 / 자주 묻는 질문 • 384
1. 영어 문장, 책 필사가 라이팅에 도움이 될까요?
2. 영작문을 꾸준히 하는데도 도무지 실력이 늘지 않습니다. 뭐가 문제일까요?
3. 작문 실력을 쑥쑥 키워줄 수 있는 비법은 없나요?

스피킹 영어 유창성의 기준 • 389
우리 아이가 스피킹을 잘 못하는 진짜 이유

우리 아이가 스피킹을 잘 못하는 진짜 이유 • 391
ONLY '회화' = 스피킹? | 충분한 '인풋'의 부족 | 스스로 문장을 만들어낼 역량이 부족 | 감정적으로 스피킹이 두려운 상태

영어 스피킹 훈련의 방법 • 395
다른 영어 영역과 함께하는 스피킹 | 스피킹 연습 실천 전략

스피킹 컨설팅 상담 / 자주 묻는 질문 • 414
1. 영어 회화, 언제부터 시작할 수 있을까요?
2. 영어 말하기 대회에 참가하는 것이 도움이 될까요?

PART 04 초등 영어 학부모 컨설팅 | 헌신적인 영어교육 상담

1. 영어학원 고르는 방법을 알려주세요.
   어떤 학원이 좋은 영어학원인가요? • 421
2. 영어학원을 보내야 할 때와 그만두게 해야 할 때가 따로 있나요? • 425
3. 어학원과 입시 영어학원, 어디에 보내야 할지 모르겠어요. • 429
4. 부모가 영어를 잘 못하는데 아이에게 영어를 가르칠 수 있을까요? • 433
5. 초등 영어에서 가장 중요한 부모의 역할은 무엇인가요? • 435
6. 영어 디지털 교과서 시대, 어떻게 대비해야 하나요? • 441
7. 영어 잘하는 아이를 만들기 위한 조언을 부탁드립니다! • 446

부록 • 451
Dolch Sight Words List
Fry Sight Words List
교육부 지정 초등 필수 기본 어휘 600
교육부 지정 초등 필수 심화 어휘 200
교육부 지정 중고등 필수 어휘 中 초등 고학년 추천 어휘 300

참고 문헌 • 522

들어가며

영어 공부를 잘 시키고 있다는 착각

✓ 같은 영어 수업을 듣는데 어떤 아이는 영어를 잘하고 또 어떤 아이는 잘 못하는 이유는 무엇일까요?

✓ 같은 부모를 둔 형제인데 왜 한 아이는 영어를 잘하고 다른 아이는 잘 못하는 걸까요?

✓ 초등 때는 분명 영어 실력이 같았던 아이들이 중학생이 되면서 급격하게 격차가 벌어진 이유는 무엇일까요?

이 책은 오랜 기간 치열한 영어교육 현장에서 늘 봐왔던 문제와 늘 들어왔던 고민에 대한 현실적인 답변서이자 실천서입니다. 이 책을 완성하기까지 꽤나 오랜 시간이 걸렸습니다. 6대 영어 영역별 학습법 총정리, 최신 교육 트렌드(변화) 반영 그리고 아이들의 6가지 영어 학습 성향 분석 등, 이 책에서 다루는 현실적이고 실천적인 내용 하나하나가 정말 많은 노력이 요구되며 힘든 작업이었기 때문입니다.

그리고 그 노력의 지향점은 많은 아이에게 현실적으로 적용할 수 있는 실천적인 학부모 영어교육 지침서를 만드는 것이었습니다. 그래서 이 책은 수동적으로 읽는 자녀 교육서가 아니라 성향 검사도 직접 해보고, 공부법도 바로 따라해 보고, 추천 리스트도 적용해 보고, 단어 테스트도 실행해 보고 또 고민 상담도 해결하는 '실천하는 책'이 되었습니다.

이 책을 통해 여러분과 공유하고 싶은 영어 성공의 절대 공식은 다음과 같습니다.

'내 아이'는 옆집 아이와 다릅니다!

만약, 내 아이가 픽션보다 논픽션 영어책을 더 좋아한다면?

동물, 역사, 과학 원리 등 논픽션을 좋아하는 아이에게 그저 남들이 좋다는 '이야기 영어책'만 주구장창 읽힌다면 이 아이는 결국 영어를 좋아할 수 있을까요?

만약, 내 아이가 영어 그룹(팀) 수업 때 유독 많은 스트레스를 받는다면?

우리 아이가 영어 수업을 싫어하는 이유를 알고 보니 영어 자체가 아니라 그룹 수업을 받는 동안 여러 아이들 사이에서 엄청난 스트레스를 받는 성격 때문이었다면 그래도 그런 학원에 계속 보내실 건가요?

만약, 내 아이가 다독보다 정독을 선호하는 아이라면?

읽기 속도가 느리다고 생각했던 우리 아이, 알고 보니 어떤 글이든 꼼꼼하게 읽는 우수한 성향의 아이였네요! 그걸 모르고 혹시 느리다고 타박하지는 않았나요? 만약 그랬다면 그런 환경에서 과연 이 아이가 영어책 읽기를 계속 좋아할 수 있을까요?

만약, 내 아이가 평소에는 잘하는데 테스트 때만 유독 제 실력을 전혀 발휘하지 못한다면?

평상시에는 잘하다가 유독 스트레스 상황만 오면 영어 시험 성적과 생활의 기복이 커지는 아이, 혹시 그런 아이에게 잔소리만 늘어놓고 있지는 않나요? 회복탄력성이 낮은 아이에게 잔소리를 하며 공부 계획을 지속적으로 밀어붙이고 있다면 지금 그리고 앞으로 이 아이의 영어 감정은 어떻게 될까요?

내 아이는 옆집 아이와 너무나도 다른 존재입니다. 심지어 같은 부모를 둔 형제, 자매, 남매 아이들도 저마다 성향과 기질이 모두 다르죠. 공부는 성향과 성격대로 하게 됩니다. 특히 영어를 학습할 때에는 다른 과목보다 이런 개인 성향의 영향을 더 크게 받습니다. 왜냐하면 영어는 언어이기 때문이에요. 즉 영어는 공부 기간이 매우 길 뿐만 아니라 개인의 성향이 그대로 투영되며 평소의 생활 습관이 학습에 많은 영향을 끼치는 과목입니다.

> "내 아이의 성향을 무시한 획일적인 접근은 영어 학습 과정에서 발생하는 모든 문제의 원흉입니다!"

이를 극복하기 위해서는 영어 학습에서 가장 중요한 성향 6가지를 파악하여 내 아이에게 가장 잘 맞는 영어 환경을 만들어 줘야 합니다. 이건 절대로 아이 스스로 할 수 없는 일이에요. 학교에서도, 학원에서도 해줄 수 없으며 유일하게 부모만이 챙겨줄 수 있는 것이죠. 그리고 이것이 반영된 학습 결과는 단언컨대 우리 아이만의 가장 강력한 무기가 될 겁니다.

1장에서는 영어 학습 성향 6가지(납득 필요형 vs. 습득 선호형, 스토리 지향 vs. 지식정보 지향, 사교형 vs. 독립형, 회복탄력성, 영단어 학습 성향, 영문법 학습 방식 이해도)를 상세히 살펴봅니다. 이 과정을 통해서 여러분은 아이의 학습 성향을 파악하고 그에 맞는 최적의 학습 전략을 세울 수 있게 됩니다.

영어는 '순서'가 절반입니다

만약, 파닉스가 계속 안 되고 있다면?

만약 영단어의 소리와 철자를 연결 짓지 못하는 상태가 지속된다면 아이의 영어는 '집중듣기'도, 영단어 학습도, 리딩과 낭독도 제대로 나아가지 못할 겁니다. 단순히 파닉스의 문제로 끝나지 않고 영역별 학습도 순차적으로 발목이 잡혀서 심각한 상태가 되죠.

만약, 영어 시작을 3학년부터 한다면?

아이 영어 공부의 시작이 '3학년'인 경우가 있습니다. '공교육의 시작점이니 이때 시작하는 게 뭐 어떠냐'고 생각하는 분이 계실 거예요. 그런데 이건 꽤나 위험한 선택일 수 있습니다. 그 이유는 공부의 양이나 진도의 문제가 아니라 아이의 심리적 충격 때문입니다. 실제로 한국교육과정평가원의 연구에 따르면 아이들을 대상으로 '영어가 어렵다고 느낀 학년'을 조사한 결과, '초 3'이라고 응답한 수가 무려 세 번째로 많습니다. 이때부터 발생한 영어에 대한 심리적 위축이 결국 격차로 이어질 수도 있다는 것이죠. 이처럼 영어에 있어서 '적절한 시기'는 매우 중요한 성공 요소입니다.

만약, 영어를 잘하는 저학년(1-2학년) 아이에게 더 잘하라고 문법을 가르친다면?

저학년 심지어 유치원생에게 영문법을 직접 가르치는 경우가 있습니다. 잘하는 아이니 더 잘하라고 일종의 '선행' 개념으로 시키는 것인데요. 결국 이 섣부른 선택은 부모의 심리적 만족 외에는 대부분 부정적인 결과로 이어집니다. 아이로 하여금 영어에 대한 부정적인 감정을 갖게 만드니까요. 문법은 어른들도 이해하기 어렵습니다. 그런데 왜 이때, 굳이, 시키는 걸까요?

만약, 고학년(5-6학년)인데도 비문학 리딩을 별로 잘 못한다면?

중고등 내신과 수능 영어까지도 소위 '시험 문제'는 비문학 리딩 위주로 구성됩니다. 즉 초등 고학년 시기에 비문학 영어 텍스트를 거의 접하지 못한 채 중학교에 진학하면 그 어려움은 배가되죠. 리딩도 시기별로 강조되는 순서와 내용이 있다는 사실을 알아야 중고등 영어를 제대로 대비할 수 있습니다.

이처럼 우리 아이들 상당수가 시기에 맞지 않거나 순서를 뒤바꿔서 공부하고 있습니다. '시기별 영어 학습'이라는 개념을 알지 못하는 경우도 많죠. 한 영역 안에서도 바람직하고 효과적인 학습 순서가 있고 또 각 영역들 사이에도 올바른 순서가 있습니다. 이 순서만 이해해도 훌륭한 학부모 영어 코칭이 가능하게 됩니다.

아이 스스로는 이 순서를 이해하거나 실천할 수가 없습니다. 나름 정보를 모은다는 많은 부모님도 헷갈려 하시거든요. 그래서 이 책의 2장에 영어 로드맵 지도를 넣어 놓았습니다. 시기별(학년별), 영역별로 해야 하는 공부 내용과 순서를 구체적으로 제시해 놓은 것이니 이 로드맵 하나면 미취학 때부터 중고등 대비까지 흔들림 없이 나아갈 수 있을 겁니다.

영어는 한 과목이 아니라 '6과목'입니다

만약, 영어를 한 과목처럼 공부한다면?

영어는 학습자 입장에서 영역 6개(듣기, 읽기, 어휘, 문법, 쓰기, 말하기)가 모인 하나의 큰 세계입니다. 서로 유기적으로 얽히고설켜 언뜻 하나의 과목처럼 보이지만 실상은 학습 방식과 접근이 서로 조금씩 다른 여러 영역으로 구성되어 있죠. 그렇기 때문에 각 영역의 특성을 고려하여 학습하지 않으면 좀처럼 효율이 나지 않습니다. 예를 들어, 리스닝은 노출과 습득이라는 개념이 중요하지만 문법에서는 노출보단 명시적·연역적 학습 방법이 더 중요합니다. 만약 각 영역에 맞는 공부법을 알고 실천하지 못한다면 결국 우리 아이들은 애만 쓰다가 좌절하게 될 가능성이 높습니다.

만약, 내 아이가 영단어 암기를 많이 힘들어한다면?

어휘는 영어의 시작이자 마지막입니다. 그만큼 '어휘'는 중요한 핵심 영역이에요. 그런데 대부분의 경우에 어휘는 그냥 방치되어 있습니다. 그저 단골 숙제이고 테스트용 공부일 뿐 어디서도 따로 신경을 써 주지 않죠. 그런데 만약 내 아이가 영단어 공부를 많이 힘들어하고 있다면 이는 매우 위험한 신호입니다. 왜냐하면 다른 모든 영역이 중단될 수 있는 위기이자 영어가 싫어지고 있다는 징조이니까요. 영단어는 그냥 무턱대고 외우는 학습 영역이 아닙니다. 암기를 힘들어할수록 아이의 학습 성향에 맞는 과학적인 영단어 학습 방법을 알려 주어야 해요. 집에서 영단어만 잘 챙겨 주셔도 영어 성공 확률은 3배 이상 올라갑니다. 영단어만 잡으면 영어는 80% 정도는 성공한 것이나 다름없으니까요.

스피킹을 잘하는 아이로 키우고 싶다면?

한국에서 영어 스피킹을 잘하는 아이로 키우려면 어떻게 지도해야 할까요? 원어민 수업부터 떠올리시겠지만 원어민과 그저 대화를 많이 하는 것만으로는 부족합니다. 진정한 말하기란 내 생각을 조리 있게 구성해서 잘 전달하는 것이기 때문이죠. 그래서 사실은 리딩이 매우 중요합니다. 스피킹을 정말 잘하는 아이에게는 리딩을 많이 한 배경이 숨어 있어요. 읽고, 낭독하고, 내 생각을 써보는 과정에서 자연스럽게 스피킹 능력이 키워진 것이죠. 리딩과 연계한 스피킹 학습법, 거창한 준비 없이도 누구나 실천할 수 있습니다.

리딩, 많이 읽는 것만이 유일한 방법일까?

무조건 많이 읽는 것이 모든 문제를 해결하지는 못함을 실제 교육 현장에서 어렵지 않게 볼 수 있습니다. 일단 '많이 읽히기'부터가 정말 힘들어요. 많이 읽어서 유창성과 정확성까지 갖추는 아이는 소수에 불과하거든요. (우리 집에는 없는 '유니콘' 같은 아이입니다.) 반대로 어휘력이 리딩을 이끌어 가는 경우도 많고요. 오히려 적은 수의 책으로 꼼꼼히 챙겨서 하는 독후 활동이 다독보다 나은 경우도 있습니다. 즉 리딩도 전략이 필요합니다. 같은 노력으로 남는 게 훨씬 많은 리딩 학습법, 바로 확인하고 적용해 보세요.

2장에서는 시기별(학년별), 영역별 학습 순서와 로드맵을 알려 드리고, 이어지는 3장에서는 6대 영역별로 가장 효과적이고 현실적인 학습 방법을 제시합니다. 각 영역의 현실적인 어려움과 고민을 반영하여 실천적인 솔루션을 담았습니다. 아이가 해당 영역의 학습에서 어려움을 느끼지 않도록 미리 대비하시길 당부드립니다.

아이 영어, 결국 부모의 '선택'이 좌우합니다

우리 부모님들은 아이의 영어 공부를 위해 수많은 선택을 하게 됩니다. 학원 선택, 교재 선택, 시기 선택 등 자신의 선택이 과연 최선일까 하는 불안감을 안고 늘 선택의 기로에 서게 되죠. 이 책에는 그 마음을 담았습니다. 특히 4장에서는 수많은 학부모님의 질문 중 학습 내용에 관한 것은 (1~3장에서 이미 다뤘으므로) 제외하고 가장 빈도수가 높으며 중요한 것을 선별하여 Q&A 형식으로 정리했습니다. 이 부분은 실제 영어교육 현장에서 자주 부딪히는 문제에 대한 실질적인 해답이 될 거예요.

이 책은 초등 학부모를 위한 현실적이고 실천적인 영어 자녀 교육서이니 아이가 중학생이 되는 그때까지 곁에 가까이 두시며 두고두고 읽어 보시길 바랍니다. 단순히 한 번 읽고 끝내는 것이 아니라 아이의 영어 학습 과정 전반에 걸쳐 계속 참고하는 지침서로 활용하시면 좋겠습니다.

이 여정을 충실히 따라오신다면 여러분은 아이의 숨겨진 영어 잠재력을 발견하고 그 능력을 최대한 끌어올리는 방법을 찾게 될 거라 확신합니다.

자, 그럼 이제 본격적으로 시작해 보겠습니다.

PART 01.

초등 영어를 결정짓는 6가지 학습 성향

많은 학부모님이 아이의 영어교육을 위해서 영유아 때부터 비싼 영어 유치원을 선택하거나 최신 영어 학습 도구를 구매하고, 나아가 유명 영어학원에 지속적으로 보내는 등 막대한 사교육비를 쓰며 다방면으로 노력을 기울이고 있습니다. 하지만 이런 열정과 투자에도 불구하고 아이의 영어 실력이 기대에 크게 미치지 못하는 경우가 많죠.

도대체 왜 그럴까요?

그 이유는 바로 '아이의 학습 성향을 전혀 고려하지 않는 접근법' 때문입니다. 다음과 같은 성향 차이를 '알고 각자에 맞는 방법으로 학습하느냐', '모르고 그냥 무턱대고 학습하느냐'에 따라서 성취도에서 엄청난 격차가 나게 되는 거죠.

납득 필요형 vs. 습득 선호형
스토리 지향성 vs. 지식정보 지향성
사교형 vs. 독립형
회복탄력성
영단어 학습 성향
영문법 학습 방식 이해도

이 6가지는 단순한 이론이 아닙니다. 이는 영어교육 현장에서 실제로 많은 아이의 영어 학습 결과가 달라지는 주요 원인으로서 제가 직접 목격하고 경험한 것입니다. 이 요인을 제대로 이해하고 대처하지 못하면 아이들은 영어에 대한 흥미를 잃고 자신감을 상실하며, 때로는 영어 학습 자체를 포기하게 될 겁니다. 하지만 반대로 이 요인을 올바르게 파악하고 대응한다면 아이들의 영어 학습은 완전히 다른 양상을 띨 수 있습니다.

6가지 요인은 모두 우리 아이의 영어 학습 과정에서 반드시 고민해야 하는 것들이지만, 현재 여러분과 아이를 가장 괴롭히는 큰 고민이 있다면 그 부분부터 살펴보길 추천합니다. (물론, 학습에 대한 고민은 시시때때로 찾아오기 때문에 결국은 다 살펴보셔야 합니다.) 그러면 다음의 질문을 통해서 가장 먼저 읽어야 할 곳을 찾아보세요.

Q. 현재 우리 아이의 영어 학습 과정에서 가장 큰 고민은 무엇인가요?

① 그동안 영어 공부를 잘해 오다가 갑자기 힘들어 하네요. ➪ 50p.

② 공부할 때마다 "이건 왜 그래?"라고 물어보니 난감하고, 도무지 진도가 안 나갑니다. ➪ 27p.

③ 이야기 책에 도무지 흥미가 없어요. 책을 읽히기가 너무 힘듭니다. ➪ 42p.

④ 말수가 적은 아이라 그런지, 좋다는 어학원에 도무지 적응을 못 하네요.

⇨ 59p.

⑤ 단어, 백날 외우는 데 그때뿐이에요. 매일매일이 전쟁터입니다.

⇨ 68p.

⑥ 영문법, 어렵기만 한데 초등 때 굳이 시켜야 할까요? ⇨ 81p.

납득 필요형 vs. 습득 선호형

　수많은 영어 자녀 교육서에 나온 공부법을 따라해 보고 소문난 영어학원에도 보내 보며, 유명한 엄마표 영어 방식을 적용해 봐도 아이의 영어 실력이 여러분의 기대에 미치지 못하거나 아이가 영어 공부 자체를 힘들어하는 경우가 있습니다. 상황이 이렇다 보니 처음엔 그런 방법을 부정하게 되고 나중엔 '우리 아이가 언어적 감각이 없나 봐'라며 좌절하기 십상이죠. 하지만 그 근본 원인은 아이의 언어 학습 성향을 전혀 고려하지 않은 부모의 획일화된 접근에 있습니다. 그중에서도 아이가 선호하는 영어 입력(Input) 방식이 무엇인지 우선 들여다봐야 합니다. 이해하기 쉬운 표현인 '**납득 필요형**'과 '**습득 선호형**'의 개념으로 한번 설명해 보겠습니다.

실제 교육 현장에서 보면 영어를 접하는 방식은 아이마다 다릅니다. 어떤 아이는 영어의 규칙이나 원리를 통해 배우는 것을 좋아합니다. 즉, '논리적 설명을 통한 납득이 필요한 성향'이 좀더 두드러지죠. 어떤 아이는 영어 환경에 푹 빠져서 자연스럽게 익히는 것에 더 맞는 '습득 선호 성향'을 지니고 있습니다. 그러니 무턱대고 좋다는 걸 그대로 따라 하기보다는 이 두 가지 성향을 올바르게 이해하고 우리 아이 성향에 맞는 방법을 적용해야 합니다. 그래야 우리 아이의 영어 학습이 좀더 효과적으로 이뤄질 수 있으니까요.

'납득 필요형' 아이의 특징

'**납득 필요형**'은 언어학에서 이야기하는 명시적·분석적 성향과 맞닿아 있습니다. 이런 아이는 규칙을 배우고 이해하는 것을 좋아하죠. 마치 레고 블록을 조립하듯이 언어를 이해하려는 경향이 있습니다.

예를 들어서 'Why'로 시작하는 의문문을 배울 때 "Why is the sky blue?"와 같은 문장에서 'is'가 왜 주어 앞으로 이동하는지 물으며 구체적인 설명을 요구합니다. 또한 'ph'가 'f' 소리가 나는 이유를 묻기도 하고 'phone', 'elephant' 등의 단어에도 이러한 원리가 적용되는지 궁금해하죠.

- 납득 필요형 성향이 강한 아이는 규칙과 언어 구조를 체계적으로 이해할 수 있기 때문에 정확한 영어 사용에 강점이 있습니다.
- 문장 구조를 잘 이해하기 때문에 복잡한 텍스트도 해석할 수 있는 독해 능력을 갖출 수도 있고요.
- 구조화된 평가에 강점이 있어서 학교 시험이나 공인 영어 시험에서도 강한 면도를 보여 주죠.

하지만 이러한 장점과 더불어 다음과 같은 어려움을 겪을 가능성도 있습니다.

- 규칙에 지나치게 집중한 나머지 실제 의사소통에 어려움을 겪을 수 있습니다.
- 유동적으로 변하는 상황과 맥락에 맞는 언어 사용에 어려움이 있을 수 있어요.
- 완벽주의 성향으로 인해서 실수에 대한 두려움이 클 수도 있죠.
- 유창성보다 정확성에 치중하느라 말하기와 쓰기 속도가 느릴 수 있습니다.

예를 들어서, 영어 문장을 만들 때에도 항상 문법을 찾아보면서 돌다리도 두들겨 가면서 건너는 식이기 때문에 다른 아이들보다 훨씬 많은 시간이 듭니다. 또 원어민과 대화할 때, 완벽한 문장을 만들려고 하다가 머뭇거려서 대화의 흐름을 놓치기 십상이죠. 영어로 된 영상을 볼 때에도 대사의 문법을 생각하느라 내용을 놓칠 가능성이 있습니다.

'습득 선호형' 아이의 특징

반면에 **'습득 선호형'** 아이는 언어학에서 말하는 암묵적·직관적 성향을 많이 보입니다. 이런 아이는 영어책을 읽을 때 모르는 단어가 나와도 전체적인 맥락을 통해 의미를 추측하려 듭니다. 또 영어 노래를 들을 때 가사의 정확한 뜻은 모르지만 전체적인 분위기를 느끼며 따라 부르기도 하죠. 영작문에서 틀린 부분이 있어도 내용 전달에 초점을 맞추며 자신 있게 글을 쓰기도 합니다. 이처럼 습득 선호형의 성향이 강한 아이는 다음과 같은 장점이 있습니다.

- 실제 의사소통 상황에서 언어를 자연스럽게 흡수하고 사용할 줄 압니다.
- 문맥을 통해서 새로운 단어나 표현의 의미를 유추하는 능력이 뛰어나요.
- 세부적인 요소보다는 전체적인 의미 파악에 강점을 보입니다.
- 정확성에 대한 압박감과 스트레스가 상대적으로 적어서 영어 학

습을 꾸준히 할 수 있어요.

하지만 이런 아이도 장점과 더불어 다음과 같은 어려움을 겪을 가능성이 있습니다.

- 체계보다 직관에 의존하기 때문에 정확성이 떨어질 우려가 있습니다.
- 문법적 오류를 인지하고 수정하는 능력이 부족할 수 있어요.
- 정확성을 주로 평가하는 영어 내신 시험에 다소 취약할 수 있습니다.
- 맥락을 통해 단어의 의미를 유추하는 능력은 뛰어나지만 체계적인 어휘 확장에는 어려움을 겪을 수 있죠.

예를 들어서 말하거나 글을 쓸 때 기본적인 문법 오류(예: 시제 불일치, 단복수 오류)를 자주 범하는 편입니다. 또한 영어 독해 시 전체적인 내용은 빠르게 파악하지만 세부적인 문법 문제나 어휘 문제에서 실수를 하기가 쉬워요. 그 결과 원어민과의 대화 수준이나 원서 읽기 수준에 비해서 영어 시험 점수가 낮기도 합니다. 또 알고 있는 어휘가 좋아하는 주제로 한정되기가 쉽고요.

이처럼 납득 필요형과 습득 선호형은 각각의 장단점을 가지고 있습니다. 중요한 것은 두 성향이 상호보완적으로 작용할 때, 즉 좀더 강조되어야 할 시기에 맞게 발현될 때, 가장 효과적인 언어 학습이 이루어진다는 점이에요. 그래서 학부모님들은 자녀의 주된 학습 성향을 파악하고 부족한 부분을 보완할 수 있는 방법을 찾아서 시의적절하게 지도해야만 합니다.

그렇다면 여러분의 아이는 어떤 성향에 더 가까운지 알고 계시나요?

영어 학습 성향 테스트

다음의 체크리스트는 여러분 자녀의 영어 학습 성향을 파악하기 위한 것입니다. 만약 우리 아이 성향이 직관적으로 파악되지 않는다면 (혹은 알고 계시더라도 확인하고 싶다면) 다음의 테스트를 진행해 보세요. 학습 방법을 찾고 또 학습 계획을 짜기 전에 반드시 선행되어야 하는 과정입니다.

단, 이 체크리스트는 절대적인 기준이 아니라 대략적인 경향성을 파악하기 위한 도구임을 염두에 두셔야 합니다. 각 항목을 주의 깊게 읽고 평소 자녀의 학습 태도와 선호도를 떠올리면서 하나씩 체크해 보세요. (아이와 함께 진행하셔도 좋습니다.)

영어 학습 성향 테스트

A Test   각 항목에 대해 0점(전혀 아니다), 1점(가끔 그렇다), 2점(자주 그렇다) 중 하나를 선택하세요.

1. 문장에서 단어의 위치가 바뀌는 이유를 알고 싶어 한다.
2. 영어 단어의 발음 규칙에 관심을 보인다.
3. 영단어 스펠링에 주의를 기울인다.
4. 영어 문제를 풀 때 틀린 이유를 궁금해한다.
5. 말하거나 쓸 때 틀리지 않으려고 많은 시간을 사용한다.
6. 복잡한 문장을 해석할 때 하나씩 분석하고 이해하려고 한다.
7. 문법이나 영단어의 어원 같은 수업에 관심을 보인다.
8. 단어를 공부할 때 품사, 유의어, 반의어 등에 관심을 갖는다

A Test 점수 총합: _____

B Test   각 항목에 대해 0점(전혀 아니다), 1점(가끔 그렇다), 2점(자주 그렇다) 중 하나를 선택하세요.

1. 영어 노래를 들을 때 의미를 모르더라도 따라 부르려고 한다.
2. 애니메이션을 볼 때 다 이해하지 못해도 자막 없이 보는 것에 거부감이 적다.
3. 원어민과 대화할 때 틀려도 말하려고 노력한다.
4. 영어책을 읽을 때 모르는 단어가 있어도 전체 내용을 이해하려고 한다.
5. 영어 글을 쓸 때 정확성보다 하고 싶은 말을 표현하는 것에 중점을 둔다.

6. 모르는 단어가 있어도 맥락을 통해 의미를 추측하려고 한다.
7. 암기보다는 언어를 실제로 사용하며 습득하는 것을 선호한다.
8. 수업을 듣는 것보다 영어로 하는 활동에 더 적극적으로 참여한다.

B Test 점수 총합:_____

A Test 점수 총합 − B Test 점수 총합 = _____

결과 해석

- 11 ~ 16점: 강한 납득 필요형
- 3 ~ 10점: 납득 필요형 우세
- −2 ~ 2점: 성향이 두드러지지 않음
- −3 ~ −10점: 습득 선호형 우세
- −11 ~ −16점: 강한 습득 선호형

유아 내지 초등 저학년 아이에게서는 일반적으로 습득 선호형이 좀더 두드러집니다. 게다가 이 시기는 습득 중심의 영어 학습 방식이 더 적합하죠. 반면에 학년이 올라감에 따라 점차 명시적·분석적 학습의 필요성이 증가하기 때문에 납득 필요형 방식이 더 효과적입니다.

그러면 지금부터 학년별 시기적 특성과 함께 각 성향에 따른 추천 학습법을 살펴보겠습니다.

1-2학년 (저학년) 추천 학습법

이 나이대의 아이에게는 명시적 학습보다 '습득 중심'으로 언어를 배우는 것이 더 적합합니다. 의식적인 노력을 하지 않아도 언어 사용 맥락에서 그 패턴을 무의식적으로 인식하고 습득하는 능력이 자연스럽게 발휘되는 때니까요. 게다가 추상적 개념에 대한 이해력이 아직 충분히 발달하지 않았기 때문에 규칙에 의한 학습 자체를 어렵게 느끼는 시기이기도 합니다. 즉, 전체적인 언어 발달 단계에 비추어 봤을 때 '습득 방식'이 더욱 강조되어야 하는 것이죠. 따라서 이 시기의 아이에게 추천하는 영어 노출 방식은 다음과 같습니다.

- 자연스러운 언어 습득: 집에서 보내는 일상 속에서 자연스럽게 영어를 접할 수 있는 환경을 조성하는 것이 가장 중요합니다.
- 놀이와 상호작용을 통한 영어 노출: 노래, 게임, 이야기 등의 활동을 통해서 영어를 재미있게 느끼게 하는 것이 중요합니다. 동시에 아이가 영어에 대해 부정적인 감정을 갖지 않도록 테스트는 자주 하지 않아야 하고요.
- 풍부한 언어 노출, 인풋의 중요성: 이 시기에 영어를 많이 들으며 읽어 본 아이는 유창성뿐만 아니라 향후 정확성 측면에서도 높은 수준에 도달하기가 쉽습니다.

습득 선호형 아이에게는 특히 '리스닝'과 '리딩' 중심으로 더 많은 언어 노출을 하는 것이 효과적입니다. 단, 아이에게 노출할 콘텐츠를 고를 때 주의할 점은 '무작위'로나 '좋다고 하는 것'이나 '추천받은 것'을 선택하면 안 된다는 것입니다. 아이의 관심사와 흥미를 고려한 주제와 소재를 선별해야 합니다. 예를 들어, 동물을 좋아하는 아이에게는 동물 관련 영어책이나 영상을, 음악을 좋아하는 아이에게는 영어 노래를 활용하는 것이 좋습니다. (좀더 자세한 방법은 3장의 리스닝과 리딩 학습 편을 참고해 주세요.) 이렇게 아이의 흥미에 맞춘 콘텐츠를 통해 자연스럽게 영어에 노출되도록 하면 아이는 좀더 높은 집중력을 가지고 지속적으로 영어를 습득하게 됩니다.

한편, **납득 필요형 아이**라고 하더라도 이 시기에는 명시적인 문법 학습이나 어원을 통한 어휘 학습을 무리하게 시도하는 것은 추천하지 않습니다. 이는 아이의 인지발달 단계를 고려할 때 아직은 그 내용을 온전히 이해하기 어려울 뿐만 아니라 자칫 영어 자체에 대한 흥미를 잃게 만들 수도 있기 때문이에요. 그 대신 언어의 규칙에 관심을 보인다면 충분한 '문장 예시'를 보여주며 아이가 "왜?"라고 물을 때 간단히 설명은 해주되 깊이 파고들지 않는 것이 중요합니다. 예를 들어서 'apple'과 'apples'의 차이를 물으면, "여러 개일 때 '-s'를 붙여"라고 간단히 답해 주는 정도가 적절하지, "단수와 복수의 차이라서…."라며 굳이 문법 용어까지 노출할 필요는 없다는 말입니다.

결국 이 시기의 핵심은 아이가 영어를 즐겁고 자연스러운 것으로 인식하도록 도와주는 겁니다. 그러니 게임, 노래, 스토리텔링 등 재미있는 활동을 통해서 영어에 긍정적인 태도를 형성하는 데 학습의 중점을 두세요. 이러한 접근 방식은 향후 더 체계적인 학습을 위한 튼튼한 기반이 됩니다.

3-4학년 (중학년) 추천 학습법

이 시기에는 명시적이고 의도적인 학습을 '적은 분량'이라도 시작해야 합니다. 기본적인 언어 구조를 이해할 수 있는 '인식'이 발달하는 때이기 때문입니다. 이 시기의 특징은 다음과 같습니다.

- 인지발달: 추상적인 사고가 발달하기 시작합니다.
- 학습 스타일의 다양성: 개인마다 선호하는 학습 방식이 다양해지고 두드러지기 시작해요.
- 두 성향 학습의 병행: 노출 습득과 의도적 학습의 병행이 필요한 때입니다.
- 언어 능력의 균형적인 발달: 암묵적 학습은 유창성을, 명시적 학습은 정확성을 높이는 데 도움이 됩니다.

습득 선호형 아이에게는 여전히 풍부한 언어 노출이 필요합니다. 리스닝과 리딩을 통한 인풋을 지속적으로 제공하되, 이제는 아이의 관심사와 학습 수준을 고려하여 좀더 다양한 콘텐츠를 활용해야 하죠.

예를 들어, 간단한 영어 동요나 챈트 수준에서 스토리가 있는 듣기로 넘어간다거나 영어로 된 과학 실험 영상, 요리 프로그램, 또는 아이들을 위한 뉴스 프로그램 등을 활용해 볼 수 있습니다. 또한 영어로 된 보드게임이나 카드게임을 통해서 놀이와 학습을 결합할 수도 있어요. 아이들은 이러한 다양한 매체를 통해서 실생활에서 사용되는 영어 표현과 어휘를 자연스럽게 접하게 됩니다. 그리고 꼭 기억하실 것은 이때도 역시 아이의 흥미를 중심으로 콘텐츠를 선택하는 것이 중요하다는 사실입니다.

납득 필요 성향이 강한 아이는 이때부터 본격적으로 '체계적인 학습'을 시작할 수 있습니다. 예를 들어, 영어 텍스트를 읽은 후에 문장 속에서 특정 표현이나 어휘를 찾아보는 활동을 할 수 있죠. 이 시기의 아이들은 '언어를 생각하고 분석하는 능력'이 조금씩 발달하기 때문에 간단한 언어 규칙에 대해 이야기를 나누거나 설명해 보게 하는 활동도 시도할 수 있습니다. 하지만 여전히 너무 복잡하거나 추상적인 개념은 피하셔야 해요. 실용적인 언어 사용에 초점을 맞추는 것이 좋습니다.

이 시기에는 두 가지 학습 방식을 균형 있게 접목하는 것이 가장 중요합니다. 노출과 습득 과정을 통해서 유창성을 키우면서 명시적이고 의도적인 학습을 통해 정확성도 높여야 하죠. 무엇보다 이 시기의 아이들은 개별적인 학습 스타일과 선호도가 더욱 뚜렷해지기 때문에 다양한 학습 방법을 시도해 보고, 각 아이에게 맞는 가장 효과적인 방법을 찾아가는 것이 중요합니다.

5-6학년 (고학년) 추천 학습법

이때는 중고등 영어를 대비하기 위해서 이전보다 명시적이고 분석적인 학습의 비중을 좀더 늘리는 것이 좋습니다. 그 이유는 다음과 같은 특성 때문입니다.

- 인지발달: 언어 구조와 문법 규칙을 이해할 수 있는 능력이 더욱 향상됩니다.
- 학습 목표와 동기부여: 명확한 학습 목표의 설정과 명시적 학습을 통해 목표 달성이 가능해지는 시기죠.
- 체계적인 문법 학습: 문법 규칙을 체계적이고 반복적으로 학습한다면 리딩과 라이팅 등의 실력을 함께 키울 수 있습니다.

5-6학년은 중등 영어 대비에 집중해야 하는 중요한 시기입니다. 수학을 비롯한 다른 과목의 학습 부담도 동시에 증가하기 때문에 이 시기에는 무엇보다 효율적인 영어 학습을 위한 뚜렷한 방향성과 구체적인 목표 설정이 필수적이죠. (좀더 자세한 내용은 2장의 로드맵 파트를 참고하세요.)

일반적으로 이 시기의 주된 목표는 '중등 영어 준비'입니다. 이를 위해서 명시적 학습의 비중을 늘리는 것이 좋습니다. 즉, **납득 필요형 아이**의 특성이 학습 전반에 도움이 되는 타이밍이라고 볼 수 있죠. 이 시기의 핵심 학습 내용은 체계적인 문법 학습과 중등 필수 어휘 강화, 독해 및 듣기 능력 향상, 지필고사 서답형 및 수행평가 쓰기 대비를 위한 라이팅 연습 등입니다. 납득 필요형 아이의 꼼꼼하고 정확한 학습 태도가 이런 종류의 학습을 하는 데 상대적으로 유리하기 때문입니다.

반면에 주변의 도움이 없다면 **습득 선호형 아이**는 이 시기부터 영어 학습 전반에서 어려움을 겪기 시작합니다. 가장 대표적인 사례가 노출 중심의 영어 학습을 진행하다가 갑자기 입시 위주의 영어 학원에 다니게 되는 경우예요. 이때 영어가 어렵게 느껴지고 재미도 없어서 영어 자체를 기피하게 되는 아이가 많습니다. 그렇다고 아이가 하던 대로 하겠다고 고집 부려서 그냥 놔두면 중등 대비에 빈 구멍이 생기기 쉽기 때문에 그야말로 진퇴양난에 빠지게 되죠.

이런 경우에 가장 현실적인 해결책은 공부 진도와 분량을 아이가 따라갈 수 있는 수준으로 낮춰서 시작하는 겁니다. 어휘도 영단어 교재로 하되 적은 개수로 시작하고 문법도 설명이 친절하고 예문이 많은 쉬운 교재로 시작해야 잘 적응할 수 있어요. 이 시기에는 대개 아이보다 부모님이 더 조급해져서 아이의 수준보다 더 높고 진도가 빠른 교재나 학원을 선택하는 경우가 많아요. 하지만 우리 아이가 습득 선호형 아이라면 더욱더 신중하게 접근해야 나중에 후회하지 않습니다.

스토리 지향 vs. 지식정보 지향

초등학생인 서연이와 민준이는 2살 터울의 남매입니다. 서연이는 영어책 음원을 듣거나 읽을 때마다 눈을 반짝이며 이야기에 푹 빠지곤 했지만 동생 민준이는 영어 독서 시간만 되면 지루해하며 집중하지 못하는 모습을 자주 보였죠. 두 아이의 부모님은 이렇게 다른 모습을 보이는 이유가 단순히 영어에 대한 흥미와 능력의 차이라고만 생각했습니다. 서연이는 언어 능력이 있고 특히 영어를 좋아하는 아이이고, 민준이는 그렇지 않은 아이라고만 생각했죠. 민준이의 영어에 대한 태도나 실력은 좀처럼 나아지지 않았고 시간만 흘러갔습니다.

그러던 어느 날, 부모님은 민준이가 우연히 동물 그림이 가득한 영어책을 보고 흥미를 보인다는 걸 발견했습니다. 그래서 이를 계기로 동물, 자동차, 우주 등 민준이가 평소 좋아하던 주제의 쉬운 영어책과 단어 카드를 노출해 봤어요. 놀랍게도 민준이는 이전과는 달리 열심히 책을 들여다보기도 하고 관심 있는 분야의 영어 단어도 자연스럽게 외우기 시작했습니다.

도대체 민준이에게 어떤 일이 일어난 걸까요?

먼저 시간이 지남에 따라 민준이의 영어에 대한 태도가 크게 바뀌었고 이제는 영어 시간을 기다릴 정도로 변화하면서 2살 많은 누나가 보는 영어책보다 더 어려운 영어책을 읽을 수 있게 되었습니다. 두 남매의 엄마, 아빠는 이 경험을 통해서 아이의 관심사와 성향에 맞는 방법을 사용하는 것이 얼마나 중요한지를 깨닫게 되었죠.

이와 같은 사례는 우리 주변에서 자주 볼 수 있습니다. 같은 배 속에서 나온 남매도 이렇게나 다른데 하물며 옆집 아이와 우리 아이가 다른 것은 너무나 당연하지 않을까요? 그런데도 영어책을 유창하게 읽는 옆집 아이가 읽었던 책(또는 온라인상에서 공유되는 '성공적인 영어 읽기 독립을 한 아이'가 읽었던 도서 목록)을 그대로 가져다가 읽히면 될 거라고 생각하시는 분이 정말 많습니다. 그러고는 기대보다 훨씬 못하는 아이를 보면서 '왜 우리 애는 영어를 싫어하지? 이러다가 (나처럼) 영영 영어를 못하는 거 아니야?'라며 걱정하곤 하죠.

스토리/지식정보 선호 성향을 알아야 하는 이유

영어 학습, 특히 읽기 영역에서 아이의 성향을 이해하는 것은 매우 중요합니다. '**스토리 지향**'과 '**지식정보 지향**'은 단순히 아이의 선호도를 나타내는 것만이 아니라 그들의 자발적인 학습을 이끌어낼 수 있는 핵심 요소이기 때문이에요.

이 두 가지 지향성을 정의해 보면 다음과 같습니다.

- **스토리 지향**: 이야기를 통해서 영어 학습을 하는 것을 선호하며 픽션 작품에 흥미를 느끼고 몰입합니다. 등장인물의 감정에 공감하고 플롯 전개에 관심이 많죠. 즉 상상력을 자극하는 내용을 통해서 영어를 자연스럽게 습득하는 성향입니다.
- **지식정보 지향**: 사실적인 정보와 새로운 지식을 얻는 과정에서 영어를 학습하며, 논픽션 텍스트를 선호합니다. 과학, 역사, 지리 등 다양한 분야의 정보를 영어로 습득하는 것을 좋아하고 이 과정에서 지식 확장과 동시에 영어 학습이 이루어집니다.

이처럼 두 성향의 아이들은 완연하게 다른 특성을 보입니다. 따라서 우리 아이의 성향을 정확히 파악함과 동시에 그 성향에 맞는 읽기 자료를 제공하는 것이 무엇보다 중요하죠. 이는 아이들의 자발적인 영어 학습을 촉진하는 데 큰 도움이 되니까요.

예를 들어, **스토리 지향의 아이**에게는 다양한 레벨과 주제로 구성된《I Can Read!》시리즈의 미스터리, 모험담,《Oxford Reading Tree》시리즈 속 〈Biff, Chip, and Kipper〉의 모험 이야기 등과 같은 '영어 스토리북'이 좋습니다. 상상력을 자극하는 이야기를 좋아하는 아이에게는 로알드 달(Roald Dahl)의 작품들이 적합하고요. 역사와 모험을 결합한《Magic Tree House》시리즈는 흥미진진한 이야기 속에서 자연스럽게 영어를 익힐 수 있게 해주죠. 또한 공감할 수 있는 재밌는 이야기를 담은《Diary of a Wimpy Kid》시리즈도 아이들에게 인기가 있습니다. (좀더 자세한 단계별 추천 도서 리스트는 3장의 '리딩'을 참고하세요.)

한편, **지식정보 지향의 아이**에게는《National Geographic Kids》나《Time for Kids》,《Scholastic News》처럼 영어로 된 어린이용 잡지를 통해서 흥미로운 사실을 영어로 접할 수 있게 해주시면 좋습니다. 또한 어스본(Usborne)의《Look Inside》시리즈나 DK 출판사의《Eyewitness Books》시리즈처럼 정보가 풍부한 책도 좋고요. 과학 정보를 재미있게 전달하는《Magic School Bus》시리즈나 역사적인물 또는 사건에 대해 쉽게 풀어 쓴 《Who Was?》 시리즈도 지식과 영어 학습을 동시에 할 수 있는 좋은 예시입니다.

아이의 영어 읽기에 있어서 '스토리 지향'과 '지식정보 지향'이라는 두 가지 성향을 고려하지 않은 채 무작정 책을 골라주는 것은 읽기와 관련된 아이의 태도에 생각보다 심각한 문제를 일으킬 수 있습니다. 이것은 단순히 '아이가 책을 안 읽는' 차원을 넘어서 장기적으로 아이의 영어 학습 전반에 악영향을 미칠 수 있기 때문이에요.

먼저, 아이의 지향성과 맞지 않는 책은 읽기를 시작하는 단계에서부터 큰 벽에 부딪힌 듯한 저항감을 느끼게 합니다. 예를 들어서 스토리 지향적인 아이에게 계속해서 백과사전 식의 지식정보 책만 준다면 아이는 책을 펴는 것 자체를 꺼리게 됩니다. 반대로 지식정보를 선호하는 아이에게 계속 동화책만 줄 때도 같은 문제가 생기겠죠. 이는 단순히 그 책 한 권의 문제로 끝나지 않고 점차 '영어책 읽기' 활동 자체를 거부하는 것으로 이어질 수 있습니다.

"우리 아이는 영어책만 보면 짜증을 내요."
"영어 독서 시간이 매일 전쟁이에요."

이런 말들을 주변에서 들어보셨다면 아마도 그 말을 하는 학부모님은 아이의 지향성과 맞지 않는 책 읽기를 계속해서 고집하고 있을 가능성이 높습니다. 다시 한번 말씀드리지만 모든 추천 도서가 우리 아이의 성향에 맞는 것은 아닙니다.

또한 이 나쁜 선택은 아이의 자신감과 자기주도학습 능력의 발달에도 악영향을 미칩니다. 자신의 지향성과 맞지 않는 책을 계속 읽으면서 어려움을 겪은 아이는 '나는 영어를 잘 못해.'라는 생각을 하기 쉬워요. 이는 영어 학습에 대한 의욕을 꺾고 스스로 영어를 탐구하려는 의지를 없애 버릴 수 있습니다.

따라서 아이가 스토리 지향인지, 지식정보 지향인지를 파악하고 그에 맞는 책을 선택하는 것은 단순한 '책 고르기'의 문제가 아니라 아이의 영어 학습 여정 전체를 좌우할 수 있는 중요한 과정임을 꼭 기억하시기 바랍니다. 아이가 자신의 성향에 맞는 방식으로 즐겁게 영어를 접하고 꾸준히 실력을 쌓으며, 궁극적으로는 영어를 도구 삼아 더 넓은 세상을 탐험할 수 있도록 하는 첫걸음이 바로 이 성향 파악입니다.

하지만 이를 너무 경직되게 적용하면 오히려 문제가 생길 수도 있으니 현실적인 관점에서 이 두 가지 지향성을 어떻게 균형 있게 다루어야 할지 말씀드릴게요.

현명하게 두 성향의 균형을 잡는 방법

　스토리를 좋아하는 아이라도 초등 고학년(5-6학년)이 되면 논픽션, 즉 지식정보 텍스트를 자주 접해야 합니다. 왜 그럴까요? 중학교에 가면 교과서나 시험 지문 대부분이 정보 위주로 바뀌기 때문이에요. 스토리 지향 아이가 지식정보 텍스트를 접해 보지 않은 채로 아무런 대비 없이 갑자기 이런 텍스트를 마주한다면 큰 어려움을 겪을 수 있습니다. 이런 경우에 "우리 아이는 그동안 분명히 영어책을 잘 읽었었는데 중학교에 가니까 영어 성적이 갑자기 떨어졌어요. 못 읽는 건 아닌데 왜 그럴까요?"라는 질문을 하게 됩니다. 그러므로 스토리 지향 아이라도 때가 되면 아이가 조금이라도 흥미를 보일 만한 지식과 관련된 쉬운 책을 꼭 자주 노출해 주시기 바랍니다. 이 시기의 논픽션 독서와 관련된 내용은 3장의 '리딩'에서 자세히 다루었으니 살펴보시면 도움이 되실 거예요.

　또한 아이의 성향이 시간이 지나면서 변할 수 있다는 점도 기억해야 합니다. "우리 아이는 원래 이야기책만 좋아했는데 요즘은 동물과 우주를 더 재미있어 해요."라고 말씀하시는 경우가 있습니다. 이처럼 누구에게나 변화가 생길 수 있어요. 그러니 여러분이 하실 일은 주기적으로 아이의 관심사를 체크하고 그에 맞는 다양한 종류의 영어책을 추천해 주는 것입니다.

결국, 스토리와 지식정보 사이의 '균형'을 잡는 것이 핵심입니다. 아이의 흥미를 기반으로 하되 점진적으로 다양한 유형의 텍스트를 소개하는 것이 좋아요. 이렇게 하면 아이는 자신이 좋아하는 방식으로 영어를 접하면서도 장기적으로는 다양한 영어 텍스트를 이해하고 활용할 수 있는 능력을 기를 수 있을 테니까요.

회복탄력성

    그동안 잘해 왔던(왔다고 믿었던) 아이의 영어 학습 태도나 습관이 갑자기 나빠진 경우가 아마도 있었을 겁니다. 다행히 아직까지는 그렇지 않더라도 영어 학습을 지속하는 한 언젠가는 한 번쯤 겪을 수 있죠. 미리 알고 대비한다면 우리 아이가 그 상황을 굳이 겪지 않아도 되니 이번에 다루는 주제는 모든 학부모님이 꼭 명심하셔야 하는 내용입니다.

    상황에 따라 다를 수 있지만 그 원인은 대개 아이의 회복탄력성이 부족한 상태에서 감당하기 힘든 영어 학습 환경에 노출되기 때문입니다. '**회복탄력성**'이란 어려움이나 스트레스 상황에서 이를 극복하고 원래의 상태로 돌아오는 능력을 말합니다. 모든 학습 과정에서 강조되지만 특히 영어에서 이 회복탄력성은 아이의 영어 성공을 좌우하는 핵심 요소라고 해도 과언이 아닐 정도로 중요하죠.

> 초등학교 5학년 동현이는 원래 영어에 특별한 거부감이 없었고 학교 수업도 곧잘 따라가며 영어책 읽기도 나름 좋아하는 학생이었습니다. 하지만 중학교 진학을 앞둔 어느 날 부모님의 권유로 공부양이 많기로 유명 영어학원에 다니기 시작하면서 상태가 크게 바뀌게 되었어요. 바로 학원의 빠른 진도와 높은 수준의 수업이 동현이의 회복탄력성을 시험대에 올려놓은 겁니다.
>
> 동현이도 처음에는 열심히 따라가려고 노력했습니다. 하지만 아무리 노력해도 주변 아이들과의 격차는 줄어들지 않았어요. 그러던 어느 순간 자신의 노력이 무의미하다는 생각이 들었고 그동안 어서서 해왔던 것을 모두 놓아버린 채 무기력증에 빠졌습니다. '나는 해도 안 되는구나'라는 생각이 머릿속을 가득 채웠죠. 그 당시 동현이에게 절실하게 필요했지만 부족했던 것이 바로 이 '회복탄력성'입니다. 회복탄력성이 높은 아이라면 이러한 도전적인 상황을 자신과의 싸움, 극복의 기회로 삼았을 텐데 동현이는 그렇지 못했습니다. 그 대신에 과도한 스트레스와 불안감, 열등감이 급격하

> 게 쌓였고 한 달이 지나자 영어학원 가는 날만 되면 몸이 아프다며 학원에 가기를 거부할 지경이 되었죠.
> 하지만 더 큰 문제는 동현이의 회복탄력성 부족이 단순히 학원 수업을 따라가지 못하는 것에 그치지 않았다는 겁니다. 점차 영어 자체에 대한 두려움과 거부감이 생겨서 학교 영어 수업에서도 소극적인 태도를 보이게 되었습니다. 결국 3개월 만에 학원을 그만두었는데 영어 실력은 학원에 다니기 전보다 훨씬 더 떨어지게 되었습니다.

이 사례는 회복탄력성이 영어 학습에서 얼마나 중요한 역할을 하는지를 잘 보여줍니다. 회복탄력성이 부족하면 어려움에 직면했을 때 쉽게 포기하거나 부정적인 감정에 휩싸이게 되거든요. 반면에 회복탄력성이 높은 아이는 같은 상황에서도 이 상황을 도전의 기회로 삼으며 실패를 배움의 과정으로 받아들입니다.

동현이의 경우에는 평소 회복탄력성이 다소 낮은 점을 고려하여 점진적으로 접근했어야 합니다. 예를 들어서 처음부터 높은 강도의 학원에 보내기보다는 현재 수준에서 조금씩 강도와 난도를 높여가는 방식으로 수업하는 학원에 보내는 것이 훨씬 더 도움이 되었을 거예요. 동시에 실패를 추궁하지 않고 비난하지 않는 분위기 속에서 작은 성취에도 충분한 격려를 받았다면 다소 부족한 회복탄력성도 영어 실력과 함께 길러질 수 있었을 겁니다.

회복탄력성은 아이마다 다릅니다

모든 아이는 저마다의 고유한 성격과 특성을 지니고 있습니다. 당연히 회복탄력성 또한 아이마다 다르죠. 어떤 아이는 새로운 도전에 쉽게 적응하고 실패에도 좌절하지 않는 반면, 어떤 아이는 작은 어려움에도 쉽게 포기하려고 합니다. 이러한 차이는 단순히 '의지'나 '노력'을 강조한다고 해결되는 문제가 아니에요. ("너는 왜 그 상황을 견디지 못하니? 다른 애들은 다 이겨내는데. 노력을 좀 해봐! 의지를 보여!!"라는 식의 말은 회복탄력성이 낮은 아이에게 아무런 도움이 되지 못하죠.) 그보다는 아이의 타고난 성향과 자라온 환경 그리고 경험의 복합적인 결과라는 걸 아셔야 합니다. 즉 각 아이의 특성을 이해하고 개별화된 접근 방식을 통해서 점차적으로 회복탄력성을 키워 나가는 것이 중요합니다.

특정 시기에 더욱 중요해지는 회복탄력성

영어 학습 과정에는 여러 전환점이 있습니다. 그 시기마다 아이의 회복탄력성이 매우 중요한 역할을 하며 나아가 영어 학습의 성패를 좌우하기도 합니다. 다음의 여러 사례를 통해서 앞으로 우리 아이에게 다가올 전환점을 미리 살펴보고 대비하시기 바랍니다.

-특정 학년 시기

초등학교 3학년과 5학년 그리고 중학교 1학년 시기는 영어 학습의 난도와 양이 급격히 증가하는 중요한 전환점입니다. 우선 초등 3학년 때는 본격적인 (학교) 영어가 시작되고 5학년 때는 영어 학습 내용이 심화되죠. 또한 중학교 1학년 때는 새로운 학습 환경과 함께 영어 학습 내용이 크게 변합니다.

이 각각의 시기에 회복탄력성이 높은 아이는 늘어난 학습량과 높아진 난도, 바뀐 영어 수업을 잘 소화하지만 그렇지 않은 아이는 쉽게 좌절하고 학습 의욕을 잃을 가능성이 큽니다. 따라서 이 시기에는 아이의 회복탄력성을 고려하여 난이도와 학습량을 조절하고 성취 가능한 목표를 설정하는 것이 중요합니다. 필요하다면 더 긴 기간에 걸쳐 점진적으로 난도를 높이며 학습량을 늘리는 것이 좋습니다.

-엄마표 영어 시작 시

엄마표 영어는 아이의 회복탄력성에 따라서 그 효과가 크게 달라질 수 있습니다. 회복탄력성이 높은 아이는 부모와의 체계적이고 집중적인 학습 과정에 잘 적응하면서 빠른 진전을 보일 수 있지만 회복탄력성이 낮은 아이는 부모와의 관계에서 스트레스를 받거나 학습에서 오는 압박을 견디지 못해 영어 학습은 물론이고 공부 자체가 진행되기 어려울 수 있습니다.

따라서 엄마표 영어를 시작할 때는 아이의 성향을 정확히 파악하고 학습 방식과 강도를 유연하게 조절해야 합니다. 또한 학습 중 발생하는 부모-자녀 간의 갈등을 최소화하기 위해서는 명확한 규칙을 정하는 것이 좋아요. 그리고 무엇보다 아이의 노력을 충분히 인정하면서 긍정적인 피드백을 주는 것이 중요합니다.

그럼에도 필요하다면 100% 엄마표만 고집하는 것보다 전문가에게 조언을 구하거나 다른 학습 방식과 병행하는 것이 좋은 선택지일 수도 있습니다.

-영어학원 시작 시

영어학원을 새로 다니기 시작하면 새로운 환경과 학습 방식에 적응해야 합니다. 이 과정에서 아이들 간 회복탄력성의 차이가 크게 나타나는 것을 볼 수 있어요. 회복탄력성이 낮은 아이는 낯선 환경에 적응하는 것 자체에 어려움을 겪을 수 있기 때문에 학원 선택 시 아이의 성향을 고려하여 급격한 변화보다는 점진적인 변화가 있는 곳을 선택하는 것이 좋습니다. 또한 여느 아이들(보통 1-2달)에 비해 다소 길게 '충분한 적응 기간'을 두는 것도 고려해야 해요.

-중등 대비 시작 시

초등학교 고학년이 되면 대부분의 아이는 중학교 영어를 대비하기 시작합니다. 앞에서도 말씀드렸듯이 이 시기에는 문법, 독해, 작문 등 초등 때보다 훨씬 더 복잡하며 다양한 영역의 학습이 시작되죠. 그래서 회복탄력성이 높은 아이는 이러한 변화를 도전으로 받아들이지만 그렇지 않은 아이들은 부담을 느낄 수 있습니다. 그러니 우리 아이의 회복탄력성을 고려하여 적절한 난이도와 속도로 중등 영어를 대비하는 것이 중요합니다.

회복탄력성 향상을 위해서는 이렇게 해보세요!

-점진적으로 접근

아이의 현재 수준에서 시작해 조금씩 난이도를 높이고 양을 늘려가는 접근이 필요합니다. 예를 들어서 읽기 학습은 하루 1페이지와 같이 적은 분량에서 시작해서 천천히 늘리고, 영단어도 하루 한 개부터 시작해 천천히 적응해 가면서 개수를 늘리는 식으로 진행하는 거죠. '너무 적은 것이 아닌가' 하며 마음이 급하실 수 있지만 아이의 상태를 생각해서 조금은 여유를 갖는 것이 좋습니다. 학습량과 함께 영어 노출 및 학습 시간 자체도 적응한 듯 보인다며 급격히 늘리지 말고 '점차적으로 조금씩' 늘려가는 것이 좋습니다.

(정말 이건 꼭 기억해 주세요!)

-'작은 성취 경험'이 필요

'작은 성취가 모여 큰 성공'으로 이어지는 과정은 아이의 회복탄력성을 높이는 핵심 요소입니다. 일상에서 경험하는 여러 번의 작은 영어 학습의 성공이 아이에게 자신감을 심어주고 이는 더 큰 도전을 준비하게 합니다. 이렇게 축적된 자신감은 아이가 영어 학습 과정에서 마주치는 수많은 스트레스와 좌절을 좀더 쉽게 극복할 수 있게 도와주죠.

이러한 작은 성취를 이루기 위해서는 아이의 능력과 상황에 맞는 적절한 '학습 계획'이 필수입니다. 우선, 부모님은 아이가 소화할 수 있는 학습 분량을 정확히 파악해 주세요. (가장 대표적인 영어 학습인 '영단어 학습 역량'을 파악하는 방법은 3장의 278쪽을 참고해 주세요.) 또한 그렇게 정한 하루 단위의 공부량이 적절한지 지속적으로 관찰하며 필요하다면 조절해 주셔야 합니다. 학습 능력은 아이의 상태나 주변 환경에 따라서 때때로 다를 수 있기 때문에 유연하게 대응할 필요가 있습니다.

-'실패에 익숙해지는 연습'이 필요

회복탄력성을 기르기 위해서는 '실패에 익숙해지는 연습'이 필요합니다. 실패를 두려워하지 않고 이를 학습의 기회로 받아들이는 능력은 영어뿐만 아니라 모든 학습, 나아가 아이의 전 생애에 필요한 큰 자산이거든요. 이를 위해서 가족이 모두 참여하여 자신의 실수나 실패 경험을 공유하며 실패한 경험에서 무엇을 배웠는지를 이야기하는 기회를 만들어 보세요. 매주 하루, 특정 시간을 정해서 따뜻한 말을 나누는 '실패 축하'의 시간을 가져보는 거죠. 이 시간은 실패가 성장의 기회가 된다는 인식을 갖게 하여 결국 (영어) 회복탄력성 향상을 이끌 수 있는 소중한 시간이 될 겁니다.

-장기적 관점은 필수

영어 학습 과정에서 회복탄력성을 키우기 위해서는 장기적인 시각이 필수입니다. 단기간의 성과에 연연하지 않고 아이의 전체적인 성장 과정에 초점을 맞추는 것이 중요해요. 매일의 작은 진전이 모여서 큰 변화를 만든다는 믿음을 가지고, 꾸준히 그리고 묵묵히 지원하는 것이 여러분의 역할입니다. 때로는 정체기가 있더라도 이를 자연스러운 과정으로 받아들이고 아이의 페이스를 존중하며 기다려주세요.

이러한 장기적인 접근은 아이에게 안정감을 주며 스트레스를 줄여서 지속적인 학습 동기를 유지하는 데 큰 도움이 됩니다. 이 과정에서 아이의 회복탄력성이 커지고 영어 실력의 탄탄한 기초가 쌓이는 것은 당연하고요.

사교형 vs. 독립형

민서는 조용하고 내성적인 아이입니다. 부모님은 민서의 영어 실력 향상을 위해 인기 있는 대형 어학원에 등록시켰지만 민서는 그곳을 힘들어했습니다. 그 학원은 활발한 참여 수업과 그룹 활동이 주를 이루었기 때문에 민서는 자주 주눅이 들었고 점차 영어에 대해 흥미를 잃게 되었어요. 우려가 커진 부모님은 민서의 성향에 대해 고민하다가 민서가 '독립형 학습자'일 수도 있다고 생각했습니다. 그래서 민서에게 맞는 새로운 접근법을 시도해 보기로 했죠.

먼저, 민서가 좋아하는 주제의 영어책들을 집에서 편안하게 읽을 수 있는 환경을 조성했습니다. 동시에 소규모 수업을 하는 영어학원을 찾아냈죠. 그 학원에서는 개별 학생의 성향과 학습 속도를 고려한 맞춤형 수업을 제공하고 있었어요. 민서는 그러한 환경에서 훨씬 더 편안함을 느꼈고, 천천히 그러나 꾸준히 영어에 대한 흥미를 되찾기 시작했습니다. 민서의 새로운 학원은 개별 학습과 소그룹 활동을 적절히 병행하는 곳이었습니다. 독립적인 읽기와 쓰기 활동 후에는 2-3명씩 짝을 지어 간단한 그룹 활동을 하는 식이었죠. 이러한 방식은 민서가 사람들과의 소통에 차츰 익숙해지는 데 도움이 되었습니다. 집에서의 자기주도학습과 소규모 학원 수업의 조화로운 병행이 민서에게는 그야말로 안성맞춤이었어요. 시간이 지나면서 민서는 자신의 방식대로 영어를 학습하면서도 타인과 소통하는 방법을 조금씩 익혀 나갔습니다.

부모님은 민서의 성장을 보면서 조금씩 소통과 교류의 기회를 늘려가려 했습니다. 학원에서 진행하는 소규모 영어 북클럽에도 참여하게 하며 민서가 좋아하는 역사를 주제로 진행하는 그룹 활동에도 참여하기를 권했죠. 2년 후 민서의 영어 성적은 크게 향상되었을 뿐만 아니라 영어 말하기 대회에서 수상을 하는 등 이전의 소극적인 모습은 온데간데없는 놀라운 성과를 이뤄냈습니다. 그보다 더욱 놀라운 것은 민서가 이제는 친구들이나 선생님과 영어로 소통하는 것을 즐기게 되었다는 점이죠.

민서의 이야기는 아이의 개인적인 성향을 이해하고 존중하는 것이 얼마나 중요한지와 그에 맞는 다양한 학습 환경을 제공하면서 점진적으로 발전을 이끌어내는 것이 얼마나 효과적인지를 잘 보여줍니다.

주변과 상호작용을 하는 방식은 아이마다 다릅니다

영어 학습 환경에서 아이들이 주변과 상호작용을 하는 방식은 크게 '**사교형**'과 '**독립형**'으로 나눌 수 있습니다. 이러한 성향의 차이는 아이들의 소통 방식뿐만 아니라 영어를 습득하고 학습하는 방법에도 큰 영향을 미칩니다. 각 아이의 고유한 성향을 이해하는 것은 효과적인 영어 학습 전략을 수립하는 데 중요한 역할을 하기 때문에 학부모님들이 반드시 알아두셔야 합니다.

-사교형 아이의 특징

사교형 아이는 우리가 흔히 '활발하다', '사교적이다'라고 표현하는 아이입니다. 이들은 다른 아이들과 어울리는 것을 좋아하고 새로운 환경에 쉽게 적응하죠. 영어 학습 과정에서도 이러한 특성이 다음의 상황처럼 그대로 나타납니다.

- 수업 중 발표나 대답을 자주 하려고 합니다.
- 그룹 활동에 적극적으로 참여하고 때로는 리더 역할을 맡아요.
- 영어로 대화하는 것을 두려워하지 않고 실수를 하더라도 크게 신경 쓰지 않습니다.
- 영어 캠프나 영어로 진행되는 활동에 흥미를 보입니다.
- 외국인을 만나면 서툴더라도 먼저 말을 걸려고 시도합니다.

-독립형 아이의 특징

반면 독립형 아이는 조용하고 내성적인 성향을 보입니다. 이들은 혼자 있는 시간을 즐기며 사교형 아이보다 새로운 환경에 적응하는 데 시간이 좀더 필요합니다. 영어 학습 과정에서도 이러한 특성이 드러나죠.

- 수업 중 발표나 대답을 자주 하지 않지만 조용히 수업에 집중합니다.
- 그룹 활동보다는 개인 과제를 선호합니다.
- 영어로 말하기를 부끄러워하거나 망설이는 모습을 보입니다.
- 영어책 읽기나 영어 듣기 같은 개인 활동에 더 집중합니다.
- 외국인을 만나면 처음에는 주저하지만 시간이 지나면서 천천히 마음을 엽니다.

사교형과 독립형의 이처럼 다른 성향은 단순히 '성격'의 차이만이 아니라 정보를 처리하고 학습하는 방식에서도 차이를 만듭니다. **사교형 아이**는 외부와의 상호작용을 통해서 에너지를 얻고 정보를 처리하는 반면에 **독립형 아이**는 내면의 사고 과정을 통해서 정보를 처리하고 에너지를 얻는 경향이 있죠. 예를 들어서 새로운 영단어를 배울 때 사교형 아이는 친구들과 함께 단어 게임을 하면서 학습하는 것을 선호하지만 독립형 아이는 혼자서 단어 카드를 만들고 반복해서 학습하는 것을 더 편안하게 느낍니다.

영어는 의사소통 도구이기 때문에 많은 학부모님이 사교형 아이가 독립형 아이보다 영어 학습에 훨씬 더 유리할 것이라고 생각합니다. 실제로 사교형 아이가 말하기나 듣기 영역에서 빠른 발전을 보이는 경우가 많기도 하죠. 하지만 이것이 독립형 아이가 영어를 잘 배우지 못한다는 것을 의미하지는 않습니다. 독립형 아이는 종종 읽기와 쓰기 영역에서 사교형 아이보다 뛰어난 능력을 보이거든요. 독립형 아이는 꼼꼼하게 문법을 학습하고 정확한 어휘 사용에 강점을 보이기도 합니다. 또한 깊이 있는 사고를 바탕으로 영어 에세이 작성이나 독해에서 두각을 나타내는 경우도 있죠.

중요한 것은 어떤 성향이 영어 학습에 더 유리하냐가 아니라 아이의 성향을 정확히 파악하고 그에 맞는 학습 환경과 방법을 제공하는 겁니다. 동시에 부족한 부분을 보완할 수 있는 기회도 적절히 제공해야 하고요.

선호 유형에 따른 추천 학습 방법

-사교형 아이를 위한 추천 학습 방법

사교성이 뛰어난 아이에게는 그들의 성향을 활용한 효과적인 영어 학습 방법이 필요합니다. 이러한 아이의 특성을 고려한 학습 전략을 세울 때 실제적이고 생동감 있는 언어 습득이 가능하니까요.

먼저, 그룹 활동을 통한 영어 학습에 참여시키세요. 영어 토론 클럽이나 영어 연극 활동 등은 자연스럽게 영어를 사용할 수 있는 환경을 제공합니다. 이러한 활동은 단순히 언어를 배우는 것을 넘어서 의사소통 능력과 비판적 사고력 그리고 창의성도 함께 키울 수 있어요. 예를 들어서 영어 연극 활동은 대사를 통해 자연스러운 표현을 익힐 수 있고 연기를 통해서 언어의 뉘앙스와 문화적 맥락을 체득할 수 있습니다.

둘째, 프로젝트 기반 학습이나 조별 활동은 아이들이 서로 협력하며 영어로 소통할 수 있는 좋은 기회입니다. 학원을 선택할 때, 협력 수업 위주의 커리큘럼을 가진 곳을 고려해 보세요. 이러한 과정에서 리더십, 팀워크 문제 해결 능력 등 다양한 역량도 함께 계발될 수 있습니다. 예를 들어서 영어로 진행하는 환경보호 캠페인 프로젝트는 언어 학습과 더불어 사회적 책임감도 키울 수 있는 좋은 기회가 됩니다.

마지막으로, 영어 캠프 참여는 집중적이고 몰입도 높은 학습 경험을 할 수 있게 합니다. 이러한 캠프는 아이들이 24시간 영어 환경에 노출되어 자연스럽게 언어를 습득할 수 있는 기회를 제공하죠. 다양한 활동과 워크숍을 통해서 실용적인 영어 사용 능력을 키우며 다른 참가자들과의 교류를 통해서 사회성도 함께 발달시킬 수 있습니다.

-독립형 아이를 위한 추천 학습 방법

독립형 아이의 영어 학습에서 가장 중요한 것은 그들의 성향을 존중하면서도 '점차 영어를 사용한 의사소통 기회를 늘려가는 것'입니다. 바로 다음과 같은 방법을 통해서 말이죠.

처음에는 1:1 또는 2~3명의 소규모 그룹으로 시작하세요. 예를 들어, 2~3명으로 구성된 소그룹 수업이 있는 영어학원을 선택하거나 비슷한 성향의 친구 1~2명과 함께 영어 개인 레슨을 받게 할 수 있습니다. 독립형 아이는 10명 이상의 많은 아이와 함께 수업하는 환경보다 이러한 환경에서 좀더 편안하게 영어를 사용할 수 있거든요. 하지만 거기에서 멈추지 말고 아이가 적응하면 점차 그룹을 확대해야 합니다. 이렇게 단계적으로 그룹의 크기를 늘려가면 더 큰 집단에서 영어를 사용하는 것도 자연스럽게 적응할 수 있을 겁니다.

둘째, 온라인 영어 학습 프로그램 활용하세요. 요즘은 온라인 대면(화상 영어) 또는 비대면 프로그램으로 구성된 다양한 온라인 영어 학습 프로그램이 있습니다. 이러한 프로그램은 게임 형식의 학습, 단계별 과제, 개인화된 학습 경로 등을 제공하여 아이가 자기 주도적으로 영어를 학습할 수 있게 도와주죠. 특히 독립형 아이는 이처럼 개인화된 학습 방식을 통해서 자신이 선호하는 방식으로 영어 실력을 키울 수 있습니다.

셋째, 온라인 미디어 플랫폼을 활용하는 법을 알려주세요. 우선 아이의 관심사에 맞는 온라인 영어 콘텐츠를 함께 찾아보면 좋습니다. 만약 과학을 좋아하는 아이라면 〈SciShow Kids〉나 〈National Geographic Kids〉 채널의 영상을 추천합니다. 요리에 관심 있는 아이라면 간단한 영어 요리 영상을 따라 해볼 수 있을 거예요. (자세한 온라인 미디어 플랫폼 활용법과 추천 영상은 3장의 '리스닝'를 참고하세요.) 이러한 방법은 아이가 흥미롭게 영어를 접하면서도 실제적인 표현과 발음을 학습할 수 있기 때문에 의사소통의 기본을 배울 수 있다는 점에서 좋습니다.

그리고 이러한 아이의 성향은 앞에서 소개한 민서의 상황처럼 시간이 지나면서 때때로 변할 수 있습니다. 처음에는 혼자 공부하기를 선호하던 아이가 나중에는 그룹 활동을 즐기게 될 수도 있어요. 물론 사춘기가 옴에 따라 반대의 경우가 생길 수도 있습니다. 그러니 정기적으로 아이의 선호도를 체크하고 학습 방식을 조정하는 것이 중요하다는 것을 꼭 기억해 주시기 바랍니다.

영단어 학습 성향

지온이는 초등학교 4학년 때부터 영어 공부에 어려움을 겪기 시작했습니다. 특히 영단어 암기가 가장 큰 고민이었죠. 학원에서나 집에서도 열심히 단어를 외우려고 노력했지만 성과는 늘 기대에 미치지 못했습니다. 엄마는 아이가 노력하는 것을 알기 때문에 너무 안타까워서 지켜보기만 할 수 없었습니다. 그래서 "지온아, 단어장을 보면서 크게 소리 내서 읽고 또 계속 쓰다 보면 외워질 거야."라며 자신이 알고 있는 방법을 일러주었지만 그 방법이 지온이에게는 별 효과가 없었습니다. 효과 없는 공부를 계속하던 지온이는 점점 더 단어 공부를 포함한 영어 공부가 하기 싫어졌고 자신감도 떨어졌습니다.

지온이 엄마는 지푸라기라도 잡고 싶어서 참석한 교육 강연에서 '영단어 학습도 아이 성향에 따라 다르게 접근해야 한다'는 이야기를 듣게 됩니다. 그리고 분석 결과, 지온이는 '시각의존형'과 '논리요구형'의 특성을 동시에 지니고 있다는 것을 알게 되었죠. 그동안 힘들어하는 아이를 보면서 안타까움에 동동거릴 수밖에 없었는데 마치 가뭄에 단비를 만난 기분이었습니다. 원인을 알게 되었으니 이제는 실천만 하면 되니까요. 그리고 그날부터 바로 지온이의 영단어 학습 방식을 완전히 바꾸었습니다.

우선, 단순히 단어를 반복해서 읽거나 쓰는 것이 아니라 시각 자료가 많은 영단어 교재로 공부하며 각 단어와 관련된 그림을 그리는 등 '시각 자극'을 적극 활용했습니다. 여기에 더해 단어의 어원이나 접두사, 접미사에 대해 배우며 단어의 구조를 이해하는 데에도 중점을 두었죠. 놀랍게도 변화는 금세 나타났습니다. 지온이는 영단어 학습에 흥미를 느끼기 시작했고 기억력도 눈에 띄게 향상되었습니다. 5학년이 된 지금은 영어 시간이 기다려질 정도로 자신감을 얻게 되었고요.

지온이의 사례는 영단어 학습 성향을 이해하고 적절한 방법을 적용하는 것이 얼마나 중요한지를 잘 보여줍니다. 모든 아이에게 맞는 단 하나의 완벽한 학습법은 없거든요. 그러니 각 아이의 고유한 성향을 존중하고 그에 맞는 방법을 찾아준다면 누구나 영단어 학습의 어려움을 극복하고 성공적인 결과를 얻을 수 있습니다.

영단어 학습이 중요하지만 대부분 실패하는 이유

영어 학습에서 영단어는 모든 영역의 기초이자 핵심입니다. 영단어 없이는 듣기, 말하기, 읽기, 쓰기 등 어떤 영역의 공부도 제대로 이뤄질 수가 없기 때문이에요. 마치 집을 지을 때 기초 공사 없이는 아무리 좋은 자재와 기술을 사용해도 튼튼한 집을 지을 수 없는 것과 같다고 할까요? 특히 한국처럼 EFL(English as a Foreign Language, 외국어로서의 영어) 환경에서는 일상생활에서 영어 노출이 극히 제한적이기 때문에 체계적인 영단어 학습의 중요성이 더욱 부각됩니다. 이러한 이유로 영단어 학습은 영어 공부의 시작점이자 지속적으로 관리해야 할 핵심 요소라는 것을 꼭 기억하셔야 해요.

이런 영단어 학습의 중요성은 누구나 인지하고 있지만 현실에서 효과적인 영단어 학습을 하지 못하는 아이가 정말 많습니다. 게다가 수많은 아이가 초등학교에서 중학교로 진학하는 시기에 영어 학습에서 큰 벽을 느끼게 되죠. 그건 대부분 추상 어휘가 갑자기 늘어나고 수업이 문자 중심으로 전환하기 때문입니다. 중학교까지 어찌어찌 버틴다 해도 고등학교에 이르면 외워야 할 단어의 양에 압도되어 아예 영단어 학습을 포기하는 경우도 많죠. 그런데 영단어 학습의 실패는 단순히 단어를 모르는 것에 그치지 않는다는 것이 큰 문제입니다. 어휘력 부족은 곧바로 독해 능력의 저하로 이어지고, 결국 전반적인 영어 실력의 향상을 가로막는 큰 장애물이 됩니다.

많은 학부모님이 자녀의 영어 성적이 오르지 않는 이유를 고민하시는데 십중팔구 그 근본적인 원인은 바로 영단어 학습의 실패에 있습니다. 그리고 영단어 학습을 실패하는 이유는 대부분 '학습 성향이 무시'되고 있기 때문이에요. 모든 아이가 같은 방식으로 학습할 수 없음에도 불구하고, 많은 경우에 획일화된 방식으로 영단어를 학습하고 있습니다. 게다가 가이드가 되어야 할 많은 수의 영단어 교재나 학습 방법도 이러한 개인차를 고려하지 않고 있다는 것이 더 큰 문제죠.

영단어 학습 성향은 이렇게 나뉩니다

영단어를 정복하기 위해서 가장 중요하며 최우선으로 해야 할 일은 바로 우리 아이의 영단어 학습 성향을 확인하는 것입니다. 영단어 학습 성향은 다음의 5가지로 분류할 수 있어요.

시각의존형

해마두뇌형

논리요구형

강박되새김형

단기집중형

다음에 제시된 체크리스트는 이 다섯 가지, 주요 영단어 학습 성향을 파악하는 도구입니다. 성향별로 3개의 항목이 제시되어 있으며 각 성향에서 2개 이상이 해당된다면 그 성향을 지니고 있다고 볼 수 있어요.

중요한 점은 한 아이가 여러 가지 학습 성향을 동시에 지닐 수 있다는 것입니다. 따라서 성향별로 독립적으로 체크해 보시고, 해당되는 모든 성향을 고려하여 종합적으로 판단하시기 바랍니다. 이 체크리스트를 통해서 학부모님은 자녀의 다양한 학습 스타일을 이해하고 그에 맞는 효과적인 학습 방법을 선택하는 데 도움을 받을 수 있습니다. 그럼 지금부터 유형별 체크리스트를 확인해 보겠습니다.

시각의존형 체크리스트

☐ 단어를 외울 때 그림이나 이미지와 함께 학습하면 더 잘 기억한다.

☐ 단어장에 색깔 펜으로 표시하거나 그림을 그려 넣는 것을 좋아한다.

☐ 그림이나 사진 등의 시각 자료가 없는 책이나 교재는 보기를 꺼려한다.

해마두뇌형 체크리스트

☐ 단어의 뜻과 직접적인 관련이 없는 엉뚱한 연상(말장난, 이야기 등)을 통해 외우는 것을 좋아한다.

☐ 무엇이든 재미 요소를 활용해야 겨우 영단어 공부를 할 수 있다.

☐ 새로운 단어를 배울 때 그 단어와 관련된 개인적인 경험이나 감정을 쉽게 연결 짓는다.

논리요구형 체크리스트

☐ 단어의 어원이나 유래를 알면 더 쉽게 이해하고 기억한다.

☐ 왜 이 단어가 이런 뜻을 가지게 되었는지 궁금해하고 설명을 요구한다.

☐ 비슷한 의미나 반대 의미의 단어를 그룹으로 묶어서 학습하

는 것을 선호한다.

강박되새김형 체크리스트

- ☐ 한 단어를 완벽하게 외우기 전에는 다음 단어로 절대 넘어가지 않으려고 한다.
- ☐ 단어장의 앞부분은 매우 꼼꼼히 학습하지만 뒷부분까지 잘 도달하지 못한다.
- ☐ 틀리는 것에 대한 두려움 때문에 새로운 단어를 사용하는 것을 주저한다.

단기집중형 체크리스트

- ☐ 시험 직전에만 집중해서 공부해도 영단어 테스트를 어렵지 않게 통과한다.
- ☐ 단기간에 많은 양의 단어를 외울 수 있지만 시간이 지나면 쉽게 잊어버린다.
- ☐ 학습한 단어를 장기적으로 기억하는 것보다 당장의 과제나 시험을 위해 외우는 데 더 집중한다.

영단어 학습 성향별 특징과 대비법

-시각의존형

이 유형은 거의 모든 학습자에게 해당되는 기본적인 학습 방식입니다. 시각의존형이란 단어를 그림이나 사진 등의 시각 자료를 보고 학습하는 방식으로서 특히 초등학생이나 영단어 학습 초기 단계에서 효과적이죠. 하지만 학년이 올라갈수록 이 방식에만 의존하면 학습 효율이 떨어질 수 있습니다. 왜냐하면 모든 단어를 그림으로 표현할 수 없고, 고학년부터는 추상 어휘의 비중이 급격하게 늘어나기 때문이에요. 따라서 시각 자료를 활용하되 점차 다른 학습 방식을 병행하는 것이 좋습니다.

-해마두뇌형

이 유형은 영단어와 그 뜻을 쉽게 연결하기 위한 연상법 등이 필요합니다. 언어 유희, 이야기 만들기 등 논리적 연관성이 딱히 없더라도 이미지나 연상을 통해서 단어를 기억하는 방법을 사용하는 거죠. 예를 들어, 'pride'(자존심)라는 단어를 배울 때, "자존심도 없이 달걀 프라이를 두 개나 먹었어?"라는 문장을 만들어서 기억하는 식입니다. (어이없는 웃음이 나지만 그게 기억하게 하는 포인트입니다!) 이 방법은 특히, 지루한 암기에 어려움을 겪는 (많은 수의) 아이들에게 효과가 있죠.

하지만 이 방법을 활용할 때에도 주의할 점이 있습니다. 처음에는 이 방식으로 단어 암기를 하는 게 효과적이던 아이들조차도 단어가 어려워지고 그렇게 외운 단어의 양이 많아지면 오히려 혼란스러워지는 경우가 많아요. 모든 단어에 이야기를 만들기도 어렵고, 때로는 만든 이야기 때문에 실제 의미를 혼동하기도 하니까요. 따라서 해마두뇌형 학습법은 (특히 초중급 단계의 학습자나 암기에 지극히 도 어려움을 겪는 아이에게) 일정 기간에는 유용할 수 있지만 고급 단계로 갈수록 다른 학습 방법과 적절히 병행해야 합니다. 또한 만든 이야기나 연상이 실제 단어의 의미나 용법과 너무 동떨어지지 않도록 주의해야 함은 물론이고요.

이 방법을 효과적으로 활용하는 방법은, 처음 단어를 접할 때는 해마두뇌형 학습법을 사용하여 흥미를 유발하면서 기억하는 것을 돕되, 이후에는 실제 문장이나 상황 속에서 사용해서 정확한 의미와 용법을 익히는 것입니다. 이렇게 하면 초기 학습의 부담을 줄이면서도 장기적으로 정확한 어휘 사용 능력을 기를 수 있습니다.

-논리요구형
이 유형의 아이는 합당한 이유나 설명이 있어야만 학습할 수 있습니다. 그냥 무턱대고 하는 공부를 가장 어려워하죠. 그래서 영단어 학습 방법으로도 '단어의 구조나 어원을 이해하며 학습하는 것'

을 좋아합니다. 단어를 단순히 암기하기보다는 그 단어가 어떻게 만들어졌는지, 어떤 의미를 가진 부분들로 구성되어 있는지를 파악하면서 학습하는 것이 대우 효과적이에요.

예를 들어서 'Raincoat'(우비)는 'Rain'(비)과 'Coat'(코트)의 조합임을 이해하면서 학습하는 식이죠. 난도를 조금 높여서 어원을 통한 학습의 예시로 'Companion'(동반자)를 들어보면, 어원인 라틴어 'com-'(함께) + 'pānis'(빵) 즉 '함께 빵을 먹는 사람'이라는 의미에서 시작되어 '동반자'를 뜻하는 단어가 되었다고 설명하는 것입니다.

어떤가요? 만약 우리 아이가 논리요구형이라면 이런 방식으로 의미를 이해한 후에 실제 단어도 잘 외울 수 있을 것 같나요? 게다가 이러한 학습 방식은 모르는 새로운 단어를 만났을 때도 그 의미를 유추할 수 있는 능력을 키워줍니다. 이 유형의 아이는 단어의 앞부분이나 뒷부분이 무슨 뜻인지만 알면, 모르는 단어도 대충 뜻을 짐작할 수 있으니까요.

하지만 이 방식 역시 모든 단어에 적용하기는 어렵기 때문에 다른 학습 방법과 병행하는 것이 좋습니다. 또한 초등 저학년 아이에게는 너무 복잡한 어원 설명이 오히려 더 큰 혼란을 줄 수 있기 때문에 주의가 필요합니다. 게다가 논리적으로 단어를 이해하려는 (일부) 아이에게 이 방법은 (암기에 있어서) 매우 효과적이지만 모든 단어를 이렇게 설명하려 들면 학습 속도가 오히려 느려진다는 단점도 있어요. 아이의 수준과 단어의 난이도를 고려해 적절히 활용하는 것이 중요합니다.

-강박되새김형

이 유형의 아이는 일단 꼼꼼하고 완벽주의적인 성향을 지니고 있습니다. 단어를 학습할 때 한번 접한 단어는 완전히 익히려는 경향이 강해서 단어장이 (특히 앞부분만) 새까맣게 될 때까지 보는 특징이 있죠. 완벽하다는 건 좋은 의미지만 그로 인해 전체적인 어휘양의 확장이 더디게 이루어진다는 단점도 공존합니다.

이러한 유형의 아이에게는 '80%의 법칙'을 반드시 일러주어야 합니다. '80%의 법칙'이란 단어를 80% 정도만 이해해도 충분하다, 어차피 다시 복습하게 된다고 안심시켜 주는 거예요. 이렇게 하면 시간을 과하게 소모하지 않으며 다음 진도로 넘어가는 데 도움이 됩니다. 이를 통해서 학습의 효율성이 높아지고 더 많은 어휘를 접할 수 있죠.

또한 스스로 완벽하지 못하다고 생각해서 시간을 많이 소모할 우려가 있으므로 맺고 끊는 것이 분명하도록 전체적인 학습 계획을 세우고 시간 관리 능력을 키워주는 것도 중요합니다. 특정 단어에 대한 학습 시간을 제한하고, 주기적으로 이전에 학습한 단어를 복습하는 습관을 길러 주는 거죠. 이는 보완책인 동시에 완벽주의적인 성향을 지닌 아이도 충분히 납득하며 적응할 수 있는 방법입니다.

-단기집중형

이는 상대적으로 암기력이 양호한 아이들이 주로 해당되는 유형입니다. 괜찮은 암기력 덕에 단기간 집중해도 단어 테스트나 시험에서 좋은 성적을 받을 수는 장점이 있지만 그것이 오히려 문제가 될 수 있는 단점도 뚜렷한 유형이죠.

주로 벼락치기 식으로 시험을 준비하고 통과하는 경우가 많기 때문에 반복 복습에도 소홀하기 쉽습니다. 시험 직전에 집중적으로 외운 단어는 단기 기억에만 저장되기 때문에 반복이 필수입니다. 그래서 시험 때마다 단어를 새로 외워야 하는, 그야말로 비효율적인 학습을 하게 되죠. 무엇보다 많은 학부모님이 이 유형의 아이에게 속았다가 나중에 크게 당황하기도 합니다. 아이의 좋은 단어 테스트 결과에 안심하다가 시간이 지나면서 실제 영어 실력은 그다지 향상되지 않았다는 것을 발견하기 때문이에요. 상위권인 줄 알았던 영단어 실력이 중고등에 올라가면 그 실체를 드러내며 기초가 부실했다는 것이 밝혀지는 겁니다.

이 유형의 아이에게 가장 중요한 것은 지속적이고 반복적인 '복습' 계획을 세우고 실천하는 것입니다. 정기적으로 복습하는 습관을 들이는 것이 정말로 중요합니다.

'영단어 학습'은 영어 실력 향상의 핵심이지만 많은 아이에게 어렵고 지루한 과정으로 여겨집니다. 하지만 우리가 살펴본 것처럼 아이마다의 고유한 학습 성향을 이해하고 활용한다면 영단어 학습을 훨씬 효과적이고 즐겁게 할 수 있어요. **시각의존형**, **해마두뇌형**, **논리요구형**, **강박되새김형**, **단기집중형** 등 우리 아이의 다양한 학습 성향을 이해하고 아이에게 맞는 학습 방법을 찾아주세요. 이것은 단순히 학습 효율을 높이는 것을 넘어서 아이가 자신의 학습 스타일을 이해하고 자신감을 갖게 되는 과정이기도 하니까요.

영문법 학습 방식 이해도

중학생이 된 승리는 영어 시험마다 매번 좌절을 겪습니다. 특히 서논술형 문제와 수행평가 쓰기에서의 결과는 항상 기대에 미치지 못했죠. 초등학교 때 영어 공부를 나름 열심히 했다고 자부했지만 상황이 이렇다 보니 승리의 부모님은 그동안의 학습 방식에 무언가 문제가 있었던 건 아닐까 하는 생각이 들었습니다.

초등학교 시절, 승리는 대부분의 친구들처럼 단편적이고 파편적인 영문법 공부를 했습니다. 학교에서는 교과서 중심의 제한된 문법만 다뤘고 학원에서도 문제 풀이 위주의 수업이 대부분이었으니까요. 즉 문법 항목을 개별적으로 배우기는 했지만 그것들이 어떻게 연결되고 실제 문장에서 어떻게 사용되는지는 종합적으로 이해하지 못했던 겁니다. 또한 '읽다 보면 문법은 저절로 늘 것'이라는 잘못된 믿음 때문에 문법보다는 독해에 치중하기도 했었죠.

그러던 어느 날 승리는 같은 반 짝꿍이 항상 영어 시험에서 높은 점수를 받는 것을 보고 호기심이 생겼습니다. 비결을 물어보자 그 친구가 목차를 보며 하는 영문법 공부법을 알려주었습니다. 영문법 교재를 목차부터 파악하고, 순서대로 학습하며, 각 항목이 어떻게 연결되는지를 체계적으로 공부하는 방법이었죠. 복습할 때에도 같은 문법 항목끼리 묶어서 하니까 이해도 더 깊어지고 또 오래 기억할 수 있다는 것이었습니다. 친구가 알려준 방법을 적용하는 게 처음에는 어려웠지만 꾸준히 노력한 결과, 승리에게 놀라운 변화가 생겼습니다. 문법 항목 간의 관계가 이해되기 시작하면서 전에는 단순 암기로만 여겨졌던 규칙이 이제는 서로 연결되며 구조적으로 이해되기 시작했던 것이죠.

얼마 지나지 않아 승리는 영어 시험 결과에서 자신감을 얻기 시작했습니다. 특히 서답형과 쓰기 문제에서 점수가 크게 향상되었죠. 그뿐만 아니라 문장의 구조를 이해하고 문법 규칙을 적용하는 능력이 생기면서 복잡한 문제도 차근차근 해결할 수 있게 되었습니다. 특히 체계적인 문법 지식은 읽기에도 큰 도움이 되어서 이전에는 이해하기 힘들었던 긴 문장도 쉽게 파악할 수 있게 되었어요. 영문법에 대한 이해가 깊어지면서 영어 전반에 대한 흥미도 높아졌고, 그 결과 승리의 영어 성적은 급상승하게 됐습니다.

그리고 자신의 경험을 바탕으로 초등학생인 동생에게 조언도 해주었습니다. 자신처럼 고생하지 말고 초등인 지금부터 체계적으로 영문법을 공부하라고 말이죠. 그러고 나면 중학교에 가서 영어 공부가 훨씬 수월할 거라고는 말도 덧붙였습니다.

승리의 이야기는 초등학교 때부터 해야 하는 '체계적인 영문법 학습의 중요성'을 잘 보여줍니다. 만약 승리와 같은 어려움을 겪고 있는 아이가 있다면 승리처럼 올바른 접근 방식과 목표를 가지고 영문법을 학습하도록 지도해 주세요. 누구나 영어 실력을 키우는 돌파구를 찾을 수 있을 테니까요.

영문법 학습, 초등 때 시작해야 하는 이유와 방법

영문법은 갈수록 길어지고 복잡해지는 영어 문장을 '**정확히 이해**

하는 데' 필수**입니다. 초등학교에서는 간단한 문장을 배우는 것과 달리 중고등학교에서는 복잡한 구조의 긴 문장을 자주 접하게 됩니다. 이때 탄탄한 문법 지식이 있다면 문장의 구조를 정확히 파악하고 의미를 올바르게 해석할 수 있죠. 반면 문법 기초가 부실하면 문장의 구조를 이해하지 못해서 전체적인 의미 파악에 실패하게 됩니다. 단어 조합만으로 해석하는 데는 한계가 있기 때문이에요. 이는 결국 영어 학습 전반에 걸쳐 부정적인 영향을 미칠 수 있습니다.

또한 영어 시험에서 문법의 중요성은 아무리 강조해도 지나치지 않습니다. 어법 문제뿐만 아니라 서답형 문제, 수행평가의 쓰기 과제 등에서도 문법 지식과 그 적용 능력은 결과를 좌우하는 핵심 요소이기 때문이에요. 또한 정확한 문법 지식을 문제에 적용할 수 있는 능력은 중고등학교의 내신은 물론이고 대학수학능력시험의 영어 영역에서도 높은 점수를 받는 데 결정적인 역할을 합니다.

하지만 동시에 영문법은 영단어와 마찬가지로 많은 아이들이 가장 어려워하고 지루해하는 영역이기도 합니다. 따라서 올바른 시기에 적절한 방법으로 학습을 이끌어주는 것이 매우 중요하죠.

시기적으로는 초등 4, 5학년 무렵부터 체계적인 영문법 학습을 시작하는 것이 가장 좋습니다. 이 시기에 시작하면 중학교 진학 전에 기초를 충분히 다질 수 있고 중학교 입학과 동시에 겪는 영어 학습의 어려움을 크게 줄일 수 있기 때문이죠.

만약 이 시기에 올바른 방식으로 영문법 학습 지도를 해주지 않는다면 대다수의 아이들처럼 파편적이고 단편적인 학습에 그치게 됩니다. 문법 요소를 개별적으로만 배우고 전체적인 구조를 이해하지 못한 채 단순 암기에 의존하게 되는 거죠. 이러한 접근 방식은 중학교에 진학한 후 더 복잡한 문법 개념을 마주했을 때는 암기의 한계로 인해 좌절감을 느끼게 만들고 영어 학습 전반에 대한 흥미를 급격하게 떨어뜨릴 수 있습니다.

따라서 초등학교 시기부터 체계적이고 연역적인 방식으로 영문법 학습을 지도해 주세요. 문법을 단순한 규칙의 집합이 아니라 언어의 구조를 이해하는 도구로 접근해야 하는 것이죠.

영문법 학습 태도 체크리스트

다음의 체크리스트는 영문법 학습 태도와 인식을 확인하기 위해서 설계되었습니다. 총 9개의 항목으로 구성되어 있으며, 각 항목에서 효과적인 영문법 학습 방법, 올바른 학습 태도 그리고 영문법 학습의 목적에 대한 여러분의 인식을 확인할 수 있습니다. 각 질문에 대해 "예"라고 답할 수 있다면 1점씩을 부여하시고 모든 항목에 대한 응답을 마친 후에 점수를 합산하여 총점을 계산해 보세요. 고학년 이상은 부모님과 아이가 함께 확인해 보시면 더욱 좋습니다.

단, 이 체크리스트는 평가 도구가 아니라 더 효과적인 영문법 학습 방향을 제시하는 가이드 라인입니다. 낮은 점수를 받았다고 해서 낙담할 필요는 전혀 없어요. 오히려 이를 개선의 기회로 삼아서 더 효율적이고 체계적인 영문법 학습 계획을 세우는 데 활용하시기 바랍니다.

영문법 학습 태도 체크 리스트

1. 영문법 공부를 해야 하는 이유를 3가지 이상 말할 수 있다.
2. 영어 교과서는 영문법 공부를 체계적으로 하는 데 부족한 면이 있다.
3. 초등 저학년은 영문법 공부를 본격적으로 시작하기에 이르다고 생각한다.
4. 영문법 교재는 목차부터 꼼꼼히 봐야 한다.
5. 좋은 영문법 교재나 수업은 쓰기 활동을 강조한다.
6. 원리와 규칙을 암기하는 것보다 더 중요한 것은 실제로 적용해 보는 것이다.
7. 어법 문제를 푸는 것보다 설명해 보는 활동이 훨씬 더 효과적인 영문법 학습법이다.
8. 리딩을 잘하기 위해서는 영문법 공부가 반드시 필요하다고 생각한다.
9. 영문법 공부를 시작해야 하는 중요 시기를 알고 있다.

배점 기준

- 7-9점: 매우 좋은 영문법 학습 태도와 인식을 지니고 있습니다. 현재의 방식을 유지하면서 더욱 발전시켜 나가세요.
- 4-6점: 양호한 편이지만 개선의 여지가 있습니다. 점수를 받지 못한 항목을 중심으로 학습 방식을 보완해 보세요.
- 1-3점: 영문법 학습 방식의 개선이 필요합니다. 체크리스트의 각 항목을 참고하여 학습 태도와 방법을 전반적으로 재검토해 보세요.

문법 학습 실패의 원인 4가지

대한민국처럼 영문법 학습 여건이 발달한 나라는 아마 별로 없을 겁니다. 관련 교재와 수업이 정말 많이 있고 접근성도 좋기 때문이에요. 그런데 왜 이런 상황에서도 영문법을 극복한 아이는 소수에 불과할까요? 그건 바로 이 문제가 여건의 문제가 아닌 인식의 문제이기 때문입니다. 대한민국의 아이들이 **영문법 학습에 실패하는 주요 원인**은 크게 네 가지로 나눌 수 있습니다.

첫째, 앞에서도 말했지만 '파편적인 영문법 학습' 때문입니다. 현재 대부분의 아이들은 교과서나 리딩 텍스트 등을 통해 직간접적으로 영문법을 학습하고 있습니다. 그러나 이를 통한 문법 학습은 유기적이고 체계적인 학습을 제공하는 데 한계가 있어요. 예를 들어, 지난달에는 과거시제를, 오늘은 현재완료시제를 배웠지만, 이 둘이 어떻게 연결되고 전체 영문법 체계에서 어떤 위치를 차지하는지에 대해서는 종합적으로 이해하기가 어렵습니다. 또한 리딩 수업에서 간헐적으로 제시되는 문법 항목을 통해서도 체계적인 학습이 불가능하죠. 이로 인해서 많은 아이들이 문법 항목 간의 연결성을 파악하지 못하고 실제 활용하는 데도 어려움을 겪습니다.

둘째, '많이 읽으면 영문법은 알아서 해결된다'는 생각 때문입니다. 이는 현실적으로 가능하지 않습니다. 우선 영어 텍스트를 그만큼 (알아서 해결될 정도로) 많이 읽는 학생은 아주 소수에 불과합니다. 단순히 많이 읽는 것만으로 복잡한 문장의 구조를 자연스럽게 이해하고 적용하는 건 더 어렵습니다. 초기에는 간단한 구조의 문장은 쉽게 파악할 수 있을지도 모르겠습니다. 하지만 갈수록 길어지고 복잡해지는 문장, 도치와 생략 등이 포함된 어려운 영어 표현은 체계적인 문법 학습 없이는 이해하는 것이 굉장히 힘들어요. 그래서 현장에서 아이들을 직접 가르치는 많은 영어 선생님이 '독해만으로는 정확한 문법 사용 능력을 키우는 데 한계가 있다'고 입을 모아 지적하는 겁니다.

또한 영문법은 정확한 읽기를 위한 기초 도구입니다. 그런데 문법에 대한 이해 없이 읽기만 강조하다 보면, 오히려 의미 파악을 정확하게 하기도 어려워질 수 있어요. 예를 들어서 관계대명사나 분사 구문 등이 포함된 복잡하고 긴 문장을 접했을 때, 각각의 문법 지식이 없다면 문장의 주어와 서술어 관계조차 파악하지 못해서 전체 의미를 알 수 없게 됩니다.

따라서 많이 읽어서 문법이 자연스럽게 해결되기를 기대하는 것은 현실적으로 어려운 일입니다. 오히려 이러한 접근은 중요한 영문법 학습 시기를 놓치게 만들고 장기적으로는 읽기 능력의 향상에도 악영향을 미칠 수 있습니다. 영문법은 단순히 규칙을 암기하여 문법 문제를 풀기 위해서가 아니라 영어 텍스트를 정확히 이해하고 해석하기 위해서도 필수적인 도구라는 것을 꼭 알아두세요. 또한 읽기와 병행하여 체계적인 문법 학습을 진행하는 것이 가장 효과적인 영어 학습 방법이라는 것도요.

셋째, '문법은 중학교에 올라가서 해도 된다'는 안일한 생각 때문입니다. 이러한 회피적 판단으로 결국 나중에 아이의 영어 학습에 큰 지장을 주는 경우가 너무나 많습니다.

영문법 학습은 체계적이고 장기적인 계획이 필요한 영역입니다. 복잡한 문법 체계를 이해하고 활용하는 능력을 기르는 데에는 상당한 시간이 필요하기 때문이에요. 그런데 영어가 갑자기 어려워지는 중학교에 진학해서야 영문법 공부를 시작한다면 어떻게 될까요? 아이들은 짧은 시간 안에 많은 양의 문법을 공부해야 하는 큰 부담을 떠안게 됩니다. 이는 학습의 어려움이 배가되게 하고, 영어에 대한 거부감을 키우는 결정적인 역할을 하게 되죠.

더욱이 초등학교와 중학교의 영어교육은 그 성격이 근본적으로 다릅니다. 초등 영어가 활동 중심과 의사소통 중심이라면, 중고등 영어는 문자 중심과 시험 중심으로 전환됩니다. 그래서 이러한 변화에 대비하기 위해서는 기본적인 영문법 학습이 필수이죠. 아무런 준비 없이 중학교에 진학한다면 (이미 배웠다는 전제하에) 문법 용어를 바로 사용하는 수업 시간을 잘 따라가기도 어렵고 갑자기 어려워진 영어 시험에서 보나마나 낮은 점수를 받게 될 테니까요. 그리고 이는 영어에 대한 자신감 하락으로 이어져서 악순환의 고리가 생길 수 있습니다.

넷째, 어법 문제 맞히기 위주의 영문법 학습 방식 때문입니다. 영문법 학습에서 어법 문제 풀이는 배운 내용을 확인하는 단편적인 방법일 뿐입니다. 하지만 실제 학습 현장에서는 이것이 문법 공부의 궁극적인 목표처럼 여겨지는 경우가 참 많아요. 이는 잘못된 접근 방식입니다. 어법 문제 풀기에만 집중하는 영문법 공부는 아이들에게 재미없고 지루하다는 인식을 심어주게 되고 더 나아가 문법 규칙을 외우고 문제를 푸는 것이 영문법 공부의 전부라고 여기게 하면서 영어 자체를 싫어하게 만들 가능성이 높습니다.

사실 영문법 학습의 진정한 목표는 앞에서도 언급했듯이 정확한 읽기와 쓰기 능력을 높이는 것입니다. 문법은 언어의 뼈대이기 때문에 이를 제대로 이해하고 활용할 줄 알아야만 하죠. 또 복잡한 영어 문장을 정확히 해석하고 자신의 생각을 영어로 명확하게 표현할 수 있어야 합니다.

최근의 교육 트렌드도 이러한 방향성을 어느 정도는 반영하고 있습니다. 좋은 학교일수록 내신 영어 시험에서 단순 어법 문제의 비중을 줄이는 추세이고, 수능 영어에서도 어법 문제는 단 한 문제만 출제되죠. 그러니 영문법 교재나 수업을 선택할 때에도 이런 사실을 미리 알고 신중해야 합니다. 어법 문제만 나열된 것이 아니라 많은 예문과 쓰기 활동이 포함된 교재가 가장 좋은 영문법 교재입니다.

그렇다면 영문법은 어떻게 제대로 공부할 수 있을까요? 현실적인 영문법 학습 방법은 3장의 '문법' 파트에서 자세히 설명해 드리겠습니다.

PART 02.

영어 학습 시기별(학년별) 성공 로드맵

영어는 단순한 의사소통 도구를 넘어서 지식 습득과 문화 교류의 도구이며 국제 경쟁력의 척도도 됩니다. 많은 학부모님이 이러한 영어의 중요성을 인식하고 자녀의 영어교육에 막대한 시간과 자원을 투자하고 계시죠. 하지만 안타깝게도 초등 시기의 열정적인 영어교육이 중학교 진학 후에는 기대한 만큼 결실하지 못하는 경우가 빈번합니다. 일단 실제 의사소통 능력에서 기대에 못 미치는 경우가 많고 중학교 첫 시험에서 (평소에 비해) 영어 성적의 하락을 경험하기도 하죠.

이러한 현상의 주된 원인은 바로 '중장기적 계획의 부재' 때문입니다. 이것은 영어교육에 있어서 가장 치명적이고 흔한 함정으로서 당장의 성과나 다른 이의 평가에 휘둘려 체계적인 접근을 놓친 결과입니다. 즉 유행하는 사교육 프로그램이나 단기 성과를 약속하는 학습법을 맹목적으로 따라가다가 정작 아이의 발달 단계와 개인적 특성에 맞는 핵심적인 학습 기회를 놓친 거죠. 예를 들어, 너무 일찍부터 입시 위주의 학습에만 치중한 나머지 실제 언어 사용 능력은 부족하거나 반대로 고학년까지 회화 중심의 학습만을 강조해서 중등 영어 대비에 뒤쳐지는 경우도 있습니다.

또한 많은 분이 간과하는 중요한 사실이 있습니다. 실제로 아이들이 공부해야 하는 영어의 학습 영역은 흔히 알려진 4개, 곧 듣기, 읽기, 쓰기, 말하기만이 아니라 6개라는 겁니다. 어휘와 문법도 있죠. 게다가 각 영역의 양과 범위가 워낙 방대하기 때문에 영어는 한 과목이 아니라 여섯 과목으로 보아도 무방할 정도입니다. 그러니 이 모든 영역을 동시에 집중적으로 학습하는 것은 현실적으로 불가능합니다. 무리했다가는 오히려 학습 효율이 떨어지고 금방 지쳐서 포기하게 되니까요. 이것이 각 영역은 분명 긴밀하게 연계되어 있지만 시기별로 알맞는 독립적인 학습 과정과 방법이 필요한 이유입니다.

따라서 시기별로 우선순위를 정해 체계적으로 접근하는 것이 중요합니다. 예를 들어, 초등 저학년 시기에는 듣기와 말하기(낭독 등)를 중심으로 자연스러운 언어 노출에 중점을 두고, 중학년에 들어서면 읽기와 어휘 학습을 강화해야 합니다. 그러다가 고학년이 되면 읽기를 심화하고 쓰기와 문법에 비중을 두는 식의 접근이 효과적일 수 있죠.

아울러 각 영역 내에서도 학습의 순서가 존재합니다. 이 순서를 무시하고 무작정 난도 높은 내용부터 시작하면 결국 시간과 노력만 낭비하게 될 수 있습니다. 예를 들어, 기초적인 문장 구조와 어휘도 다 익히기 전에 어려운 지문을 다루거나 파닉스도 어설픈데 집중듣기로 들어가거나 한글 어휘도 부족한데 어려운 영단어 공부를 시작하는 것 등은 효과적이지 않습니다. 하지만 안타깝게도 이러한 오류를 범하는 경우가 생각보다 굉장히 많아요.

최근 교육과정과 평가 방식이 급격히 변화하고 있다는 사실도 주목해야 합니다. 2022 개정 교육과정과 고교학점제가 도입되면서 영어 평가 방식이 더욱 과정 중심과 정성 평가로 변화하고 있습니다. 이로써 단순 암기나 문제 풀이 위주의 학습으로는 대응하기가 더 어렵게 되었습니다. 따라서 이러한 변화에 대응하기 위해서는 단기적인 성과에 집착하기보다는 장기적인 안목을 가지고 영어 교육에 접근해야 합니다.

즉 초등 영어교육의 성공을 위해서는 각 학습 영역과 시기에 따른 구체적이고 현실적인 로드맵이 필요합니다. 이는 단순히 열심히 공부하는 것을 넘어서 전략적으로 접근해야 함을 의미해요. 이러한 전략적 접근은 단기적으로는 가시적인 성과가 더디게 나올 수 있지만 장기적으로는 영어 실력의 기반을 튼튼하게 다지는 가장 효과적인 방법입니다.

그러니 바로 다음부터 소개하는 '시기별 로드맵'을 통해서 학부모님께서는 아이의 현재 수준과 미래의 목표를 명확히 설정하고, 단계별로 집중해야 할 영역을 정하여 체계적으로 학습을 진행해 주시기 바랍니다. '선택과 집중'은 지치지 않고 효율적인 영어 학습을 하는 지름길이니까요.

(단, 학년 구분은 아이의 영역별 실력과 진도 상황에 따라 학습 순서 위주로 유연하게 적용하시면 됩니다.)

미취학 ~ 초등 저학년(1-2학년)

- 영어의 바다에 빠지게 하라!
  (노출 중심의 습득 환경 조성)
- 명시적 학습 비중은 낮추고 흥미 위주, 놀이 중심
- 영어 영재의 조건: 좋아하는 걸 영어로!
- 듣기와 읽기(읽어 주기) 중심
- 영어의 시작은 리스닝(흘려듣기-집중듣기)
- 영어 동요 등을 통한 소리 노출
- 동요 따라 부르기
- 자막 없이 영상 노출 시작
- 그림책 음원, 듣고 따라 읽기(낭독하기)
- 한글 책 더 많이 읽기 (한글 책이 곧 영어 교재)
- 영어 동화책(그림책) 읽기
- 그림책, 영어 동화책, 리더스 등 수준에 맞는 원서 듣기와 읽기
- 파닉스의 완성은 리딩과 함께
- 영단어는 사이트 워드 및 교육부 지정 초등 단어 챙기기
- 단어 게임, 플래시카드
- 명시적 문법학습 금지 시기
- 초 3 교과서 미리 대비(심리적 충격과 격차 완화)
- 한글 어휘 수준에 따라 영어 교재 수준도 결정
- 집중력과 앉아 있는 습관 형성이 중요
- 아이의 영어 콘텐츠 선호 파악

초등 중학년(3-4학년)

- 리딩(Reading) 중심 시기
  (다양한 영어책 읽기 골든 타임)
- 얇은 책 다독
- 단계별 리더스 ⇨ 챕터북 리딩, 미국 교과서, 한국 영어 교과서 읽기
- 북리포트 쓰기(시작은 독후 간단한 질문으로)
- 모든 영어 활동은 듣기와 연계
- 흘려듣기-집중듣기
- 말하기와 쓰기 활동은 리딩과 연계해서
- 책 소리 내어 읽기, 낭독하기
- 쓴 글 발표하기
- 원어민 수업이나 화상영어 활용 시기
- 라이팅 틀려도 되는 시기, 필사가 큰 도움
- 간단한 문장(일기) 쓰기
- 문법공부 시작 가능 시기 (4학년~)
- 문법은 라이팅(Writing)과 연계
- 영단어 학습 시작(우연적 어휘 학습과 의도적 학습 병행)
- 하루 단어 1개로 시작해서 3개 +@ 권장(교육부 필수 단어로 시작)
- 한글 어휘와 영단어 병행 학습 필수
- 영단어 암기 역량 파악

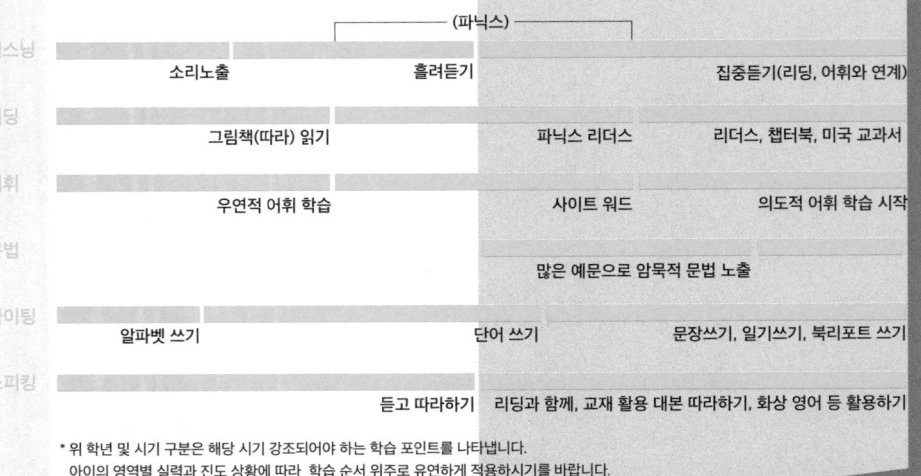

* 위 학년 및 시기 구분은 해당 시기 강조되어야 하는 학습 포인트를 나타냅니다.
  아이의 영역별 실력과 진도 상황에 따라 학습 순서 위주로 유연하게 적용하시기를 바랍니다.

초등 고학년(5-6학년)

- 비문학 리딩(Reading) 적응 시기
- 수준 있는 텍스트 읽기(기사, 챕터북~노블, 미국 교과서 등)
- 리딩 텍스트 선택 주의(이해 안 가는 지문 학습은 독이 됨)
- 영어 문해력 집중 형성 시기
- 독해 교재 활용
- 독서와 매체를 활용한 배경지식 쌓기
- 집중듣기 (흘려듣기)
- 리스닝과 리딩이 분리되는 시기
- 중등 듣기 시험 유형 적응 및 대비
- 정확한 리스닝을 위해 받아쓰기(Dictation) 활용
- 리스닝은 가장 쉬운 영역 (꾸준히만 할 것)
- 어휘력 = 영어 실력
- 추상 어휘에 대비
- 영단어 암기 역량 파악
- 영단어 교재를 가지고 나노학습법, 프로젝트 학습법, 보카키트 학습법 등 활용
- 본격적인 리딩과 라이팅을 위한 문법(구문) 학습 집중기간
- 단락 쓰기 이상으로 라이팅 수준 끌어올리고, 북리포트 본격 작성하기
- 쓴 글 발표하기 연습, Chat GPT 등을 활용한 스피킹 연습 시도
- 영어학원 선택 주의 시기
- 수준과 진도를 점프하면 절대 안되는 위험한 시기
- 중등 내신 대비 중심 영어 학습

중고등 대비

- 중고등 내신 대비 영어 집중 학습
- 학교별 내신 기출 유형 학습
- 지필고사(+서논술형) 대비, 시험의 충격 최소화
- 비문학 리딩 심화 시기
- 수능 영어 방식의 독해 유형 적응기(논리적 읽기)
- 문법·구문 학습의 핵심 시기(문법 단권화)
- 지필고사·수행평가 대비 글쓰기 연습
- 문법 단기 특강은 복습 용도로만
- 수행평가 역량 대비
- 영단어 어휘 집중 대비
- 영단어 학습 역량에 맞춘 데일리 계획 수립
- 독해지문 속 단어 학습의 훌정에 유의 (다의어 및 의역)
- 리스닝은 꾸준히만 해도 충분(중고등 기출)
- 진로선택과목 선택을 위한 첫 걸음, 진로 탐색(고교학점제 선택 과목 대비)

	집중듣기 + 리스닝 평가시험	리스닝
비문학 리딩, 노블, 미국 교과서(비문학), 독해 문제집	비문학 리딩 중심 영어 내신 및 수능 리딩	리딩
영단어 교재 활용 단어 공부, 추상 어휘 중점대비	영단어 학습 역량, 성향에 따른 학습 계획 및 학습법 심화 적용	어휘
명시적 문법 학습, 리딩-라이팅 연계	목차 학습법, 영문법 노트, 내신 문법 유형 대비	문법
단락쓰기, 북리포트 쓰기, 문법 연계 쓰기	지필-수행 글쓰기, 정확한 글쓰기	라이팅
라이팅과 함께, Chat GPT 등 활용하기	수행평가 스피킹 유형 대비	스피킹

미취학 ~ 초등 저학년(1-2학년)

- 영어의 바다에 빠지게 하라! (노출 중심의 습득 환경 조성)
- 명시적 학습 비중은 낮추고 흥미 위주, 놀이 중심
- 영어 영재의 조건: 좋아하는 걸 영어로!
- 듣기와 읽기(읽어 주기) 중심
- 영어의 시작은 리스닝(흘려듣기-집중듣기)
- 영어 동요 등을 통한 소리 노출
- 동요 따라 부르기
- 자막 없이 영상 노출 시작
- 그림책 음원, 듣고 따라 읽기(낭독하기)
- 한글 책 더 많이 읽기 (한글 책이 곧 영어 교재)
- 영어 동화책(그림책) 읽기
- 그림책, 영어 동화책, 리더스 등 수준에 맞는 원서 듣기와 읽기
- 파닉스의 완성은 리딩과 함께
- 영단어는 사이트 워드 및 교육부 지정 초등 단어 챙기기
- 단어 게임, 플래시카드
- 명시적 문법학습 금지 시기
- 초 3 교과서 미리 대비(심리적 충격과 격차 완화)
- 한글 어휘 수준에 따라 영어 교재 수준도 결정
- 집중력과 앉아 있는 습관 형성이 중요
- 아이의 영어 콘텐츠 선호 파악

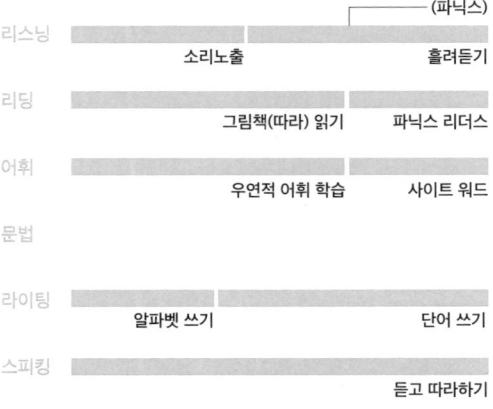

미취학 ~ 초등 저학년 (1~2학년)

　　미취학 아동부터 초등 저학년 시기는 '언어 습득의 황금기'로서 이 시기의 영어교육 방식이 아이의 평생 영어 능력을 좌우할 수 있습니다. 하지만 많은 학부모님이 영어교육의 올바른 방향을 찾지 못한 채 혼란을 겪고 있죠. 이 시기의 아이를 위한 효과적인 영어 학습 로드맵 가이드는 다음과 같습니다.

　　첫째, '**영어의 바다에 빠지게 하라**'입니다. 이것이 가장 중요한 대전제예요. 이 시기에 언어의 효과적인 습득은 생활 속 자연스러운 노출에서 이뤄집니다. 아이가 영어를 자연스럽게 받아들이게 하려면 영어 환경에 충분히 노출되게 해야 합니다. 가정에서도 영어 동요를 틀어주거나 영어 애니메이션을 자막 없이 보여주는 등의 방법으로 영어 환경을 자연스럽게 조성할 수 있습니다.

둘째, **흥미와 놀이 중심의 접근이 가장 효과적**입니다. 이 시기에 아이에게 문법 학습이나 단어 암기를 강요하는 것은 적절하지 않습니다. 그 대신 영어 동요를 함께 부르거나 단어 게임, 플래시카드 등을 활용해서 영어를 재미있게 접하게 해주세요. '영어 영재의 조건은 좋아하는 걸 영어로 하는 것'이라는 점을 명심하시기 바랍니다.

셋째, **듣기와 읽기(읽어주기) 중심의 학습**을 권장합니다. 영어의 시작은 '리스닝'입니다. 처음에는 흘려듣기부터 시작해서 점차 '집중 듣기'로 발전시켜 나가세요. 영어 그림책의 음원을 들려주고 따라 읽게 하는 것도 좋은 방법입니다. 이 과정에서 파닉스를 자연스럽게 익힐 수 있습니다.

넷째, **한글 독서의 중요성**을 간과하지 마세요. 놀랍게도 한글 책을 많이 읽는 것이 영어 실력 향상에 엄청나게 큰 도움이 됩니다. 풍부한 한글 어휘력은 영어 학습의 탄탄한 기반이 되며 이것이 영어 교재의 수준을 결정짓는 요소도 되거든요.

다섯째, **단계별 독서 전략**을 세우세요. 처음에는 영어 그림책으로 시작해서 점차 쉬운 스토리북, 리더스 등으로 수준을 높여가는 것이 좋습니다. 이 과정에서 아이의 수준에 맞는 원서를 선택하고 반복해서 듣고 읽도록 지도해 주세요.

여섯째, **영단어는 플래시카드나 게임 등을 통해 사이트 워드**(고빈도 단어)**와 교육부 지정 초등 단어**(난도가 가장 낮은 단어부터)**부터 많이 접할 수 있게** 해주세요. 그리고 이 시기에는 명시적인 문법 학습은 피해야 합니다.

일곱째, **파닉스는 수업만으로 완성될 수 없습니다.** 그러니 파닉스 수업을 들었다고 다 잘 읽을 거라고 기대하지는 마세요. 결국 파닉스의 완성은 리딩과 함께해야 가능하기 때문에 파닉스가 부족하다고 느낀다면 파닉스를 이용해 더 많이 읽어볼 수 있도록 지도해 주셔야 합니다.

여덟째, **초등 3학년 교과과정을 미리 대비하는 것도 좋은 전략**입니다. 영어 교과서 예습은 학교 영어 수업에 대한 심리적 충격을 완화하고 또래와의 격차를 줄이는 데 도움이 되는 활동이니까요.

마지막으로, **아이의 집중력과 학습 습관의 형성에 신경**을 써주세요. 영어 학습에 있어서 꾸준함만큼 중요한 것은 없습니다. 또한 아이가 어떤 영어 콘텐츠를 선호하는지를 파악하여 이를 학습에 적극 활용해 주시기 바랍니다.

이 시기의 영역별 구체적인 학습(노출) 순서와 방법은 3장에서 확인하시면 됩니다. 또한 방금 강조해 드린 로드맵 가이드 9가지는 꼭 기억하셔서 고재든, 학원이든, 엄마표든 영어교육에 관한 선택의 기로에 섰을 때 기준점으로 꼭 활용하시길 바랍니다.

초등 중학년 (3~4학년)

- 리딩(Reading) 중심 시기(다양한 영어책 읽기 골든 타임)
- 얇은 책 다독
- 단계별 리더스 ⇨ 챕터북 리딩, 미국 교과서, 한국 영어 교과서 읽기
- 북리포트 쓰기(시작은 독후 간단한 질문으로)
- 모든 영어 활동은 듣기와 연계
- 흘려듣기-집중듣기
- 말하기와 쓰기 활동은 리딩과 연계해서
- 책 소리 내어 읽기, 낭독하기
- 쓴 글 발표하기
- 원어민 수업이나 화상영어 활용 시기
- 라이팅 틀려도 되는 시기, 필사가 큰 도움
- 간단한 문장(일기) 쓰기
- 문법공부 시작 가능 시기 (4학년~)
- 문법은 라이팅(Writing)과 연계
- 영단어 학습 시작(우연적 어휘 학습과 의도적 학습 병행)
- 하루 단어 1개로 시작해서 3개 +@ 권장(교육부 필수 단어로 시작)
- 한글 어휘와 영단어 병행 학습 필수
- 영단어 암기 역량 파악

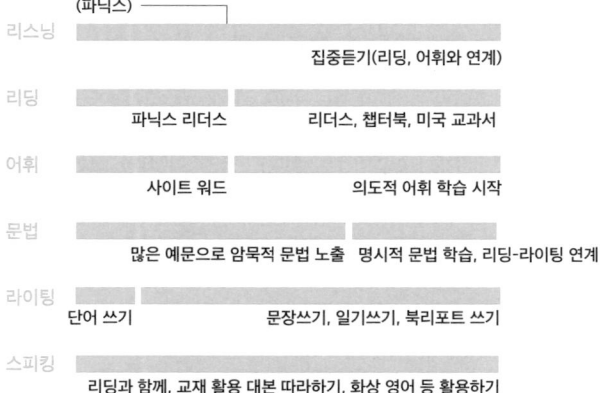

리스닝	(파닉스)	집중듣기(리딩, 어휘와 연계)
리딩	파닉스 리더스	리더스, 챕터북, 미국 교과서
어휘	사이트 워드	의도적 어휘 학습 시작
문법	많은 예문으로 암묵적 문법 노출	명시적 문법 학습, 리딩-라이팅 연계
라이팅	단어 쓰기	문장쓰기, 일기쓰기, 북리포트 쓰기
스피킹	리딩과 함께, 교재 활용 대본 따라하기, 화상 영어 등 활용하기	

초등 중학년 (3~4학년)

초등학교 중학년 시기에는 본격적인 학교 영어 수업을 시작하며 영어 학습에 있어서 매우 중요한 때이기도 합니다. 이 시기의 아이는 기초적인 영어 노출 단계를 지나서 '본격적으로 영어 실력을 쌓아 가야 할 때'이거든요. 이 중요한 시기의 효과적인 영어 학습 전략은 다음과 같습니다.

첫째, **이때부터 '리딩(Reading)'이 중심**이 됩니다. 다양한 영어책을 읽는 골든타임으로서 얇은 책부터 시작해서 다독으로 넘어가는 것이 좋아요. 단계별 리더스부터 시작하여 챕터북으로 넘어가고, 더 나아가 미국 교과서나 한국 영어 교과서를 학년을 높여가며 읽히는 것도 효과적입니다. 그 과정에서 북리포트 쓰기도 시작해 보세요. 처음에는 간단한 독후 질문으로 시작하여 점차 수준을 높이고 방법을 확장해 나가면 됩니다.

둘째, **모든 영어 활동은 여전히 '듣기'와 연계하는 것이 중요**합니다. 흘려듣기에서 집중듣기로 발전시켜 나가면서 책을 소리 내어 읽게 하거나 낭독하는 활동도 병행하게 하세요. 이 방법은 말하기 능력의 향상에도 큰 도움이 됩니다.

셋째, **말하기와 쓰기 활동을 리딩과 연계**해서 진행하세요. 읽은 내용을 바탕으로 간단한 문장을 만들어 보거나 따라서 써 보는 겁니다. 그리고 쓴 내용을 발표까지 해보는 거죠. 이런 활동은 종합적인 영어 능력의 향상에 매우 효과적입니다. 또한 이 시기는 원어민 수업이나 화상영어를 활용하기 좋은 때임도 알아두세요.

넷째, **라이팅에 대한 심리적 부담을 줄여주세요**. 이때는 '틀려도 되는 라이팅을 하는 시기'입니다. 오히려 틀리더라도 계속해서 쓰는 연습을 하는 것이 훨씬 더 중요해요. 필사는 라이팅 실력 향상에 큰 도움이 되기 때문에 좋아하는 영어 문장을 옮겨 적는 연습을 권장합니다. 간단한 일기 쓰기를 시작해 보는 것도 좋은 방법이고요.

다섯째, **4학년부터는 상황에 따라 본격적인 문법 공부를 시작**할 수 있습니다. 하지만 문법을 어법 문제 풀이 위주로 공부하기보다는 라이팅과 연계하여 학습하는 것이 효과적이에요. 배운 문법 요소를 실제 글쓰기에 적용하면서 자연스럽게 익히도록 지도해 주세요.

여섯째, **영단어 학습을 본격적으로 시작할 시기**입니다. 우연적 어휘 학습(책을 읽거나 듣기를 하면서 자연스럽게 익히는 방법)과 의도적 학습(단어장 만들기나 단어 교재로 학습하는 방법)을 병행하세요. 처음에는 하루에 단어 1개로 시작해서 점차 3개 이상으로 늘려가는 것이 좋습니다. 교육부 필수 단어부터 시작하여 점차 확장해 가시면 됩니다.

일곱째, **한글 어휘력의 향상도 병행**해야 합니다. 풍부한 모국어 어휘력은 영어 학습에 큰 도움이 되니까요. 영단어를 배울 때마다 해당 단어의 한글 의미도 함께 깊이 있게 학습하는 것이 효율성 측면에서 더 좋습니다.

마지막으로, **이 시기에는 아이의 영단어 암기 역량과 성향을 파악하는 것이 매우 중요**합니다. 아이마다 단어를 익히는 속도와 방식이 다르기 때문에 개인의 특성에 맞는 학습 방법을 찾아주는 것이 효과적이거든요. 1장과 3장에서 단어 학습에 관한 내용을 꼼꼼히 읽어 보시고 적용하세요.

이 시기의 영어 학습은 '**균형**'이 핵심입니다 리딩(읽기)을 중심으로 하되 듣기, 말하기, 쓰기 능력을 고르게 발전시켜 나가는 것이 중요하죠. 또한 문법과 어휘 학습을 시작하면서 실제 언어 사용과 연계하여 학습하는 것이 좋습니다. 영역별 자세한 학습 순서와 방법은 3장에 구체적으로 나와 있습니다.

이 시기에 학부모님께서는 아이가 영어에 흥미를 잃지 않도록 주의해 주세요. 재미있고 의미 있는 콘텐츠를 통해서 계속 영어를 접하게 하는 것이 중요합니다. 그리고 아이의 영어 실력 향상 속도로 인해 절대로 조급함을 갖지 마세요. 각자의 속도로 꾸준히 나아가는 것이 훨씬 더 중요합니다.

초등 고학년 (5~6학년)

- 비문학 리딩(Reading) 적응 시기
- 수준 있는 텍스트 읽기(기사, 챕터북~노블, 미국 교과서 등)
- 리딩 텍스트 선택 주의(이해 안 가는 지문 학습은 독이 됨)
- 영어 문해력 집중 형성 시기
- 독해 교재 활용
- 독서와 매체를 활용한 배경지식 쌓기
- 집중듣기 (흘려듣기)
- 리스닝과 리딩이 분리되는 시기
- 중등 듣기 시험 유형 적응 및 대비
- 정확한 리스닝을 위해 받아쓰기(Dictation) 활용
- 리스닝은 가장 쉬운 영역 (꾸준히만 할 것)
- 어휘력 = 영어 실력
- 추상 어휘에 대비
- 영단어 암기 역량 파악
- 영단어 교재를 가지고 나노학습법, 프로젝트 학습법, 보카키트 학습법 등 활용
- 본격적인 리딩과 라이팅을 위한 문법(구문) 학습 집중기간
- 단락 쓰기 이상으로 라이팅 수준 끌어올리고, 북리포트 본격 작성하기
- 쓴 글 발표하기 연습, Chat GPT 등을 활용한 스피킹 연습 시도
- 영어학원 선택 주의 시기
- 수준과 진도를 점프하면 절대 안되는 위험한 시기
- 중등 내신 대비 중심 영어 학습

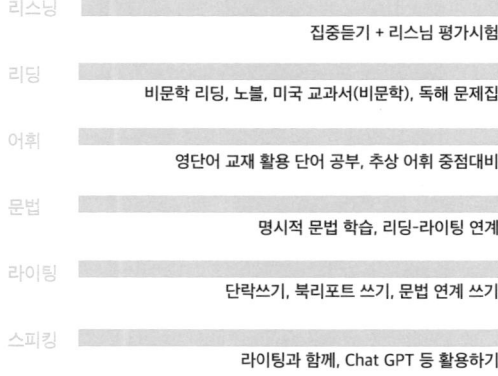

리스닝 집중듣기 + 리스닝 평가시험

리딩 비문학 리딩, 노블, 미국 교과서(비문학), 독해 문제집

어휘 영단어 교재 활용 단어 공부, 추상 어휘 중점대비

문법 명시적 문법 학습, 리딩-라이팅 연계

라이팅 단락쓰기, 북리포트 쓰기, 문법 연계 쓰기

스피킹 라이팅과 함께, Chat GPT 등 활용하기

초등 고학년 (5~6학년)

초등학교 고학년 시기는 기초적인 영어 능력을 바탕으로 더욱 심화된 학습을 진행하면서 중학교 영어 준비를 시작해야 할 때입니다. 이 시기의 효과적인 영어 학습 전략은 다음과 같습니다.

첫째, 이 시기는 '**비문학 리딩(Reading) 적응 시기**'입니다. 논픽션 북, 기사나 미국 교과서(사회, 과학 등) 등을 활용하여 수준 있는 텍스트를 읽게 하는 것이 중요해요. 다만 리딩 텍스트를 선택할 때 주의해야 하는 부분이 있습니다. 아이가 이해하지 못하는 지문을 무리하게 학습하게 하는 것은 오히려 독이 될 수 있기 때문입니다. 아이의 수준에 맞으며 때로는 조금 도전적인 텍스트를 선택하는 것이 좋습니다.

둘째, **영어 문해력 형성에 집중해야 하는 시기**입니다. 독해 교재를 활용하고 다양한 독서와 매체를 통해서도 배경지식을 쌓는 것이 중요한 때죠. 이는 단순히 영어 실력의 향상뿐만 아니라 전반적인 학습 능력의 향상에도 큰 도움이 됩니다.

셋째, **리스닝 학습 방식의 변화가 필요**합니다. 이 시기에는 보통 리스닝과 리딩이 분리되기 시작해요. 집중듣기 능력을 키우면서도 중등 듣기 시험 유형에 적응하도록 대비하는 것이 중요합니다. 또한 정확한 리스닝을 위해서 받아쓰기(Dictation)를 활용하는 것도 좋은 방법입니다. 다만 주의할 것은 중고등 대비 리스닝은 꾸준히만 하면 어렵지 않게 향상되는 영역이기 때문에 너무 스트레스 받지 않는 선에서 진행해도 괜찮다는 점입니다.

넷째, **어휘력 향상에 집중**해야 합니다. "어휘력이 곧 영어 실력이다."라는 말이 있을 정도로 이 시기의 어휘 학습은 매우 중요합니다. 특히 추상 어휘에 대비할 필요가 있죠. 우리 아이의 영단어 암기 역량을 파악하고 개인에게 맞는 학습법을 찾는 것이 중요합니다. 영단어 교재를 가지고 나노학습법, 프로젝트 학습법, 보카키트 학습법 등 다양한 방법을 시도해 보세요. (이에 관한 자세한 내용은 3장의 '어휘'를 참고하세요.)

다섯째, **리딩과 라이팅을 위한 문법(구문) 학습에 집중**해야 합니다. 이 시기에 탄탄한 문법 기초를 다져 놓으면 중학교 영어 학습이 훨씬 더 수월해지거든요.

여섯째, **라이팅 수준을 한 단계 끌어올리는 것**이 중요합니다. 단락 쓰기 이상의 수준으로 발전시키고 북리포트 작성을 본격적으로 시작해 보세요. 그러면서 쓴 글을 발표하는 연습을 통해 말하기 능력도 함께 키워 주시기 바랍니다. 이때 현재 계속 발전하고 있는 챗지피티(ChatGPT) 등의 인공지능(AI) 도구를 활용해 스피킹 연습을 시도해도 좋습니다.

일곱째, 이 시기는 **영어학원의 선택에 주의**해야 합니다. 수준과 진도를 무리하게 점프하면 절대 안 되니까요. 아이의 현재 수준에 맞으며 꾸준한 발전을 도모할 수 있는 학원을 선택해 주세요.

마지막으로, **중등 내신 대비 중심의 영어 학습을 시작**해야 합니다. 중학교 진학 후 겪게 될 영어 학습의 변화에 미리 대비하는 것이지요.

이 시기의 영어 학습은 '**심화**'와 '**준비**'가 핵심입니다. 지금까지 쌓아온 기초 실력을 바탕으로 더욱 깊이 있는 학습을 진행하면서 동시에 중학교 영어 학습을 위한 준비를 해야 하죠. 3장에 나와 있는 영역별 구체적인 학습법을 참고하여 학습시켜 주세요. 그러면 최상위권에 도전할 수 있는 실력을 갖출 수 있고 영어를 다소 늦게 시작한 아이라도 무리 없이 중등 대비를 할 수 있습니다. 다만 학부모님께서는 이 시기에 아이의 학습 부담이 급격히 커지지 않도록 주의해 주시고요.

초등 고학년 시기는 영어 실력의 완성을 향한 중요한 도전의 시기입니다. 이 시기에 올바른 학습 습관과 전략을 갖추면 중학교 진학 후에도 자신감 있게 영어 학습을 이어갈 수 있을 겁니다.

중고등 대비

- 중고등 내신 대비 영어 집중 학습
- 학교별 내신 기출 유형 학습
- 지필고사(+서논술형) 대비, 시험의 충격 최소화
- 비문학 리딩 심화 시기
- 수능 영어 방식의 독해 유형 적응기(논리적 읽기)
- 문법·구문 학습의 핵심 시기(문법 단권화)
- 지필고사·수행평가 대비 글쓰기 연습
- 문법 단기 특강은 복습 용도로만
- 수행평가 역량 대비
- 영단어 어휘 집중 대비
- 영단어 학습 역량에 맞춘 데일리 계획 수립
- 독해지문 속 단어 학습의 함정에 유의 (다의어 및 의역)
- 리스닝은 꾸준히만 해도 충분(중고등 기출)
- 진로선택과목 선택을 위한 첫 걸음, 진로 탐색(고교학점제 선택 과목 대비)

리스닝	집중듣기 + 리스닝 평가시험
리딩	비문학 리딩 중심 영어 내신 및 수능 리딩
어휘	영단어 학습 역량, 성향에 따른 학습 계획 및 학습법 심화 적용
문법	목차 학습법, 영문법 노트, 내신 문법 유형 대비
라이팅	지필-수행 글쓰기, 정확한 글쓰기
스피킹	수행평가 스피킹 유형 대비

중고등 대비

초등학교에서 중학교로의 전환은 정말 큰 변화입니다. 소통과 활동 중심에서 문자와 시험 중심으로 영어 학습 목표가 바뀌게 되니까요. 그래서 이 시기에는 더욱 체계적이고 심화된 영어 학습이 필요하며 동시에 고등학교 영어까지 내다보는 장기적인 계획을 세워야 합니다. 지금부터는 중고등 영어 학습 대비를 위한 전략에 대해 이야기해 보겠습니다. 중등 영어를 준비하는 초등 고학년부터 중학생까지 모두에게 해당되는 내용이에요.

첫째, **중고등 영어 내신 대비 집중 학습이 필요**합니다. 우리 지역 중고교의 학교별 내신 기출 유형을 학습하고 수행평가에도 대비해야 해요. 이는 중고교에 진학한 후에 겪게 될 시험의 충격을 최소화하는 데 도움이 됩니다. 특히 학교 시험의 특성을 파악하고 그에 맞는 학습 전략을 세우는 것이 중요하죠.

둘째, **비문학 리딩을 더욱 심화해야 하며 수능 영어 유형의 독해 문제에 적응하는 것이 필요**합니다. 특히 1등급을 결정짓는 빈칸 추론 유형 등의 고난도 독해 유형에 대비해야 합니다. 이를 위해서는 단순히 내용을 이해하는 것을 넘어서 글의 구조와 논리를 파악하는 능력을 기르는 것이 중요합니다.

셋째, **문법과 구문 학습에 집중**해야 합니다. 문법은 체계적으로 정리하고 단권화하는 것이 좋습니다. 어법 문제 풀이는 충분히 하되 리딩과 라이팅을 연계한 문법 구문 학습이 되어야 합니다.

넷째, **지필고사와 수행평가에 대비하는 라이팅 연습이 필요**합니다. 중학교 때부터는 서술형, 논술형 등의 쓰기 활동이 중요해지기 때문에 다양한 주제로 영어 글쓰기 연습을 해야 합니다. 최소 한 학년 위의 시험이 어떻게 나오는지 기출 유형부터 파악하면 도움이 될 거예요.

다섯째, **영단어 학습에 크게 집중**해야 합니다. 개인의 영단어 학습 역량에 맞춘 데일리 계획을 수립하고 꾸준히 실천하는 것이 중요하죠. 다만 독해 지문에서 발췌하는 방식으로만 영단어 학습을 한다면 다의어나 의역된 표현으로 인해서 혼란을 겪을 수 있습니다. 그러므로 사전을 찾거나 영단어 교재를 활용하여 정확한 의미를 파악하는 습관을 길러야 합니다.

　여섯째, **리스닝은 꾸준히만 해도 충분**합니다. 중고등 기출 문제를 활용하여 정기적으로 듣기 연습을 한다면 큰 어려움 없이 실력을 유지하고 성적을 높일 수 있습니다.

　마지막으로, **고교 선택과목을 위한 준비**를 해야 합니다. 고교학점제의 선택과목에 대비하여 자신의 진로를 미리 탐색하고, 그에 맞는 영어 학습과 고교 선택에 대한 계획을 세워야 해요. 좀더 심화된 영어 교과를 선탁할 것인지, 영어 내신이 좀더 쉬운 학교에 지원할 것인지 등에 대한 전략이 필요합니다.

　이 시기의 영어 학습은 '**심화**'와 '**선택**'이 핵심입니다. 지금까지 쌓아온 실력을 바탕으로 더욱 체계적이고 깊이 있는 학습을 진행하면서 동시에 고등학교의 영어 학습까지 내다보는 장기적인 계획을 세워보세요. 영역별 구체적인 학습 방법과 추천 내용은 3장에 자세히 설명되어 있습니다.

　지금까지 시기별 로드맵에 대해서 살펴보았습니다. 시기별 페이지에 담긴 로드맵을 한눈에 볼 수 있는 '지도'는 다음 QR 코드를 통해 내려받아 출력하실 수 있습니다. 이 지도는 한 번 쓱 보는 용도가 아닙니다. 눈에 잘 띄는 곳에 붙여 놓고 미취학부터 중고등 시기까지 시기마다 영어 학습 방향을 잘 잡고 있는지 파악하고 보완하는 가이드로 삼으시도록 만들었습니다.

    그러면 영역별로 어떻게 학습하면 좋을지, 학습 순서와 구체적인 방법을 3장에서 자세히 살펴보겠습니다.

PART 03.

6대 영역별
영어 학습 전략

리스닝

: 영어 학습의 시작

  '리스닝'은 언어 습득의 첫 단계이자 언어 학습의 가장 기본적인 영역입니다. 마치 우리가 모국어를 배울 때 먼저 듣고 이해하는 과정을 거치는 것처럼 영어도 귀로 듣고 익히는 것이 가장 자연스러운 출발점이죠. 리스닝은 단순히 소리를 듣는 것을 넘어서 언어의 리듬과 억양을 체득하고 의미를 파악하는 총체적인 과정입니다. 특히 유창성의 기반이 되는 리스닝 능력은 말하기, 읽기, 쓰기로 이어지므로 모든 영어 실력의 근간입니다. 영어의 소리에 익숙해지면 자연스럽게 발음이 개선되고, 문장 구조와 표현을 직관적으로 이해하게 되며, 궁극적으로는 영어로 생각하는 능력까지 발달하게 되니까요. 따라서 영어를 시작하는 시기부터 체계적인 리스닝 훈련을 하는 것은 향후 영어 학습의 성공을 좌우할 정도로 중요하다고 할 수 있습니다.

수년째 영어 소리에 노출해도 잘 못 듣는 진짜 이유

하지만 많은 학부모님이 리스닝 학습의 중요성을 알면서도 효과적인 접근 방법을 찾지 못해서 어려움을 겪고 있습니다. 왜 그럴까요? 그건 바로 리스닝 학습에 대한 오해 그리고 부족한 이해 때문이에요. 가장 대표적인 사례는 흘려듣기와 집중듣기의 차이와, 각각의 목적과 방법에 대한 명확한 이해 없이 무작정 영어 콘텐츠에 노출되게 하는 경우입니다. 이 두 가지 방법을 적절히 병행해야 하지만 많은 경우에 이 둘을 혼동하거나 한 가지 방법에만 치중하기 때문에 실패하게 되죠.

또한 체계적인 리스닝 학습 순서를 따르지 않으며 아이의 수준과 관계없이 어려운 콘텐츠부터 시작하거나 반대로 너무 쉬운 내용만 반복하는 경우도 많습니다. 리스닝은 영어 소리에 대한 기본적인 노출부터 시작해서 간단한 단어와 문장 듣기 그리고 점차 복잡한 대화나 이야기 듣기로 나아가는 등 단계적으로 진행되어야 합니다. 그런데 많은 경우에 이러한 단계를 무시하고 아이의 현재 수준을 고려하지 않기 때문에 오히려 영어 듣기에 대한 싫은 감정만 키우거나 학습 효과가 정체되는 경우가 있습니다.

아울러 각 아이의 성향 및 적응 속도를 고려하지 않은 획일적인 접근법도 문제입니다. 어떤 아이는 음악을 통해 자연스럽게 영어에 익숙해지지만 또 다른 아이는 스토리를 통해 더 잘 배울 수 있습니다. 또 어떤 아이는 스토리보다 비문학에 더 관심을 보이죠. 즉 아이의 관심사와 연결되지 않은 콘텐츠는 영어에 흥미를 잃게 만들어 지속적인 학습을 방해할 수 있습니다. 따라서 아이의 개성과 흥미를 고려한 맞춤형 리스닝 학습 도구와 방법을 찾는 것이 무엇보다 중요합니다.

이러한 문제점을 해결하고 효과적인 리스닝 학습을 하기 위해서 우선 영어 리스닝의 체계적인 단계를 살펴보겠습니다. 큰 틀에서 흐름을 이해하고 난 후, 지금 당장 필요한 것부터 실천해 보시기 바랍니다.

리스닝의 시작: 소리 노출의 절대 법칙

　리스닝은 '소리에 익숙해지기', 즉 '소리 노출'부터 시작됩니다. 아이들이 영어를 처음 접할 때, 그것을 낯설고 어려운 것으로 인식하게 되면 심리적 거부감이 생길 수 있기 때문이에요. 하지만 자주 듣고 친숙해지면 영어가 그저 우리와 다른 방식으로 의사소통하는 도구라는 것을 자연스럽게 이해하게 됩니다.

　예를 들어, 우리 아이가 좋아하는 캐릭터의 영어 버전 애니메이션을 보여준다면 어떻게 될까요? 이미 알고 있는 내용을 영어로 듣기에 영어가 그렇게 낯설지만은 않다고 느낄 겁니다. 또한 길거리에서 쉽게 볼 수 있는 '영어 간판'을 읽어주거나, 영어로 말하는 재미있는 영상(유튜브나 릴스 등의 숏폼)을 보여주거나, 해외여행을 갔을 때 음식을 주문하고 길을 묻는 상황을 보게 한다면 영어가 단순히 학교에서 배우는 과목이 아니라 실제 생활에서 유용하게 사용된다는 것을 실감하게 될 겁니다. 게다가 그 타이밍에 부모님이 (가벼운) 영어를 사용해서 외국인과 소통한다면 자연스럽게 영어에 대한 긍정적인 태도와 관심을 갖게 되겠죠?

그렇다면 영어 소리 노출은 언제부터 어떻게 하는 것이 좋을까요?

소리 노출의 타이밍

본격적인 소리 노출은 아이가 영어에 '호기심을 보일 때' 시작하면 좋습니다. 만약 자주 어울리는 친구 중에 영어를 배우는 친구가 있다면 자극을 받아서 '자기도 하고 싶다'는 의사를 표현할 수 있어요. 이때처럼 (반짝이라도) 영어에 호기심을 보인다면 바로 그때를 절호의 기회로 삼는 겁니다.

하지만 '그냥 한번 해볼까?'라는 가벼운 마음으로 시작하여 '어느 날은 했다가 또 어느 날은 안 하는 것'은 삼가야 합니다. 아이의 하루 일상에 규칙적인 습관으로 만들어 주세요. 예를 들어 등원이나 등교 전 또는 아침 식사 시간에 아이가 흥미로워할 만한 영어 '소리'를 지속적으로 들려주는 겁니다. 영어 소리가 배경 음악처럼 들리고 있는 상황이에서 아이는 지금 하고 있는 행동에 큰 영향을 받지 않고 자연스럽게 느끼게 될 거예요. 이런 루틴이 지속적으로 반복되다 보면 아이는 처음에는 배경음에 불과하던 영어 소리의 특정 부분에 반응하게 될 겁니다. 그리고 들리는 대로 일부를 따라 할 거예요. 그때, 여러분도 아이와 함께 따라 해 주시는 겁니다. 부모와 아이가 같이 영어 소리(동요 등)를 흥얼거리는 상황이 만들어진다면 영어 소리 노출 작전은 일차 성공입니다!

소리 노출의 효과적인 방법: 영어 동요 노출하기

첫 시작은 크게 주의를 끌지 않도록 같은 소리를 작은 볼륨으로 반복해서 들려주세요. 그러다가 익숙해지면 볼륨도 키우고 종류를 다양화하면서 반복적으로 노출해 주시면 됩니다.

예를 들어 어릴 때 자주 들려주셨을 법한 〈반짝반짝 작은 별(Twinkle Twinkle Little Star)〉과 같은 동요의 영어 버전을 잠들기 전 자장가로 들려주는 것부터 시작하는 것이 가장 좋아요. 그렇게 익숙해지면 그다음에는 경쾌한 리듬으로 아이들에게 친숙한 버스를 주제로 노래하는 〈The Wheels On The Bus〉와 같은 동요를 차량을 타고 이동할 때마다 지속적으로 노출시켜 주는 것을 추천합니다. (때와 장소를 '아이의 생활-동요의 주제'와 연결 지어 주세요. 즐거운 놀이처럼요!)

이처럼 우리 아이의 첫 영어 소리 노출은 '동요'로 시작하는 것이 가장 자연스럽고 효과적입니다. 영어 동요는 반복적인 리듬과 음율을 가지고 있습니다. 일단 영어는 강세와 리듬이 중요한 언어이기 때문에 동요를 통해 기본적인 소리 패턴을 익힐 수 있죠. 또한 아이들은 보통 노래를 학습이 아닌 놀이로 인식하기 때문에 스트레스 없이 영어를 접할 수 있다는 장점도 있습니다.

영어 동요는 일반적으로 20~50개의 단어로 구성되어 있습니다. ⟨Twinkle, Twinkle, Little Star⟩는 약 20개의 고유한 단어로 구성되어 있는데 대부분이 "I, sky, world" 등과 같이 기초적인 단어입니다. 그래서 이런 동요의 반복적인 가사와 단순한 문장은 기초 어휘는 물론이고 영어의 기본 구조를 익히는 데 큰 도움이 됩니다. 또한 아이들이 쉽게 따라 부를 수 있기 때문에 자연스러운 발화도 되죠. 여러분의 10대 시절에 팝송의 뜻을 알지 못해도 들리는 대로 따라 불렀던 것을 떠올리면 바로 이해가 되실 겁니다.

영어 동요를 들려주는 과정에서 가장 중요한 점은 아이가 이 활

---

* 영어권 국가에서 유명한 동요와 동화를 보통 '마더구스(Mother Goose)'라고 지칭합니다. 대부분 구전으로 전해 내려온 것이거, 우리나라에도 같은 선율을 가진 구전 동요가 있습니다. (예: Twinkle, Twinkle, Little Star = 반짝반짝 작은 별)

동을 최대한 즐기게 하는 것입니다. 따라서 테스트나 강요는 절대로 하지 마세요. 들은 단어가 무엇인지 묻거나 (아이가 원하지 않는데) 노래를 부르라고 시키는 것은 삼가셔야 합니다. 그저 노래를 즐기고 흥얼거리면서 자연스럽게 영어에 노출되도록 하세요. 학습이라는 부담을 주지 말고 아이가 놀이의 일환으로 받아들이게 하는 것이 중요합니다.

요즘에는 영어 동요 노출을 위해서 책이나 DVD를 준비할 필요가 없습니다. 당장 맘카페에만 가봐도 '프뢰벨, 노부영, 싱어롱 위드미, 푸름이' 등등 수많은 영어 동요 교재가 추천되고 있지만 "우리 애는 그걸 안 좋아하더라고요", "추천받아서 싹 다 구매했는데 당근에 내놓을까 고민 중이에요 ㅜㅜㅜ"라며 후회하는 글도 자주 볼 수 있어요. 분명 고심해서 좋다는 교재를 골랐을 텐데 왜 그런 게시글이 계속 올라올까요? (1장을 이미 읽은 분은 잘 아시는 것처럼) 그건 바로 아이별로 관심 포인트가 다름을 인지하지 못하고 대중의 취향(?)을 강요했기 때문일 가능성이 가장 큽니다.

그러니 무턱대고 시리즈를 구매하지 마시고, 일단 유튜브에서 "kids English song"으로 검색해 보세요. 대표적인 채널 〈Cocomelon - Nursery Rhymes〉(구독자 1.83억 명)부터, 〈Super Simple Songs - Kids Songs〉(구독자 4270만 명), 〈Baby Shark - Pinkfong Kids' Songs & Stories〉(구독자 7800만 명) 등 여러 채널에 정말 많은 영어 동요 영상이 업로드되어 있습니다. 특히 한국 애니메이션 〈핑크퐁〉과 〈아기 상어〉 등을 기반으로 하는 〈Baby Shark - Pinkfong Kids' Songs & Stories〉 채널은 한글 동요가 업로드되는 〈핑크퐁(인기 동요·동화)〉(구독자 1180만 명) 채널과 함께 활용하시면 한글과 영어 노래를 익히는 데 유용합니다.

활용법은 이 채널 속 영상을 인기순으로 나열해서 일단 아이에게 많이 들려주세요. 그중 호기심을 보이는 노래를 집이나 차에서 수시로 꾸준히 들려주는 것부터 시작하는 겁니다. 어느 순간 자연스럽게 흥얼거리며 일부를 따라 하며 외울 수 있도록이요. 정말 좋아하는 노래는 나중에 책을 찾아서 함께 읽고 즐긴다면 더욱 효과적입니다. 유명한 영어 동요(마더구스)는 대부분 책으로 출간되어 있습니다.

앞서 소개한 채널에 있으면서, 아이와 우선적으로 함께 들어보면 좋을 노래들을 몇 곡 추천합니다. 조회수가 높은, 많은 아이가 여러 번 반복해서 들은 곡들이고요. 여러 일상과 관련되어 친숙하고 신체 활동을 유도하는 것도 있어서 아이들이 재미있게 받아들일 거예요. 모두 몇 번씩 들려주시면서 우리 아이의 취향에 맞는 노래를 찾아주세요 그러고는 그 곡부터 시작하는 겁니다.

제목	추천 대상
Wheels on the Bus	자동차에 관심이 많거나 일상 속 다양한 소리와 동작에 호기심이 많은 아이
Head Shoulders Knees & Toes	신체 활동을 좋아하는 아이에게 신체와 관련된 단어를 노출하고 싶을 때
Finger family song	가족 관계와 관련된 단어를 배우는 데 추천
Bingo	알파벳을 처음으로 배우기 시작하는 아이
Rain, Rain, Go Away	비 오는 날 날씨에 대한 감정 표현을 배울 수 있는 노래
Walking Walking	다양한 동작을 따라 하는 노래로, 활동적인 아이에게 추천
Ice Cream Song	음식에 관심이 많고, 호불호를 표현하고 싶은 욕구가 강한 아이
Hickory Dickory Dock	시간 개념을 배우기 시작하는 아이
Ten Little Indians	영어로 숫자 세는 법을 배우기 시작하는 아이
Row, Row, Row Your Boat	노래에 맞춰 실제로 "노를 젓는" 동작을 하는 노래로, 협동 활동을 좋아하는 아이에게 추천

단, 이때는 무엇보다 영어 음성에 친숙해지는 것이 중요한 시기이니까요. 얼마나 노출해야만 효과적인지, 또 노출 이후에는 어떤 활동을 해야되는 지에 대해서는 크게 신경쓰지 않으셔도 됩니다. 아이가 영어에 대한 긍정적인 감정을 가지고 흥미, 그리고 호기심을 이어갈 수 있다면 그것으로 충분합니다.

본격적인
리스닝 학습의 시작

아이가 영어 소리에 익숙해지기 시작하면 그때부터는 본격적인 리스닝 '학습'을 시작해야 합니다. 리스닝은 여러분도 잘 아시다시피 크게 **'흘려듣기'**와 **'집중듣기'**로 나눌 수 있어요. 하지만 시중 교재와 영어 강의를 하시는 많은 선생님이 이 두 용어를 중첩하거나 혼용하고 있기 때문에 여러분도 각각 그 의미와 범위를 다르게 알고 계실 가능성이 높다고 봅니다.

일반적으로 리스닝 교재는 '소리', '시각 자료(영상, 그림)', '텍스트 자료(글, 자막)'로 구성되어 있습니다. 그중 무엇을 가졌는지에 따라서 두 듣기 학습 방식을 구분하는 것이 일반적이에요. 예를 들어 자막 없이 보는 DVD(소리+시각 자료)는 흘려듣기, 책을 보며 CD 음원을 듣는 것(소리+텍스트 자료)은 집중듣기라고 합니다. 하지만 만약 자막 없이 DVD(소리+시작 자료)를 보지만 '집중'해서 듣는다면 그건 흘려듣기일까요, 집중듣기일까요? 또는 책(텍스트 자료)을 보며 음원(소리)을 듣는데 책을 집중해서 보지 '않는 상황'이라면 이건 집중듣기일까요, 흘려듣기일까요? 좀 혼란스러우시죠?

네, 이처럼 상황에 따라서 그때 그때 달리 판단할 수 있습니다. 그래서 이 책에서는 흘려듣기와 집중듣기의 의미를 명확하게 규정하고 시작하려고 합니다. 리스닝을 하는 '아이의 입장'에서 말이죠.

- 흘려듣기: 텍스트를 의식하지 않고 듣는 단계
- 집중듣기: 텍스트를 의식하면서 듣는 단계

어떠세요? 조금 명확해지셨나요? 이 기준에 따르면 앞서 소개한 '소리 노출 단계'는 '흘려듣기'에 속합니다. 그리고 추후 언급할 그림책·동화책 읽어주기는 아이의 텍스트 인지 상태에 따라서 흘려듣기일 수도 있고, 집중듣기일 수도 있죠. 또한 "DVD를 볼 때 자막을 보여줘야 할까요? 보여주지 말아야 할까요?"라는 질문도 할 필요가 없어집니다. DVD를 보는 순간의 목적(소리에만 집중하게 하려면 무자막, 텍스트를 인식하며 소리와 텍스트 둘 다에 집중하게 하려면 유자막)에 따라서 선택하면 되는 거니까요. 만약 소리와 텍스트 둘 다에 집중하는 단계까지 가면 리스닝은 이제 리스닝 단계에 머물지 않고, 리딩과 라이팅(Dictation: 받아쓰기)까지 그 학습 범위가 확장될 수 있습니다. 이것이 바로 제가 자주 강조한 소위 '컬래버 영어'입니다.

흘려듣기는 이렇게 시작하세요!

'흘려듣기'는 여러 가지 의미로 쓰이지만, 본 책에서는 앞서 설명했듯 '자막 없이 애니메이션, 영화 등을 보는 것'과 아직 영어 텍스트가 익숙하지 않은 아이에게 '영어책 읽어주기 노출을 시키는 것' '책 없이 음원만을 듣는 것', 즉 영어 텍스트를 의식적으로 집중해서 듣지 않고 자연스럽게 듣는 방식을 말합니다. 앞선 '소리에 익숙해지기'보다 좀더 '소리에 집중'하지만 여전히 영어 귀를 트이게 하는 목적은 같은 단계이죠.

흘려듣기의 핵심 중 하나는 아이가 좋아하는 주제의 소리에 충분한 시간 동안 꾸준히 노출되게 하는 것입니다. 아이의 관심사와 연결되거나 흥미로운 내용, 공감하고 몰입할 수 있는 영어 콘텐츠를 선택하면 아이는 좀더 집중하여 오랜 시간 들을 수 있죠. 그런데 간혹 영어 영상을 자막 없이 시청하는 것(흘려듣기)의 효과에 대해 의문을 제기하시는 분이 있습니다.

"우리 아이가 정말 영상을 보며 이해하고 있을까요?
시간 낭비가 아닐까요?"

이렇게 걱정하는 것은 너무나 자연스러운 반응입니다. 하지만 '흘려듣기'를 하는 목적을 생각해 보세요. '영어 귀를 트이게 하는 것'이 아닌가요? 영어의 소리, 리듬, 억양에 지속적으로 노출되면 아이의 뇌는 자연스럽게 이것을 인식하고 처리하는 능력을 키우게 됩니다. 마치 모국어를 배우는 것처럼 말이죠. 언어 습득에는 '충분하고 지속적인 인풋'이 필수입니다. 아웃풋(말하기, 쓰기)은 인풋(듣기, 읽기)이 충분히 쌓인 후에 자연스럽게 따라오거든요. 처음부터 모든 것을 이해하지 못하더라도 꾸준히 노출되게 하면 결국 이해하는 단계로 이어집니다.

그러니 처음에는 비록 내용 전체를 잘 이해하지 못하더라도 계속 노출되게 해 주시기 바랍니다. 그러자면 들리지도 않고 관심도 없는 주제의 콘텐츠는 당연히 피해야겠죠? 재미있는 내용이라면 아이는 그 영상을 반복해서 보고 들으려 하여 그 과정에서 자연스럽게 단어와 표현을 습득할 테지만 관심 없는 내용이라면 듣기조차도 싫어할 테니까요.

영상 매체 경우에는 너무 어려운 내용보다는 스토리가 복잡하지 않아서 화면만 보고도 대강의 흐름을 이해할 수 있거나 좋아하는 캐릭터가 등장하는 것이나 줄거리를 대강 알고 있는 것이 좋습니다. 비록 영어를 잘 알아듣지는 못하지만 흥미로운 캐릭터가 등장하거나 내용을 대강 짐작할 수 있다면 매일 꾸준히 영상만 보더라도 조금씩 영어 발음과 억양에 익숙해질 수 있어요. 떠듬떠듬 따라 말하고 또 스스로 읽게 되는 순간도 자연스럽게 따라올 거고요.

흘려듣기: 동화책(그림책) 읽어주기

영상을 보는 것에 익숙해진 아이는 그다음의 듣기 단계에서도 영상 활용을 고집할 가능성이 높습니다. 물론 그런 방식의 학습은 분명히 아이의 관심을 끌고 즐겁게 영어를 접할 수 있게 해줍니다. 하지만 결국에는 활자로 된 영어 콘텐츠를 읽어야 할 시기가 오기 때문에 영어책 속에도 영상 못지않게 흥미진진하고 재미있는 이야기가 담겨 있다는 것을 경험하게 해주어야 해요.

단계적 노출을 통해 일부 단어를 알고, 영어 소리에 익숙해졌지만 아직 책 읽기 준비가 되지 않은 아이에게 영어책을 접하게 하는 첫 단계는 '읽어주기'입니다. 하지만 영어책을 읽어주기 전에 한 가지 중요한 전제 조건이 있어요. 그건 바로 모국어 듣기와 책 읽기, 즉 한글에 대한 노출이 충분히 익숙해진 후여야 한다는 것입니다다. 여러 번 강조하지만 모국어의 기초가 탄탄해야 외국어도 잘 받아들일 수 있기 때문이에요.

한글 책에 노출이 충분히 되었다는 가정하에 아이에게 가장 처음 읽어줄 영어책은 '영어 그림책'입니다. 영어책 읽어주기를 그림책으로 해야 하는 이유는 크게 3가지예요.

첫째, 영어를 완벽히 이해하지 못하더라도 아이가 재미있게 책을 즐길 수 있기 때문입니다. 그림책의 특성상 시각적 요소가 풍부하므로 아이는 언어의 장벽을 넘어 이야기의 내용을 파악할 수 있어요.

둘째, 그림책은 직관적이기 때문입니다. 그림을 보는 순간, 사건과 등장인물의 감정을 파악할 수 있어서 자연스럽게 영어 단어와 표현을 연결 지을 수 있어요.

셋째, 부모와의 상호작용이 가능하기 때문입니다. 그림책을 읽어주는 과정에서 함께 그림을 보며 이야기를 나누고, 질문하고 대답하는 것은 아이의 언어 능력과 사고력이 발달하는 데 도움이 됩니다.

만약 '영어'로 된 책을 읽어주기가 부담스러운 분이라면 책에 포함된 음원을 들려주시는 것도 좋습니다. 아이는 원어민의 자연스러운 목소리를 지속적으로 들으면서 억양과 강세 등 영어 특유의 리듬을 무의적으로 습득하게 되니까요. 그리고 여러 번 반복한 책의 음원은 흘려듣기 또는 집중듣기의 학습 도구로 재활용하면 좋습니다. 반복적으로 듣다 보면 단어와 표현이 자연스럽게 기억에 남게 되고, 말하기로 연결하기도 굉장히 수월해져요. 한마디로 아이는 이야기의 맥락을 통해서 자연스럽게 영어를 익힐 수 있게 됩니다. 그리고 그림책에서 한 단계 더 나아가 글밥이 적은 스토리북 읽어주기로 넘어가면 아이는 좀더 복잡한 이야기 구조와 다양한 어휘를 접할 수 있게 됩니다. 한마디로 많이 읽어줄수록 아이에게 좋다는 말씀입니다.

하지만 모든 아이가 그림책을 좋아하는 것은 아닙니다. 상상력을 자극하는 활동이다 보니 아이마다 호불호가 갈릴 수 있거든요. 특히 자신의 생각이 이미 굳어진 아이는 그림책을 시시하게 느끼거나 재미없어 할 수도 있습니다. 그림은 관심 없고 바로 다음 이야기가 궁금하다며 우리말로 해석해 달라고 조르기도 하죠. 이런 경우에는 좀더 복잡한 구조의 스토리북으로 바로 넘어가는 것도 좋은 선택지입니다. (읽어주고, 같이 읽고, 혼자 읽는 일련의 과정은 '리딩'에서 다시 소개하겠습니다.)

-영어 그림책을 읽어줄 때는 이런 점을 주의하세요!

영어 그림책으로 학습을 시작할 때는 다음의 4가지를 주의해야 합니다.

첫째, 아이에게 책 선택의 자유를 주세요! 부모님이 먼저 좋은 책을 여러 권 추천해 주시되 최종 선택은 아이가 하도록 하는 겁니다. 또한 처음부터 전집을 사서 들여놓지 마시고 정기적으로 (최소 월 2회) 도서관이나 서점에 가서 함께 책을 골라 보세요. 이것이 아이의 책에 대한 흥미와 주도성을 키워주는 방법이거든요. 그러다가 아이가 유달리 좋아하는 책 시리즈가 생긴다면 그때 책 전체를 구매해도 전혀 늦지 않습니다.

둘째, 해석과 이해도 체크는 아무리 하고 싶어도 일단은 자제하세요! 책을 읽어줄 때 일일이 해석을 붙이거나 아이가 이해하고 있는지를 확인하려 들지 마세요. 이는 아이의 자연스러운 언어 습득을 방해할 수 있거든요. 아이는 그림과 상황을 통해 자연스럽게 의미를 파악해 나가고 있는 중입니다.

셋째, 재미와 꾸준함이 무엇보다 중요해요! 영어 그림책 읽어주기 과정에서 무엇보다 중요한 것은 아이가 그림책 읽기를 즐겁게 여기도록 자극하고 또 이를 꾸준히 지속하는 것입니다. 영어 그림책 읽어주기는 단순히 언어를 가르치는 것 이상의 의미가 있기 때문이에요. 이 시기 아이와 소중한 시간을 함께 보내고, 함께 이야기 세계를 탐험하며, 상상력과 창의력을 키워줄 수 있는 귀중한 경험입니다. 또한 이 과정에서 아이는 자연스럽게 영어에 노출되며 언어 감각을 키워갈 수 있으니, 이 얼마나 좋은가요?

마지막으로, 모든 아이는 각자의 속도와 방식으로 성장한다는 것을 잊지 마세요. 다른 아이와 절대로 비교하지 마시고 내 아이에게 맞는 방식을 찾아가는 과정에만 집중하시면 됩니다.

다음은 또래 아이들이 좋아하고 그 자체로도 의미 있는 영어 그림책 리스트입니다. 추천하고 싶은 그림책이 정말 많았지만, 우선 첫 책으로 읽어주기 쉬우면서 아이들이 흥미로워할 만한 책들을 골라봤어요. 그러니 우리 아이의 관심사를 고려하여 이 중에서 한 권을 선택하고 그 책부터 '그림책 읽어주기'를 시작해 보시기 바랍니다. 아이가 그림책을 읽는 그 시간을 즐긴다면, 그다음 할 행동은 도서관과 서점으로 함께 출동하는 거예요. 그리고 그곳에서 발견한 우리 아이의 눈길을 잡아끄는 그 책이 다음으로 읽어줄 책입니다.

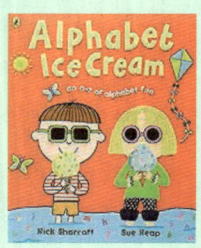 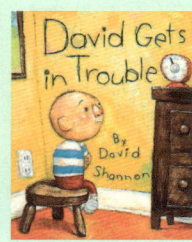 

Alphabet Ice Cream   David Gets in Trouble   Butterfly Butterfly

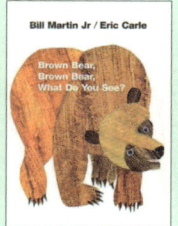 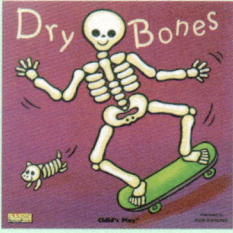 

Brown Bear, Brown Bear, What Do You See?   Dry Bones   Duck! Rabbit!

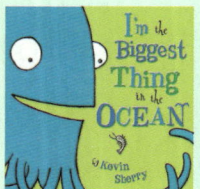  

Brown Bear, Brown Bear, What Do You See?   Dry Bones   Duck! Rabbit!

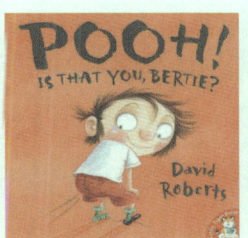

I'm the Biggest Thing in the Ocean!

The Very Hungry Caterpillar

Let's Say Hi to Friends Who Fly!

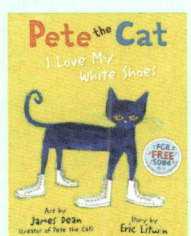

Pete the Cat : I Love My White Shoes

The Snowman

Max & Milo Go to Sleep!

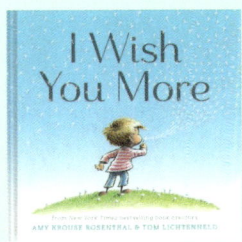
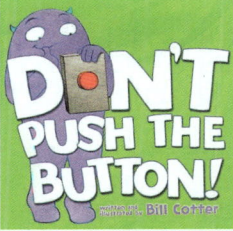
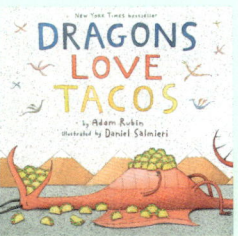

I Wish You More

Don't Push the Button!

Dragons Love Tacos

흘려듣기: 자막 없이 영상 노출하기

자막 없이 보는 영상 노출 단계로 넘어갈 때 가장 많은 분이 하는 실수가 있습니다. '그동안 들어왔던 동요나 그림책 음원이 너무 쉬웠다', '아이가 시시해했다', '재미없어했다' 등의 이유로 디즈니, 픽사에서 나온 애니메이션이나 〈토마스와 친구들〉, 〈세서미 스트리트〉와 같은 본격 영어 애니메이션 영상부터 보여주는 거예요. 그런 영상을 보는 아이는 분명 시선을 끄는 현란한 화면 때문에 일부는 재미있게 볼 수도 있지만, 시작 단계의 아이라면 그 내용을 실제로 알아듣기가 어렵습니다. 화면 전환도 너무 빠르고 대화 소리도 빨라서 귀에 전혀 들어오지 않기 때문이에요. 또 보이는 영상 이미지와는 달리 〈토마스와 친구들〉처럼 내레이션 위주로 구성된 영상은 여러분의 기대보다 내용 자체가 어렵기도 합니다.

즉, 아이의 현재 수준을 고려하지 않고 무조건 '재미있을 것 같다'는 생각으로 영상을 고른다면 본격적인 듣기 학습을 시작하기도 전에 아이의 외면을 받기 십상입니다. 그러니 시작 시점에서 가장 중요한 것은 '느린 속도'로 정확하게 말하는 '흥미로운' 듣기 콘텐츠를 고르는 겁니다. 거기에 정서적으로도 좋고 교훈적인 내용을 담고 있다면 더 바랄 것이 없겠지요. 이 두 가지를 명심하고 도구를 고른다면 꾸준한 듣기가 가능해져서 차근차근 실력을 쌓아갈 수 있을 것입니다.

앞선 영어 동요나 그림책 읽어주기는 (반복을 제외하고) 그 자체의 노출 시간이 짧고 또 부모님이 항상 함께해야 한다는 제한이 있었습니다. 하지만 흘려듣기의 가장 대표적인 방법인 영상이나 DVD 보기는 익숙해지면 아이 혼자서도 충분히 할 수 있고, 또 스토리에 자연스럽게 빠져들다 보면 영어 소리 노출 시간을 많이 확보할 수 있다는 장점이 있어요. 시리즈로 되어 있는 영상은 다음 편, 다음 편을 궁금해하는 아이가 많기 때문입니다. 아이 스스로도 영상물을 보는 것 자체가 학습이라는 생각을 하지 않으므로 스트레스를 받지 않고 지속할 수도 있고요.

-무자막 영상 노출의 효과적인 단계

무자막 영상 노출 시, 단순히 영어 콘텐츠를 틀어 놓는 것만으로는 부족합니다. 시작 단계부터 아이가 영상을 잘 보고 잘 듣는다는 보장이 없으니까요. 따라서 효과적인 훈련을 위해서 다음의 과정을 단계적으로 밟아보시기 바랍니다.

처음 1~2개월은 아이와 영상을 함께 보는 것을 추천합니다. 영상 노출을 시작할 때 가장 중요한 것은 부모님이 아이와 '함께' 영상을 보고 듣는 거예요. 처음에는 절대 아이 혼자서 영상을 보게 하지 마세요. 그 이유는 총 3가지입니다.

첫째, 아이가 새로운 학습 방식에 적응하도록 도와줘야 하기 때문입니다. 혼자 영어 콘텐츠를 보는 것은 낯설고 어려운 과정일 수 있습니다. 부모님이 함께 있어 주면 아이는 좀더 편안하게 새로운 경험을 받아들일 수 있어요.

둘째, 콘텐츠의 질을 확인할 수 있기 때문입니다. 모든 영어 콘텐츠가 교육적으로 가치 있는 것은 아닙니다. 부모님이 함께 보면서 내용이 적절한지, 언어 사용이 올바른지를 확인해 주시면 좋아요.

셋째, 아이와의 대화 주제로 활용할 수 있기 때문입니다. 영상 노출 후 함께 본 내용으로 간단한 대화를 나눠보세요. 자연스럽게 영어 학습이 일상에 스며들게 할 수 있습니다.

영상 노출 훈련이 효과를 발휘하려면 적절한 환경 조성이 필요합니다. 이는 물리적 환경뿐만 아니라 심리적·시간적 환경까지 포함해요.

우선, 정해진 때와 정해진 시간만큼 시청하는 것이 좋습니다. 예를 들어, 학교에서 돌아온 후 간식을 먹으면서 30분 동안 보는 식으로 규칙을 정하는 거죠. 이렇게 하면 영어 학습이 루틴처럼 일상의 자연스러운 한 부분이 되어 아이의 부담을 줄일 수 있습니다.

환경도 중요합니다. 편안하고 조용한 공간에서 시청할 수 있도록 해주세요. 집중을 방해하는 요소를 최소화하고, 아이가 심리적으로 편안한 상태에서 영어를 접할 수 있도록 해주는 것이 좋습니다. (영상을 보는 지정 장소를 아지트처럼 아늑하게 꾸며 주시는 것도 좋아요!)

처음이라면 영어 영상을 볼 때 가장 중요한 것은 아이의 흥미가 유지되게 하는 것입니다. 이를 위해서는 여러 번 언급했듯 아이가 좋아하는 콘텐츠를 선택하는 것이 가장 중요해요.

처음에는 쉽고 재미있는 콘텐츠부터 시작하세요. 아이가 이해할 수 있으며 즐길 수 있는 내용이어야 합니다. 그 후에 같은 콘텐츠를 반복해서 볼지 아니면 새로운 것을 찾을지 아이 스스로 결정하게 해주세요. 아이가 간혹 선택하기 어려워한다면 부모님이 몇 가지 옵션을 제시하고 그중에서 고르게 하는 것도 좋은 방법입니다. 유튜브나 온라인동영상서비스(OTT)의 추천 영상을 활용하는 것도 좋아요. 다만 이때도 부모님의 사전 확인은 반드시 필요합니다. 그래도 막연하다면 제가 곧 추천드릴 영상부터 시작해 보세요. 중요한 것은 아이의 선택을 존중하는 것입니다. 아이가 흥미를 느끼는 콘텐츠를 활용할 때 가장 효과적인 학습이 이루어지니까요.

마지막으로 꼭 기억해야 할 점은, 특히 초기 단계에서는 천천히 정확하게 말하는 영상을 선택하는 것이 중요하다는 것입니다. 너무 빠르거나 복잡한 언어를 사용하는 콘텐츠는 아이에게 부담이 될 수 있으니까요.

-무자막 영상을 노출할 때는 이 부분을 주의하세요!

영상 노출의 장점과 필요성에 대해 공감하고 아이에게 바로 적용해 보기를 원하는 분이 많으실 겁니다. 하지만 그 전에 꼭 기억하셔야 할 것이 있어요.

첫째, 자막 사용에 주의해야 합니다. 이 단계의 목적은 최대한 '소리'에 집중하는 것입니다. 한글이든 영어든 텍스트를 조금이라도 읽을 수 있는 아이라면 자막에 집중하느라 소리를 놓칠 거예요. 이건 흘려듣기가 아닙니다. 아이가 자막을 보겠다고 떼쓰더라도 절대로 보여주지 마세요. 그 대신 거부가 계속된다면 내용이 너무 재미없지는 않은지 너무 어려운 내용은 아닌지 점검해 볼 필요는 있습니다. 좋은 영상보다 더 중요한 건 우리 아이에게 취향과 수준이 '맞는' 영상이라는 것을 꼭 기억하세요.

둘째, 무자막 영상 보기(흘려듣기)는 단기간에 성과가 보이지 않을 수 있습니다. 아마 학부모님도 학창 시절에 '영어 공부를 해야겠어!'라고 결심한 후 〈프렌즈〉 같은 시트콤이나 〈CNN 뉴스〉를 계속 틀어놓고 들었는데도 영어 실력이 늘지 않았던 경험이 있으실 거예요. 그때 생각을 하면, 가뜩이나 해야 할 것도 많은 아이에게 시간 낭비가 아닐까 하는 생각이 들 수도 있죠. 하지만 귀가 뚫리는 데에는 우리 생각보다 훨씬 더 많은 시간이 걸립니다. 인풋이 흘러넘쳐야 영상에서 들은 단어의 뜻을 알 수도 있고 들은 표현을 따라서 말할 수도 있어요. 그러니 인내심을 갖고 꾸준히 해야 할 활동이라고 생각해 주시기 바랍니다.

DVD 구입이나 유료 OTT도 좋지만 우선 또래 아이들이 좋아하고 그 자체로도 의미 있는 (무료) 유튜브 영어 영상 시리즈를 추천해 드립니다. 우리 아이의 관심사를 고려하여 낮은 단계부터 순차적으로 노출해 보세요. 좋아하는 시리즈가 있다면 관련 키워드로 새로운 영상을 찾아보는 것도 아이에게 큰 즐거움이 될 겁니다!

제목	난이도	바로가기 QR	내용
Toopy & Binoo	하		쥐 Toopy와 고양이 Binoo의 모험을 다룬 이야기
Caillou	하		4살 소년 Caillou의 일상생활과 성장 과정을 다룬 이야기

Daniel Tiger's Neighborhood	하		Daniel Tiger와 그 친구들의 다양한 감정과 상황을 다루는 이야기

Peppa Pig	하-중		돼지 가족의 일상을 그린 애니메이션

Bluey	하-중		사랑스럽고 지칠 줄 모르는 여섯 살짜리 강아지의 이야기

Blippi	하-중		다양한 주제를 탐험하는 호기심 많은 어린이를 위한 교육 프로그램

PAW Patrol	하-중		구조견들과 소년 라이더의 모험을 통해 팀워크와 문제 해결을 가르치는 시리즈

Coilbook l Learning for Children	중		숫자, 알파벳, 색깔 등 기초 학습에 도움기 되는 교육용 콘텐츠

Max & Ruby	중		토끼 남매 Max와 Ruby의 일상 속 형제 관계를 다룬 애니메이션

Super Why!	중		슈퍼 영웅들과 함께 재미있는 동화로 배우는 영어 학습 프로그램

CBeebies	중		BBC의 어린이 채널로 다양한 교육용 프로그램 제공

Peter Rabbit	중		용감한 토끼 Peter Rabbit의 신나는 모험을 그린 애니메이션

Arthur	중-상		Arthur와 친구들의 학교생활과 가정생활을 다룬 시리즈

The Magic School Bus	상		과학 교사와 학생들이 신기한 스쿨버스를 타고 떠나는 과학 모험

| SciShow Kids | 상 |  | 과학 개념과 현상을 쉽게 설명하는 어린이들을 위한 과학 채널 |

흘려듣기에서 집중듣기로 넘어가야 하는 이유

언어학적 관점에서 볼 때, 영어 학습자가 소리와 시각 자료를 통해 언어를 접하다가(흘려듣기) 텍스트를 인식하고 듣는 과정(집중듣기)으로 나아가는 것은 읽기 능력 발달의 중요한 전환점입니다. 이 과정은 '단순한 청각적 인식'에서 시각적 텍스트와 소리를 연결하는 '복잡한 인지 과정'으로 진화한 것이기 때문이죠.

초기 언어 학습 단계에서 학습자는 주로 소리와 의미를 연결합니다. 예를 들어, 'apple'이라는 단어를 들을 때 사과의 이미지를 떠올리는 것과 같습니다. 하지만 텍스트 인식 단계로 진입하면 학습자는 소리뿐만 아니라 철자 'a-p-p-l-e'도 함께 인식하게 됩니다. 이는 음소 인식(Phonemic awareness)과 철자 인식(Orthographic awareness)이 결합되는 과정이에요.

이러한 전환은 언어의 추상적 표현 체계를 이해하는 데 결정적인 역할을 합니다. 텍스트를 인식하며 듣는 과정은 음성 언어와 문자 언어 사이의 가교 역할을 하기 때문에 향후 독립적인 읽기 능력 발달의 토대가 됩니다.

따라서 텍스트 자료를 의식하면서 듣는 이 집중듣기를 하기 위해서는 사전에 알파벳을 익히고 파닉스를 배우는 과정이 병행되면 좋습니다.

-파닉스를 배워야 하는 이유

"파닉스를 꼭 하고 넘어가야 되나요?"라는 질문을 종종 받습니다. 제 대답은 '한국의 영어교육 환경을 고려할 때, 파닉스는 하고 넘어가면 좋다'는 거예요. 영어가 공용어도, 제2언어도 아닌 그저 외국어일 뿐인 한국에서는 일상 속 영어 노출이 굉장히 제한적입니다. 그래서 체계적인 파닉스 학습이 영어 습득에 현실적인 도움이 되죠.

파닉스는 영어의 소리와 철자 사이의 관계를 이해하고 활용하는 학습 방법으로서 배워 두면 여러 가지 중요한 장점이 있습니다. 우선, 각 알파벳과 알파벳 조합의 소리를 체계적으로 배웠기 때문에 영어 단어를 정확하게 발음할 수 있습니다. 이는 향후 말하기 능력 향상에도 큰 영향을 미치죠. 또한 새로운 단어를 만났을 때 스스로 읽을 수 있어서 독립적인 읽기 능력도 향상됩니다. 이것은 학습자의 자신감을 높이고 독서의 즐거움을 느끼게 하는 데 중요한 역할을 하고요. 모르는 영어 단어를 술술 읽을 수 있다는 것이 아이에게는 그야말로 짜릿한 경험이지 않을까요?

그뿐만 아니라 소리와 철자의 관계를 체계적으로 학습함으로써 단어의 철자를 더 쉽게 기억하고 쓸 수 있게 됩니다. 그에 따라 어휘력도 크게 늘어납니다. 철자 인식 능력이 향상되는 것은 곧 쓰기 능력의 향상으로도 이어지고요. 이러한 능력은 전반적인 언어 능력 향상의 토대가 됩니다.

그리고 무엇보다 중요한 것! 파닉스는 앞서 말씀드린 대로 '집중듣기' 단계로 넘어가는 데 중요한 역할을 합니다. 텍스트 자료를 의식하면서 듣는 '집중듣기'를 위해서는 알파벳을 인식하고 소리와 철자, 즉 텍스트를 비교할 수 있는 역량이 필요해요. 그걸 파닉스가 도와줍니다. 역으로 소리 노출이 충분히 되었다면 파닉스 학습 과정이 수월하게 진행될 수도 있습니다. 이처럼 파닉스 학습은 읽기, 쓰기, 말하기, 듣기 등 영어의 모든 영역에서 기초를 다지는 데 도움이 되는 중요한 학습 방법입니다.

하지만 파닉스 학습을 할 때에도 주의해야 할 점이 있어요. 파닉스는 단기간에 완성되는 학습이 아니라 지속적인 노출과 연습을 통해 서서히 발전한다는 겁니다. 또 영어에는 예외적인 발음 규칙이 많아서 파닉스만으로는 모든 단어를 정확히 읽을 수 없다는 것도 알아야 하고요. 그러니 파닉스 학습과 함께 다양한 읽기 자료를 통한 지속적인 단어 노출과 읽기 연습이 필요합니다.

그렇기 때문에 '파닉스 단기 완성'이라는 말은 아이를 지도할 때 쉽게 써서도 기대해서도 안 되는 표현입니다. 이런 잘못된 인식과 기대는 아이들을 괴롭힐 뿐이거든요.

집중듣기는 이렇게 하세요!

'집중듣기' 또한 여러 가지 의미로 쓰이지만 본 책에서는 앞서 설명했듯 '영어책의 텍스트를 짚어 가면서 듣는 것', '영상 속 영어 자막 텍스트를 눈으로 따라가며 보는 것' 등 듣기 활동에서 소리와 더불어 '텍스트'에 집중하는 것을 의미합니다. 한마디로 '내용을 정확히 파악하며 듣는 활동'이죠. 따라서 앞선 흘려듣기보다 좀 더 집중력을 발휘해야만 하고 또 영어 실력이 전반적으로 쌓여야만 가능한 학습 방법입니다.

집중듣기는 소리를 듣고 문자를 보는, 즉 듣기와 읽기를 함께하는 과정으로서 흘려듣기 시 정확하지 않았던 발음, 표현, 내용을 파악하는 데 용이합니다. 그 과정에서 단어와 문장을 자연스럽게 익힐 수 있고 점차 수준 높은 책도 듣고 읽을 수 있게 되죠. 즉 집중듣기 훈련을 꾸준히 하면 문자와 소리를 점점 더 잘 매치할 수 있기 때문에 듣기와 읽기 능력이 동시에 향상된다는 이점이 있습니다.

-집중듣기의 시작과 단계

흘려듣기가 궁극적으로 아이 스스로 영어 콘텐츠를 즐기는 과정이었다면 집중듣기는 짧은 시간 집중하는 '집중식 학습'입니다. 그렇기 때문에 집중이 쉽지 않은 아이라면 집중듣기를 할 때마다 누군가가 함께 있어 줘야 하고, 아이의 나이가 어릴수록 장시간 진행하기가 어렵다는 단점이 있어요.

그러니 집중듣기를 시작할 땐 아이에게 익숙하거나 쉬운 책을 가지고 우선 5분 정도부터 진행해 보시기 바랍니다. 그리고 시간이 흘러 꽤 익숙해졌다고 해도 최대 30분을 넘기지 마세요. 아이가 집중력이 엄청나게 좋거나 스스로의 절실한 필요에 의해서 하는 것이라면 모르겠지만 평범한 아이라면 장시간 집중해서 영어를 들으며 텍스트를 짚는 것이 쉽지 않습니다. 그래서 집중듣기를 하는 순간만큼은 부모님이 옆에 계셔야 한다, 텍스트를 짚는 도구(손가락, 연필, 막대기, 자, 손가락 인형 등)로 아이를 유혹해야 한다는 등의 얘기가 나오는 겁니다. 아무래도 짚어지는 텍스트만큼은 조금이라도 더 집중이 되니까요.

'동요'와 '읽어주기'(그림책+스토리북)를 통해 영어에 흥미가 생겼고 또 거부감이 덜어진 아이라면 흘려듣기 과정을 통해서 (정확하지는 않아도) 알아듣는 것이 꽤 많아졌을 겁니다. 그때가 바로 집중듣기를 본격적으로 시작해야 할 타이밍이에요. 그리고 집중듣기에서도 거부감 없이 시작하고 '어? 할 만한데!'라고 느끼게 할 수 있는 가장 효과적인 도구는 바로 이미 수없이 읽어줬고 우리 아이가 가장 좋아한 바로 그 '영어책'입니다.

이미 내용도 알고 있고 또 좋아하는 책이기 때문에 아이가 소리에 맞춰 글자를 짚고 또 읽을 수도 있게 된다면 아이에게 그 순간이 그야말로 까막눈이 번쩍 뜨이는 순간일 겁니다. 이미 파닉스를 배웠다면 듣지 않고도 읽는 것이 가능할 수도 있어요. 그런 분위기라면 책을 읽어주는 여러분도, 또 그걸 눈으로 따라 읽을 수 있게 된 아이도 신이 날 수밖에 없겠죠. 그래서 '읽어주기'는 (부모님만 시간과 정신적인 여유가 있다면) 알파벳과 파닉스를 배운 후에도 효과가 있는 영어 듣기 학습 방법입니다. 이건 한글 책을 읽어줄 때도 마찬가지고요.

하지만 지금은 읽을 수 있게 된 것이지 정확한 의미까지 파악하며 읽는 단계는 아니기 때문에 한 번 읽고 끝내는 것이 아니라 여러 번 반복해서 듣고 또 따라 읽어야 합니다. 반복할수록 (철자를 완벽하게 쓰지는 못하더라도) 자주 등장하는 단어의 의미와 형태를 기억하게 되기 때문입니다. 이때 사이트 워드(Sight Words)까지 배우면 듣고 읽는 수준이 일취월장할 수 있습니다.

흘려듣기에서도 사용했던 영어책 집중듣기가 끝나면 조금씩 수준을 높여가며 아이가 흥미로워할 만한 다양한 책의 CD와 영상 음원을 가지고 집중듣기를 이어가세요. 이때 아이가가 집중듣기를 하기에 적합한 수준의 책은 '읽을 수 있는 영어책' 수준과 비슷하다고 보시면 됩니다. 보통 책 내용의 70% 정도를 이해할 때 아이들이 크게 어렵지 않게 책을 읽을 수 있다고 봐요. (읽기 수준에 대해서 그리고 각 리딩 단계에서 추천하는 책은 '리딩'에 자세히 설명해 놓았습니다)

집중듣기 훈련을 통해 책을 듣고 읽는 상황이 익숙해지면 아이는 자막이나 책의 텍스트를 읽는 속도가 점차 빨라질 겁니다. 흘려듣기 상황일 때에도 소리가 귀에 잘 들어올 거고요. 그러고 나면 관심 있는 분야의 책은 CD나 영상 음원을 듣지 않고 스스로의 힘으로 읽고 싶어 하는 순간이 자연스럽게 옵니다. 이것이 바로 본격적인 리딩의 단계로 넘어가야 하는 시그널이에요. 그러다가 점차 듣는 것보다 책 읽는 속도가 더 빨라지는 단계까지 간다면 집중듣기 비중은 줄여도 됩니다.

-집중듣기의 효과를 높이려면

집중듣기 학습 방법이 좀더 깊이 들어가면 '짚어 가며 눈으로 따라 읽기', '연달아 소리 내어 따라 읽기', '동시에 따라 읽기' 등 읽기, 말하기 실력까지 쌓는 방법 등이 있습니다. 이때 '짚는 건 하지 않고 눈으로만 따라 읽어도 되지 않냐'고 묻는 분이 많습니다.

물론 영상물을 볼 때는 그럴 수밖에 없지만 책으로 집중듣기를 할 때는 집중력에 도움을 주는 활동이기에 초반에 습관으로 만들어주는 것이 좋습니다.

(짚어 가며) 눈으로 따라 읽기가 익숙해진 아이는 이제 한 문장씩 음원을 멈추고 (차츰 한 문장에서 두 문장으로 그리고 한 문단으로 글밥의 양을 늘려가며) 멈춘 부분까지 소리를 내어 따라 읽게 합니다. 부족하다고 생각되면 계속 반복 연습을 시키세요. 이 과정이 익숙해지면 그 다음에는 소리가 들리는 대로 동시에 따라 읽기가 가능해집니다. 그러고 나면 말하기로 자연스럽게 연결할 수도 있죠.

만약 학년이 올라감에 따라 흘려듣기를 할 시간이 부족하다면 이 집중듣기 시간만 확보해서 꾸준히만 하더라도 듣기, 읽기, 말하기 등 여러 영역에서 좋은 효과를 볼 수 있습니다.

중고등 대비 리스닝

본격적으로 중등 영어를 대비하기 시작할 때는 리스닝 비중을 줄여가도 됩니다. 시간도 없을뿐더러 늦어도 초등 고학년부터는 영어 학습의 중심이 '리딩'으로 자연스럽게 넘어가야 하기 때문이에요. 다만 초등 때부터 쌓아온 리스닝의 실력 유지를 위해서 최소

한의 것은 하는 것이 좋습니다. 예를 들어, 좋아하는 시리즈(영화나 애니메이션, TV 프로그램, TED 등)를 주기적으로 보며(흘려듣기) 짧게라도 집중듣기를 할 만한 텍스트를 찾아 듣고 읽는 것이죠.

하지만 중고등 대비 영어 공부를 본격적으로 시작하는 시기의 아이라면 학교 내신이나 수능 듣기 테스트를 우선적으로 고려한 '리스닝 훈련'을 해야 합니다. 최대한 효율적으로 말이죠. 이건 듣기 시험 유형에 미리 적응해야 할 뿐만 아니라 초등 고학년과 중등 시기에는 현실적으로 영어만 할 수 없기에 리스닝 자체에 들어가는 시간을 줄여야 하기 때문입니다. 다행히 중고등 내신과 수능에 나오는 듣기 문제의 유형은 비교적 한정적이에요. 그렇기 때문에 이런 유형에 대비하는 데 초점을 둔 리스닝 학습을 한다면 리스닝 자체를 뒤늦게 시작했다고 하더라도 일찍부터 시작한 아이를 (리스닝 시험만 놓고 본다면) 충분히 따라잡을 수 있습니다. 주목해야 할 점은 내신 영어와 수능 영어가 결국 리딩 중심으로 구성되어 있다는 거예요. 가장 어려운 영역도 리딩 파트여서 리스닝은 상대적으로 어렵게 출제되는 영역이 아니라는 겁니다. 이 말은 리스닝에서 충분한 역전의 기회가 있다는 의미이기도 합니다.

중고교 리스닝 시험은 전국적으로 실시하는 듣기 평가, 모의고사 듣기 등이 있습니다. 초등부터 꾸준히 영어 리스닝을 해 온 아이라면 절대 틀리지 않을 정도로 천천히 또박또박 읽어주기 때문에 큰 무리가 없는 수준이고요. 리스닝 학습을 초등 고학년 때에 놓쳐서 중 1 때 거의 처음 시작하는 아이라도 중 1 수준의 기출문제와 모의고사 문제를 주 1회씩만 꾸준히 들으며 연습한다면 별로 틀리지 않을 겁니다. EBS의 누리집(https://home.ebs.co.kr/home1810/main)에 가면 역대 내신 듣기 평가 기출 시험지와 음원이 무료로 올라와 있습니다. 만약 그 양이 부족하다고 생각된다면 다음에 소개하는 교재를 활용하는 것도 좋습니다.

현행 수능 영어 영역의 총 45문항 중 리스닝은 17문항입니다. 1등급을 목표로 한다면 리스닝은 절대로 틀려서는 안 되는 영역인데요. 중등부터 적은 분량이라도 꾸준히 학습해 온 아이라면 난도가 그리 높지 않기 때문에 만점 받는 것이 크게 어렵지 않습니다. 다만 꾸준함이 관건이죠.

리스닝 컨설팅 상담

자주 묻는 질문

1. 한글과 영어 노출의 우선순위는 어떻게 되나요?

영어 동요를 들려주는 과정은 '국어책 읽어주기'와 병행하는 것이 좋습니다. 한글과 영어를 동시에 접하는 것은 아이들의 인지 및 언어 발달에 긍정적인 영향을 미칠 수 있기 때문이에요. 다만 모국어인 한글은 영어보다는 훨씬 더 자주 (음성+문자로) 노출해 주시고 영어는 글자 교육은 지양하면서 놀이와 같이 즐거운 활동으로 인식하게 해주세요. 모국어가 충분히 선행되어야 영어도 잘 익힐 수 있다는 점만 기억하시면 됩니다.

2. '사이트 워드'가 뭐죠? 따로 외워야 하나요?

사이트 워드란 영어에서 가장 자주 사용되는 단어로서 학습자가 즉시 인식하고 읽을 수 있어야 하는 단어를 말합니다. 예를 들어 'the, and, in, yellow' 등 영어 텍스트에서 매우 빈번하게 등장하는 단어를 가리키죠. 그런데 그중 많은 단어가 일반적인 발음 규칙을 따르지 않습니다. 그래서 즉시 읽을 수 있도록 통으로 기억하는 것이 매우 중요하죠. 가장 널리 활용되는 사이트 워드 목록인 '돌치 워드 리스트(Dolch Word List)'는 유치원 전(Pre-Kinder)부터 초등 3학년까지 학년별 그룹으로 나뉘어 있습니다. 여기에 수록된 단어는 일반적인 어린이용 책에 쓰인 단어의 80%를 구성하기 때문에 아이들이 이 단어 목록을 제대로 알고 있다면 책을 읽을 때 리스트에 없는 다른 단어에 집중할 수 있어서 읽기가 훨씬 쉬워져요. 그러므로 파닉스를 했어도 사이트 워드를 제대로 모른다면 영어책을 읽기가 쉽지 않겠죠? 파닉스를 하기 전에 익혀 두면 좋고 파닉스와 병행해도 좋습니다.

3. 리스닝 시작이 늦은 고학년(5, 6학년)인데 단기간에 실력을 키울 방법은 없나요?

초등 고학년에 영어 리스닝을 본격적으로 시작하는 것을 '다소 늦었다'고 생각할 수 있지만 적절한 방법으로 꾸준히 노력한다면 비교적 짧은 기간에 실력을 키울 수 있습니다.

우선 리스닝 학습을 위해서 반드시 리스닝 교재만을 고집할 필요는 없습니다. 리딩 텍스트를 활용한 듣기 학습도 매우 효과적이기 때문이에요. 예를 들어, 리딩 교재의 본문을 읽으면서 동시에 해당 음원을 들어보는 방식으로 학습할 수 있습니다. 이렇게 하면 듣기와 읽기를 동시에 학습할 수 있어서 시간을 효율적으로 활용할 수 있어요.

어휘 학습 시에도 단순히 눈으로 보고 암기하는 것이 아니라 항상 음원을 들으면서 공부하는 것이 좋습니다. 단어의 철자와 발음을 함께 학습하면 어휘력과 리스닝 실력을 동시에 키울 수 있으니까요. 이러한 통합적인 학습 방식을 통해서 늦은 진도를 만회할 수 있습니다.

또한 딕테이션(Dictation), 즉 받아쓰기는 이 시기 아이들에게 매우 효과적인 리스닝 학습법입니다. 딕테이션은 들은 내용을 그대로 받아 적는 언어 학습 방법이에요. 선생님이나 음성 자료가 읽어 주는 단어나 문장을 학습자가 듣고 받아 적는 거죠. 이 방법은 듣기 능력과 철자법, 어휘력, 쓰기 능력 등을 동시에 높일 수 있는 효과적인 방법입니다. 단, 주의할 점은 '단어' 수준 이상을 쓸 수 있는 아이에게 딕테이션이 권장된다는 겁니다. 그리고 수준에 맞게 쉬운 어휘나 짧은 문장으로 시작해야 합니다. 시작 단계에서는 받아쓰기 하는 내용이 많으면 절대로 안 되고요. 또한 한 번이 아니라 여러 번 들려주거나 음원 속도를 느리게 조절해 가면서 들려주어야 합니다. 받아 적어야 하는 빈칸은 단어 하나에서 시작해서 실력에 따라 조금씩 늘려가는 방식이 좋아요. 이 과정에서 빈칸이 핵심인 것처럼 보이지만 사실은 가리지 않은 (빈칸이 아닌) 문장의 나머지 부분을 여러 차례 보고 듣게 되기 때문에 리스닝 학습 효과가 극대화된답니다.

딕테이션 교재는 지금 아이가 공부하고 있는 '영어 교과서'가 가장 좋습니다. 상대적으로 쉽고 아이에게 익숙한 내용이기 때문입니다. 음원도 이미 다 준비되어 있기 때문에 접근성도 좋죠. 게다가 학교 영어 공부를 복습하게 되니 여러모로 효율적입니다. 단기간에 실력을 올리고 싶은 아이라도 주 5일 기준으로 하루에 10분씩만 투자해도 충분하니까 부담 없이 바로 시작해 볼 수 있을 거예요.

만일 단어조차 쓰지 못하는 경우라면 고학년이라도 당장 파닉스부터 시작해야 합니다. 리스닝을 통해 귀를 트여 가는 데는 많은 시간과 인풋이 필요하기 때문에 늦게 시작한 아이에게는 현실적으로 맞는 솔루션이 아닙니다. 파닉스부터 시작해서 -1, 즉 한 단계 아래 학년의 교과서로 학습하고 한 단계씩 올려가야 해요. 많이 듣고 따라 읽는 과정을 통해서 집중적으로 리스닝 실력을 올릴 수 있습니다. 한 번에 많은 시간보다는 매일 10분씩이라도 빼먹지 않고 꾸준히 하는 것이 훨씬 더 중요합니다.

리딩

: 영어 학습의 중심

영어 '학습' 측면에서 리딩은 리스닝, 어휘, 문법, 라이팅, 스피킹까지 아이들이 배워야 하는 6대 영역의 촉매제이자 구심점 역할을 하는 가장 중요한 영역입니다. 리딩 과정에서 자연스럽게 어휘 확장, 문법 구조의 내재화 그리고 전반적인 언어 감각 능력이 향상되죠. 또 리딩을 통해 얻은 언어적·인지적 능력은 궁극적으로 아웃풋(output) 능력으로 이어지기 때문에 이렇게 축적된 지식은 말하기와 쓰기 활동의 토대가 되어 영어 능력을 종합적으로 향상시킵니다.

'리딩을 잘한다'의 진짜 의미를 아시나요?

그렇다면 '리딩을 잘한다', 즉 '잘 읽는다'는 것은 무엇을 의미할까요? 리딩에서 '잘 읽는다'는 것은 일차적으로 소리를 내어 읽는 음독 능력을 기반으로 하지만 그것을 넘어서 깊이 있는 텍스트 이해와 비판적 사고 그리고 개인의 지식 구조와의 통합을 말합니다. 따라서 효과적인 영어 리딩 교육을 위해서는 단순히 영어 텍스트 노출에만 집중하기보다는 한글 독서를 통한 전반적인 독해 능력 향상에도 주목해야 하죠. 다양한 장르의 한글 텍스트 읽기, 내용에 대한 깊이 있는 토론, 요약 및 비판적 읽기 활동 등이 궁극적으로 영어 리딩 능력의 향상으로 이어질 수 있기 때문입니다.

그냥 막 읽히는 게 리딩이 아닙니다!

리딩은 초등 영어에서 가장 중심이 되는 핵심 영역이지만 많은 학부모님이 자주 간과하는 사실이 있습니다. 바로 리딩 학습에도 단계와 시기가 있고, 그에 따른 중장기 계획이 분명하게 있어야 한다는 거예요. 각 단계를 단순히 학교 학년으로 구분하는 것이 아니라 아이의 개별적인 실력과 준비 정도에 따라 결정해야 합니다.

지금부터는 각 단계에 대해 살펴볼 텐데요. 리딩 학습 단계는 크게 준비 단계, 집중 단계 그리고 수준 높이기 단계로 나눌 수 있습니다.

리딩 준비 단계는 (아이의 영어 노출 정도에 따라 다를 수 있지만) 보통 유치원부터 초등 저학년(1, 2학년)까지가 해당됩니다. 이 단계에서는 본격적인 리딩을 하기 위한 준비로 '듣기'와 '따라 읽기'에 중점을 두어야 해요. 영어 동화책을 들려주거나 함께 읽기(읽어주기), 파닉스를 통한 알파벳 소리와 단어 읽기 연습 등이 효과적입니다. 이 단계를 충분히 겪지 않고 빨리 건너뛰면 아이가 영어 소리와 기본 단어에 익숙해지지 않았기 때문에 본격적인 리딩부터 여러 가지 어려움을 겪을 가능성이 높습니다. 이건 향후 리딩 자체에 대한 거부감으로 이어질 가능성도 있습니다.

리딩 집중 단계는 보통 중학년(3, 4학년) 무렵에 시작되지만 아이가 준비 단계를 충분히 거쳤다면 좀더 일찍 시작할 수도 있습니다. 이 단계는 '본격적인 리딩 학습의 시기'예요. 아이가 선호하는 주제와 소재의 다양한 책을 읽히고 점차 독후 활동을 하는 습관을 만들어 주어야 하는 시기입니다. 이때 가능하다면 리스닝은 리딩 텍스트를 듣는 방식으로 통합해서 진행하는 것이 좋습니다.

주의할 점은 이 시기에 적절한 난이도의 책을 제공하지 않으면 아이가 리딩에 흥미를 잃거나 자신감을 잃을 수도 있다는 것입니다. 너무 쉬운 책만 고집하면 어휘력과 독해력의 발달이 느려질 수 있고 반대로 너무 어려운 책을 강요하면 영어 학습 전반에 거부감이 생길 수 있어요. 즉 아이의 눈높이를 가장 신경 써 주셔야 하는 시기입니다.

리딩 수준 높이기 단계는 일반적으로 고학년(5, 6학년) 시기에 해당됩니다. 이 단계에서는 스토리 중심에서 비문학 텍스트까지 리딩 주제를 확장하며 그 수준을 높여주어야 합니다. 어린이 영어 신문, 미국 교과서(사회, 과학), 독해 문제집 등을 활용하면 좋아요. 만약 이 단계를 무시하고 계속해서 쉬운 텍스트, 스토리 중심 리딩만 고집한다면 비문학 중심인 중고등 내신 영어, 수능 영어 준비에 어려움을 겪을 수 있습니다. 중 1 아이들이 영어가 너무 어렵다고 느끼는 주된 이유가 바로 이런 대비를 초등 고학년 때 제대로 하지 않은 채 중학교에 진학했기 때문이거든요.

어떠세요? 리딩에 대한 감을 조금은 잡으셨나요? 이제 효과적인 리딩 학습 방법과 전략을 상세히 소개해 드리고자 합니다. 아이의 개별적인 발달 단계와 관심사를 고려한 시기별·단계별 맞춤형 학습법부터 리딩과 어휘 학습의 연계, 비문학 읽기 전략, 고학년 이후의 전략적 리딩 학습 방법, 추천 책 리스트 등이 포함됩니다. 이러한 종합적이고 구체적인 실천 가이드를 통해서 학부모님께서는 자녀의 영어 리딩 능력을 효과적으로 키우는 데 필요한 알짜 지식과 유용한 도구를 얻으실 수 있습니다.

본격 리딩을 시작하기 위한 준비 3가지

지금까지 꾸준한 흘려듣기와 집중듣기를 통해서 '영어 귀가 트인 아이'라면 다음 단계이자 영어 학습의 핵심인 '리딩'으로 그 중심을 옮겨야 합니다. 그렇다면 리딩을 본격적으로 시작하기 위해서는 어떤 준비가 필요할까요? 대부분 그 기준을 모호하게 알고 계시기 때문에 이것과 관련된 질문도 많이 하시는데요. 결론부터 말씀드리자면 '**파닉스, 사이트 워드 그리고 집중듣기 연습을 한 상태의 아이**'가 리딩을 더 수월하게 시작할 수 있습니다. 그리고 이 세 가지는 효과적인 영어 읽기의 토대를 형성하며 서로 긴밀하게 연결되어 있기 때문에 더욱 중요합니다.

먼저, **파닉스**는 영어의 글자와 소리 사이의 관계를 가르치는 학습법입니다. 예를 들어, 'cat'이라는 단어에서 'c'는 [k] 소리, 'a'는 [æ] 소리, 't'는 [t] 소리를 낸다는 것을 배우는 식이죠. 이 파닉스를 통해서 아이들은 새로운 단어를 보았을 때 스스로 철자를 읽을 수 있게 됩니다. 그런데 많이 듣고 또 들을 때마다 텍스트에 집중(집중듣기)하는 아이는 이 소리와 글자를 매칭하는 능력이 자연스럽게 길러집니다. 그래서 다른 아이보다 파닉스를 수월하게 배울 수 있고 이 과정을 생략해도 되는 경우도 있습니다.

사이트 워드는 보자마자 즉각적으로 한눈에 알아볼 수 있는 단어로서 일명 '일견어휘'로도 불립니다. 아이들이 읽는 영어책의 80%를 구성하고 있을 정도로 사용 빈도가 높습니다. 하지만 일반적인 파닉스 규칙을 따르지 않는 것이 많고, 'the', 'of'처럼 기능어도 많기 때문에 이런 단어는 보자마자 바로 읽을 수 있도록 반복적으로 학습하는 것이 필요합니다. 즉, 사이트 워드를 많이 알면 알수록 글을 더 빠르고 매끄럽게 읽을 수 있게 되죠.

마지막으로, **집중듣기 연습**은 앞서 언급했듯이 영어의 소리에 귀

---

* 아이들에게 기능어는 매우 중요합니다. 이 단어들은 사이트 워드 목록의 큰 부분을 차지하고 있는데 이것들을 자동으로 인식하고 사용할 수 있게 되면 전반적인 언어 능력이 크게 향상됩니다. 예를 들어, "The big dog jumped over the small fence."라는 문장에서 'the', 'over'와 같은 기능어를 바로 인식할 수 있다면 'big', 'dog', 'jumped', 'small', 'fence'와 같은 단어의 의미 파악에 더 많은 주의를 기울일 수 있으니까요.

를 기울이면서 텍스트를 따라가는 연습입니다. 눈에 보이는 단어의 뜻을 아직 정확하게 알지 못한다고 해도 짚으며 따라갈 수 있다면 리딩의 단계를 순차적으로 거쳐서 결국에는 혼자 힘으로 읽는 '읽기 독립'이 가능해지거든요. 리딩의 단계에 대해서는 뒤에서 자세히 설명하도록 하겠습니다.

하지만 주의하실 점은, 이 세 가지 요소를 완벽하게 익힌 후에야 비로소 리딩을 시작해야 한다고 생각하실 수 있지만 실제로는 전혀 그렇지 않다는 것입니다. 오히려 이 세 가지를 기본적으로 익힌 후에 실제 리딩과 병행하며 계속해서 발전시켜 나가는 것이 효과적입니다. 예를 들어, 아이가 동화책을 읽다가 새로운 단어를 만나면 파닉스 규칙을 적용해서 읽어 본다거나 책에 자주 나오는 사이트 워드는 자연스럽게 익히는 것처럼 말이지요. 한마디로 리딩의 단계란 소리를 듣고 텍스트를 보면서 따라 읽기를 하는 단계부터 시작하여 점차 소리 자료 없이도 텍스트를 읽을 수 있게 되는 것까지 포함합니다.

연구 결과에 따르면, 초기의 읽기 경험이 이후의 읽기 발달에 매우 큰 영향을 미친다고 합니다. 그래서 이 세 가지 요소를 바탕으로 한 초기 리딩 경험이 매우 중요하다고 할 수 있어요. 아이들은 리딩을 하면서 이 세 가지 역량을 더욱 강화할 수 있고 이는 다시 리딩 능력의 향상으로 이어지는 선순환을 만들어 냅니다. 이들 요소에 대한 학습은 리딩 시작 전에 어느 정도 이루어져야 하지만 앞에서도 말했듯이 완벽한 숙달을 기다릴 필요는 없다는 것을 꼭 기억하시기 바랍니다.

이런 특징을 보인다면 리딩 준비가 된 것입니다

'파닉스, 사이트 워드, 집중듣기'를 공부했더라도 모든 아이가 수월하게 본격적인 리딩을 시작할 수 있는 것은 아닙니다. 앞에서도 언급했듯이 진정한 의미의 리딩이란 소리 내어 읽는 것에 머물지 않고 그 내용을 이해하는 단계까지 가야 하니까요. 처음부터 내용을 온전히 아는 리딩을 할 수는 없지만 그래도 앞으로 '진정한 리딩'을 할 준비가 된 아이들은 있습니다. 그런 아이라면 지금 당장 리딩을 시작해도 좋아요! 바로 다음의 3가지 특징을 가진 아이라면 말이지요.

먼저, '**구어 형태의 기초 어휘력**'을 지닌 아이입니다. 구어 형태의 기초 어휘력이란 아이가 일상생활에서 자주 듣고 사용하는 단어를 이해하고 활용할 수 있는 능력을 말해요. 예를 들어, 'apple', 'happy', 'run'과 같은 단어를 들었을 때 그 의미를 알고 간단한 문장으로 표현할 수 있는 정도의 어휘력이 있는 상태입니다. 이러한 어휘력은 주로 동요 듣기, 동화 읽기, 일상적인 대화 그리고 간단한 단어 노출 등을 통해 자연스럽게 쌓입니다. (아이가 알파벳을 배우기 시작할 때나 그림책을 읽어주실 때 'apple', 'cat' 등과 같은 단어 포스터나 카드를 노출해 주시는 것이 도움이 된다는 얘기입니다.)

다음으로, **'문맥 파악 능력'이 있는 아이**, 즉 주어진 상황이나 이야기의 흐름을 이해하는 아이입니다. 이는 단순히 단어의 의미를 아는 것을 넘어서 전체적인 맥락 속에서 그 의미를 파악하는 능력을 갖춘 상태예요. 예를 들어, "It was raining cats and dogs."라는 문장을 읽었을 때, 실제로 고양이와 개가 하늘에서 떨어지는 것이 아니라 비가 매우 세게 내리고 있다는 것을 이해하는 능력입니다. 이런 능력은 다양한 이야기를 듣고, 그에 대해 대화를 나누는 과정에서 발달합니다. 그림책이나 동화책을 읽어주실 때 많이 했어야 하는 과정이죠.

마지막으로, **'영어책을 스스로 읽는 것에 기대감'을 보이는 아이**입니다. 듣는 영어 단계를 지나 '내가 한번 읽어보고 싶다', '나도 소리를 내보고 싶다', '영어책이 너무 좋다' 등과 같은 기대감과 책을 펼쳤을 때 '어떤 재미있는 이야기가 있을까?', '이 다음에는 무슨 일이 일어날까?' 하는 궁금증이 생기는 상태이죠. 이러한 기대감은 아이들이 리딩을 즐겁게 여기며 적극적으로 의미를 파악하려고 하는 내적 동기가 됩니다.

본격적인
영어 리딩

우리 아이는 지금 본격적으로 리딩을 할 준비가 되었나요? 괜히 부담을 주는 것은 아닌가 싶고 아직 때가 아닐까 봐 조금 겁이 나신다고요?

전혀 그러실 필요가 없습니다. 많은 학부모님이 영어 리딩(원서 읽기)을 특별하고 어려운 과제로 여기십니다만 사실 영어책 읽기의 기본은 한글 책 읽기와 크게 다르지 않습니다. 오히려 우리가 한글 책을 읽힐 때 사용했던 방법과 전략을 그대로 적용할 수 있다는 점에서 영어 리딩은 아이들에게 생각보다 친숙한 과정일 수 있어요.

먼저, 책을 아이의 눈에 자주 띄게 하는 것이 중요합니다. 한글 책이든 영어책이든, 아이의 주변에 책이 있어야 자연스럽게 책에 관심을 갖게 되겠죠? 거실 책장에 아이가 관심을 가질 만한 영어 그림책을 꽂아 두거나 아이의 방에 영어 동화책 코너를 만들어 주세요.

둘째, 처음에는 당연히 부모님이 읽어주는 것이 좋습니다. 리스닝 단계에서 이미 설명해 드렸습니다만 한글 책을 읽어줬던 것처럼 흥미로운 그림이 있는 그림책부터 아이가 관심을 보이는 주제나 분야의 책을 하나씩 읽어주세요. 그리고 그림을 가리키며 이야기를 나눠보는 겁니다. 그러면 아이는 철자를 잘 알지는 못해도 모양으로 단어를 눈에 담고 자주 등장하는 단어의 소리를 기억하게 됩니다. 시간이 지나면서 아는 영어 단어의 개수가 늘어나고 문맥 이해력도 자연스럽게 키워질 겁니다.

셋째, 호기심을 자극하는 책을 고르는 것이 가장 중요합니다. 예를 들어, 공룡을 좋아하는 아이라면 공룡 관련 영어책을, 요리에 관심 있는 아이라면 간단한 영어 레시피 북을 선택해 보세요. 관심사와 연결된 영어책은 아이들로 하여금 '읽고 싶은 마음'이 들게 하는 가장 빠른 지름길입니다.

책 고르기에 있어서도 한글 책을 고를 때의 원칙을 그대로 적용할 수 있습니다. 주기적으로 도서관이나 서점을 방문해서 직접 책을 고르는 경험을 해보는 것이 무엇보다 좋아요. I형(한 주제를 깊이 있게 탐구하는 성향) 독서와 T형(다양한 주제를 폭넓게 접하는 성향) 독서를 균형 있게 하는 것도 좋습니다. 예를 들어, 공룡에 관심이 많은 아이라면 공룡이 등장하는 다양한 그림책부터 시작해서 글밥이 좀더 많은 스토리북으로 확대해 갈 수 있고 공룡에서 새, 물고기 등 다른 동물로 그 범위를 확장해 볼 수도 있죠.

결국, 영어 리딩, 소위 원서 읽기는 특별한 것이 아닙니다. 우리가 한글 책을 읽을 때 하는 것처럼 아이와 함께 책을 즐기고 이야기하며 생각을 나누는 과정이에요. 단지 언어가 영어일 뿐이죠. 부담 갖지 마시고 한글 책 읽기의 즐거움을 영어책으로 확장하는 과정으로 여겨보세요. 여러 번 언급했지만 쉬운 책, 아이가 좋아하는 주제의 책부터 시작하는 것이 정답입니다. 그렇게 하다 보면 어느새 아이가 영어책을 자연스럽게 집어 들고 있는 모습을 발견하실 수 있을 겁니다. 그리고 나서 다음에 소개하는 영어책 읽기의 단계를 이해하고 하나씩 실천하시면 됩니다.

영어책 읽기의 단계

영어책 읽기는 마치 계단을 오르는 것과 같습니다. 단번에 정상에 오르려고 하면 힘들고 때로는 좌절할 수 있지만 한 계단씩 차근차근 오르면 어느새 정상에 도달할 수 있는 것처럼, 영어책을 갑자기 유창하게 읽을 수는 없지만 단계적으로 접근하면 자연스럽게 읽을 수 있게 되죠. 이 과정에서 가장 중요한 두 단계는 '듣기'와 '따라 읽기'입니다. 우리는 이미 앞선 리스닝 파트에서 '듣기'의 중요성과 방법을 살펴보았습니다. 여기서는 '따라 읽기'에 대해 좀더 자세히 말씀드리겠습니다.

-리딩으로 가는 지름길 '따라 읽기'

충분한 듣기 과정을 거친 후에 점차 '따라 읽기' 단계로 넘어가세요. '따라 읽으려고 하지 않으면 어쩌지'라는 걱정이 무색하게 아이는 이미 들은 것을 따라 하고 있을 겁니다. 통 문장을 따라 하지는 못해도, 발음을 정확하게 하고 있지는 않아도, 자주 들어 익숙한 소리를 이미 따라 하고 있어요. 마치 처음 말을 하기 시작했을 때처럼 말입니다.

특히 집중듣기를 하며 손가락으로 텍스트를 짚고 있다면, 파닉스와 사이트 워드를 배웠다면, 들리는 소리를 따라 읽는 것이 그리 어렵지는 않을 겁니다. 하지만 이때 좀더 효과적인 '따라 읽기'를 훈련시키려면 다음의 순서대로 해보시면 좋아요.

1단계: 소리와 글자 연결하기

1) 추천 교재: 짧은 단어와 짧은 문장 중심의 그림책
2) 단어 따라 말하기: 들리는 단어 하나하나를 따라 말하면서 단어를 짚습니다.
3) 짧은 문장 반복하기: 짧은 문장을 들은 후 따라 말하고 글자를 짚어 가며 읽습니다. 《Brown Bear, Brown Bear, What Do You See?》, 《The Very Busy Spider》와 같이 반복되는 구조의 책으로 시작하면 좀더 수월합니다.

2단계: 문장 단위로 확장하기

1) 추천 교재: 리더스, 얼리 챕터북
2) 연따(연속해서 따라 말하기)의 시작: 약간의 시간차를 두고 들은 대로 따라 읽기를 합니다.
3) 문장 끊어 읽기: 문장이 점차 길어짐에 따라서 "The little girl / went to the park / with her dog."과 같이 의미 단위로 끊어 읽습니다.
4) 나누어 읽기: 조금 쉬운 책이지만 《Elephant and Piggie》 또는 《Fly Guy》와 같은 대화체로 된 책을 선택해서 캐릭터별로 나누어 읽는 방법을 활용해도 좋습니다.

3단계: 문단 단위로 확장하기

1) 추천 교재: 챕터북
2) 한 문단 듣고 따라 읽기: 한 문단을 듣고 멈춘 후에 그 문단의 문장을 짚어 가며 따라 읽습니다.
3) 핵심 단어 찾아 읽기: 문단에서 중요 단어나 구문을 미리 표시해 두고 그 부분에 집중하며 따라 읽습니다.
4) 속도 조절하며 읽기: 음원 속도를 0.75배속으로 낮추어 듣고 따라 읽다가 점차 정상 속도로 높여 가며 따라 읽습니다.

4단계: 전체 이야기로 확장하기

1) 예측하며 읽기: 문단이나 챕터가 끝날 때 잠시 멈추고 다음 내용 예측해 보며 읽습니다.
2) 감정 표현하며 읽기: 등장인물의 감정을 생각하며 그에 맞는 어조로 따라 읽습니다.

5단계: 독립적 읽기로 전환하기

1) 번갈아 읽기: 음원과 번갈아 가며 한 문장(문단)씩 읽습니다.
2) 음원 없이 소리 내어 읽기(음독): 처음에는 짧은 구간부터 시작하여 점차 확장합니다.
3) 소리 내지 않고 읽기(묵독)와 음독 병행: 한 페이지는 묵독으로, 다음 페이지는 음독으로 읽습니다.

영어책 읽기 과정은 듣기와 따라 읽기를 거쳐 마침내 '혼자 읽기' 단계에 도달합니다. 이는 마치 자전거 타기를 배우는 것과 비슷해요. 처음에는 보조 바퀴가 필요하고(듣기), 그다음에는 누군가 뒤에서 잡아주어야 하지만(따라 읽기), 결국에는 혼자서 자유롭게 달릴 수 있게 되는 것(혼자 읽기)처럼 말입니다.

하지만 혼자 읽기 단계에 도달했다고 해서 부모님의 역할이 끝난 것은 아닙니다. 여전히 아이의 독서를 격려하고, 함께 대화를 나누며, 새로운 책을 소개해 주는 것이 중요하죠. 또한 모든 아이가 같은 속도로 이 단계에 도달하는 것이 아니라는 것도 항상 기억하시기 바랍니다. 어떤 아이는 빠르게, 어떤 아이는 천천히 발전할 수 있으니까요. 중요한 것은 아이의 속도를 존중하며 꾸준히 응원하는 것입니다.

기초 어휘를 많이 알수록 리딩 시작이 더 쉽습니다

영어 리딩을 시작할 때 기초 어휘를 많이 알면 알수록 좋습니다. 어휘 기반이 풍부할 때 아이들은 더 자신감 있게 영어책을 대할 수 있으니까요. 리스닝 과정에서 동요를 듣고 그림책 음원에 노출되면서 영어 DVD를 시청하는 동안 아이들은 즐겁고 자연스럽게 기초 어휘를 익혀 왔을 겁니다. 예를 들어 〈Head, Shoulders, Knees and Toes〉 같은 동요를 통해서 신체 부위를, 《The Very Hungry Caterpillar》 책으로 요일과 음식

이름을, 〈Peppa Pig〉 같은 애니메이션으로 일상 표현을 배울 수 있으니까요.

기초 어휘 학습을 위한 추가 팁으로 집 안의 물건에 영어 단어 스티커 붙이기, 간단한 영어 단어 보드게임 하기, 영어로 숫자 세기 놀이 등이 있습니다. 중요한 것은 이러한 활동을 강제로 시키지 말고 즐거운 놀이로 인식하게 하는 것입니다. 이 점을 꼭 기억하세요!

-어떤 책을 읽혀야 할까요?

영어책 읽기에 영 흥미가 없는 아이에게는 흥미를 느끼게 하고 어느 정도는 흥미를 가진 아이는 그 흥미를 계속 이어갈 수 있게 하는 것이 있습니다. 그건 바로 대단하면서도 대단하지 않은 '작은 성취의 경험'이에요. 이 성취감이 아이가 아는 단어와 표현으로 조금씩 긴 문장이나 두꺼운 책을 읽어갈 수 있게 하는 원동력이 됩니다. 언어학자 크라센(Stephen Krashen)의 입력 가설(i+1)에 따르면 우리 아이가 이해할 수 있는 범위 내에서 약간 도전적인 수준, 즉 나(i)보다 한 단계 높은(+1) 언어에 노출될 때 가장 효과적으로 언어를 습득할 수 있다고 해요. 그래서 그림책부터 단계별 리더스, 챕터북 등으로 읽기 수준을 높여가는 것이 좋습니다.

그렇다면 우리 아이의 영어책 읽기 수준은 어떻게 파악할 수 있을까요? 많은 분이 알고 계시는 AR 지수, 렉사일(Lexile) 지수 등은 시작 단계의 아이보다는 읽기 훈련이 어느 정도 진행된 아이, 즉 수준으로 보자면 리더스를 골라주기 시작할 때부터 활용하는 것을 추천합니다. 초기에는 테스트 결과가 매우 낮아서 가장 기초적인 수준부터 읽어야 하기도 하고, 기초 수준을 넘은 후에야 다음 책을 고를 때 이런 지수가 더 유용하게 적용되기 때문이에요. 그 전에는 이 책이 과연 우리 아이가 읽을 만한 수준인지 아닌지 정도를 간편하게 파악할 수 있는 '다섯 손가락의 법칙'을 활용하는 것이 좋습니다.

다섯 손가락의 법칙

다섯 손가락의 법칙은 한 페이지에서 아이가 모르는 단어의 수를 세어 책의 난이도를 판별하는 방법입니다. 책의 임의 페이지를 펴서 아이에게 그 페이지를 읽게 할 때, 주먹을 쥐고 있다가 모르는 단어를 만날 때마다 손가락 하나씩을 펴게 하는 거예요. 한 페이지를 다 읽었을 때 편 손가락의 개수를 확인하면 됩니다.

결과는 다음과 같이 해석하시면 돼요.

- **편 손가락 0~1개**: 너무 쉬운 책이지만 아이가 혼자서 쉽게 읽을 수 있는 책으로서 의미가 있습니다. 자신감 구축과 읽기 유

창성을 높인다는 측면에서 좋고, 빠른 독서에 적합한 수준입니다.
- **편 손가락 2~3개**: 적당한 난이도입니다. 약간의 도전이 되는 수준으로 새로운 어휘를 학습하기에 이상적입니다. 혼자 읽기는 조금 어려울 수 있으니 그때는 학부모님이 도와주세요.
- **편 손가락 4개**: 도전적일 수 있지만 불가능한 수준은 아닙니다. 아이의 집중력과 인내가 필요하고 학부모님의 도움이 '절대적'으로 필요한 단계입니다.
- **편 손가락 5개 이상**: 현재로서는 너무 어려운 수준이며 좌절감을 줄 수 있습니다. 아이가 좋아하는 주제의 책이라면 나중에 읽도록 목록에 추가해 둘 수는 있습니다. 지금은 읽히지 않는 것이 좋아요.

다섯 손가락의 법칙은 지침일 뿐 절대적인 규칙은 아닙니다. 문맥 이해도나 배경지식 등 다른 읽기 요소를 고려한 방식도 아니고요. 아이가 좋아하는 주제의 책이라면 그 주제의 책에 많이 노출되었다는 가정하에 기준보다 좀더 어려운 책에 도전하게 할 수도 있습니다.

다섯 손가락의 법칙을 적용하면 초기 읽기 단계에서는 간단하기도 하고, 읽기 성취감을 늘려가는 데 분명히 도움이 돼요. 또 시간이 지남에 따라서 같은 책에서 모르는 단어의 수가 줄어드는 것을 직관적으로 관찰할 수 있기 때문에 아이의 읽기 발달 정도를 모니터링할 수 있다는 장점도 있습니다.

-책을 어떻게 읽히는 것이 좋을까요? 다독/정독? 음독/묵독?

"우리 아이의 영어 실력을 키우려면 책을 어떻게 읽혀야 할까요?" 이것은 리딩 교육을 하는 많은 학부모님이 하시는 고민입니다. 특히 다독과 정독, 음독과 묵독 사이에서 어떤 방식을 선택해야 할지 많이 혼란스러워하시죠. 이 네 가지 읽기 방식은 마치 '영어 독서'라는 정원을 가꾸는 네 가지 도구와 같습니다. 비유하자면, 때로는 넓게 물을 주는 호스(다독)가, 때로는 정밀하게 가지를 다듬는 가위(정독)가 필요한 것처럼요. 또 소리 내어 읽는 음독은 새싹을 돋게 하는 햇빛 역할을, 조용히 읽는 묵독은 뿌리를 깊게 내리게 하는 거름 역할을 합니다. 즉 시기와 상황에 따라서 모두 필요하다는 말이죠.

지금부터는 이 네 가지 읽기 방식에 대해 자세히 알려드리려고 합니다. 아이의 연령과 수준에 따라 어떻게 균형 있게 활용할 수 있는지 명확한 가이드라인을 제시해 드리겠습니다.

다독(Extensive reading)은 많은 양의 텍스트를 빠르게 읽는 방식입니다. 보통 방학 때 '1000권 읽기 도전!'을 계획하고 하루에 얇은 리더스 10~15권씩 읽기 훈련을 시키는 것처럼 말이죠. 다독은 전체적인 의미 파악, 독서 유창성 향상, 어휘력 확장 등을 목적으로 합니다. 그래서 쉬운 텍스트 선택, 높은 독서량, 즐거움을 위한 읽기가 특징이에요. 기본적인 읽기 능력이 갖춰진 후, 보통 초등 중학년 이상에게 추천되는 방식이고요. 기초 어휘력과 문장 구조에 대한 이해가 있고 독서에 흥미가 있으며 자신감 향상이 필요한 아이에게 적합합니다.

정독(Intensive reading)은 짧은 텍스트를 세밀하게 분석하며 읽는 방식으로서 깊이 있는 이해, 세부 정보 파악, 비판적 사고력 향상을 목적으로 합니다. 어려운 텍스트도 가능하기 때문에 낮은 독서량, 분석과 학습을 위한 읽기가 특징입니다. 기본적인 읽기 능력을 습득한 직후부터 적용이 가능하며, 학습이 목적인 경우에는 초기 단계부터 고학년까지 모든 연령대에 적용할 수 있습니다. 특정 주제에 대해 깊이 있는 이해가 필요한 아이, 분석적 사고력 향상이 필요한 아이, 학업 목적의 독서가 필요한 아이에게 추천합니다.

음독(Reading aloud)은 소리 내어 읽는 방식입니다. 발음 연습, 유창성 향상, 청각적 피드백을 목적으로 하죠. 읽기와 말하기 능력을 동시에 키우고 싶거나 텍스트와 소리 연결을 강화할 때 하는 훈련입니다. 초기 읽기 학습 단계, 특히 유아기부터 초등 저학년까지는 정말 중요하고요. 읽기를 막 시작한 아이, 발음이나 유창성 향상이 필요한 아이, 청각적 학습이 효과적인 아이에게도 추천합니다.

묵독(Silent reading)은 음독과 반대로 소리 내지 않고 눈으로만 읽는 방식입니다. 빠른 정보 처리, 내용 이해력 향상, 독립적 독서 능력 개발을 목적으로 하지요. (집중)듣기보다 빠른 독서 속도, 개인적이고 집중적인 읽기, 높은 수준의 이해력 요구가 특징입니다. 기본적인 음독 능력이 갖춰진 후, 보통 초등 중학년 이상의 아이에게 적합하고요. 기본적인 읽기 능력이 확립된 아이, 독립적인 학습 능력의 향상이 필요한 아이, 집중력과 이해력의 향상이 필요한 아이에게도 추천합니다.

각 방법의 조화로운 적용을 위해서 초기 단계에서는 음독을 하고, 읽기 능력이 향상된 이후부터는 음독과 묵독을 균형 있게 하면 됩니다. 다독과 정독은 목적에 따라 적절히 혼용하는 것이 좋습니다. 다만 고급 단계(중학생 이상)에서는 묵독을 중심으로 하되 필요에 따라서 음독을 활용하고 다독으로 광범위한 지식을 습득할 수 있게 하며 정독으로 깊이 이해할 수 있도록 훈련시켜 주시기 바랍니다.

수평적 읽기가 필요한 때가 있습니다

같은 수준의 읽기, 이른바 수평적 읽기는 특히 리딩의 초기 단계에서 중요합니다. 이는 자신감 구축, 기초 어휘 확립, 특히 사이트 워드 학습에 매우 효과적이에요. 사이트 워드는 앞서 설명했듯이 빈번히 등장하지만 일반적인 발음 규칙을 따르지 않는 단어입니다. 이러한 단어는 자주 접하고 반복적으로 읽으면서 자동적으로 인식해야 해요. 이와 함께 수평적 읽기는 유창성 향상에도 도움이 됩니다. 아이는 같은 수준의 책을 반복해서 읽으면서 단어 인식 속도가 빨라지고 문장 구조에 익숙해지며 전반적인 읽기 속도가 향상될 수 있습니다.

리딩 능력을 높이는 방법이 있습니다!

앞서 살펴본 다양한 리딩 방법을 동원하여 실제 리딩 단계로 들어갈 때에는 다음의 3단계 접근법이 매우 효과적입니다.

-Step1. 처음에는 그냥 읽게만 하세요.

"네? 그래도 읽고 난 후 뭔가 활동이 있어야 하지 않을까요? 제대로 읽고 있는지도 걱정이 되는데 그냥 두라고요?"

이렇게 묻고 싶으시죠? 네, 그냥 두셔도 됩니다. 이 단계는 다독

(Extensive reading)의 원칙과 일맥상통합니다. 여기서 중요한 것은 아이의 현재 수준에 맞거나 약간 쉬운 텍스트를 선택하는 거예요. 즉 텍스트에서 95-98%가 알고 있는 단어인 책을 선택하는 것이 좋습니다. 이 단계의 목표는 독서의 즐거움을 경험하고 자연스럽게 어휘와 문법 구조에 노출되는 것이니까요.

-Step2. '단 하나'의 질문을 통해서 주제를 파악하며 읽도록 지도하세요!

이 방법은 '목적 있는 읽기(Reading with a purpose)'를 하도록 돕는 방법입니다. '주제'를 묻겠다는 것을 아이에게 미리 알려줌으로써 메타인지 능력이 활성화되게 하고 능동적 읽기를 유도하는 거죠. 예를 들어, "주인공이 어떤 일을 겪었을까?"라는 질문을 하겠다고 미리 아이에게 말해 두는 겁니다. 단, 주의할 것은 정답이 딱 하나인 질문이 아니라 아이의 생각을 자유롭게 말할 수 있는 '열린 질문'이어야 한다는 점만 기억하시면 됩니다.

---

* '다독의 원칙'은 아이 스스로 선택한 다양한 주제의 쉬운 책 읽기, 많은 양을 빠른 속도로 읽기, 시험이나 과제가 아니라 순수한 즐거움을 위한 읽기이며, 독서 그 자체가 보상인 읽기입니다. 독서의 즐거움을 경험하게 하는 것이 유일한 목표입니다.

-Step3. 그래도 남는 독서를 해야겠지요?

우리가 책을 읽는 목적은 그 자체의 즐거움 외에 새로운 지식과 정보를 습득하여 개인적 성장을 하기 위함이기도 합니다. 그러자면 궁극적으로 '남는 독서'를 위한 독후 활동이 뒷받침되어야만 하겠죠. 이 독후 활동은 단순히 책을 읽은 후의 부가적인 작업이 아니라 독서 경험을 더욱 풍부하고 의미 있게 만드는 중요한 과정이기 때문에 소홀히 해서는 안 됩니다.

우선, 책에서 본 내용을 다른 상황에 적용해 보거나 '내가 주인공이라면 어떤 결정을 내렸을까'와 같은 '나라면' 활동을 해보세요. 단순히 책의 내용을 기억하고 이해하는 것을 넘어서 고차원적 사고 능력을 발달시켜 줄 겁니다. 또한 책을 읽은 후 본인이 얼마나 책의 내용을 이해했는지를 글이나 그림으로 표현하는 연습을 시킬 수도 있어요. 이를 통해서 메타인지 능력을 키울 수도 있습니다. 그리고 무엇보다 책의 내용을 글로 요약하거나 토론하는 등의 다양한 활동을 할수록 읽은 내용이 장기 기억으로 저장될 가능성이 커집니다. 즉 독서 지도를 할 때 적절한 독후 활동을 포함하는 것은 책만 읽히는 것보다 훨씬 더 깊이 있는 이해, 비판적 사고력, 창의성 그리고 자기표현 능력을 길러 줄 수 있어서 매우 중요합니다.

이 '독후 활동'에는 다양한 것이 있지만 그중 북리포트 작성은

'쓰기를 통한 읽기' 접근법의 한 형태로서 읽은 내용을 정리하고 비판적으로 사고하는 능력을 기르는 데 유용합니다. '쓰기'가 강조되는 현 시점의 교육 목표와도 맞닿은 측면이 있기도 하고요.

-북리포트 쓰기의 단계적 훈련은 이렇게 하세요!

북리포트 쓰기는 아이의 연령과 쓰기 능력에 따라서 조절할 수 있지만 기본적으로 다음과 같은 순서로 진행하는 것이 좋습니다.

1) **시작 단계**: 책의 제목과 작가 이름 쓰기, 좋아하는 캐릭터를 따라 그리기(상상하여 그리기), 책에 대해 한 문장만 써보기 등 거부감 없이 쉽게 할 수 있는 활동

2) **초급 단계**: 주인공의 이름과 간단한 특징 쓰기, 이야기의 배경 설명하기, 가장 인상 깊었던 장면 묘사하기 등 간단하지만 시작 단계보다 좀더 내용에 초점을 맞춘 활동

3) **중급 단계**: 즐거리를 시작-중간-끝으로 나누어 요약하기, 주요 등장인물의 성격 말하기, 책을 읽고 느낀 점 간단하게 쓰기 등 분량이 좀더 많고 자신의 생각을 담은 글 쓰기 활동

4) **심화 단계**: 다른 책이나 영화와 비교하기, 책의 사회적·역사적 상황을 고려하여 글쓰기 등 지금 읽은 책을 넘어서 책의 영향력에 대해 생각해 보는 활동

여기서 주의할 점은 각 단계를 익히는 동안 충분한 연습이 필요하다는 것입니다. 익숙해졌더라도 아이의 속도에 100% 맞춰서 지나치게 서두르지 않는 선에서만 단계를 올려주세요. 또한 북리포트 쓰기를 과제가 아니라 즐거운 활동으로 인식하도록 긍정적인 피드백과 칭찬을 해주는 것이 무엇보다 필요함도 꼭 기억하시고요.

북리포트 쓰기 외에도 '남는 독서'를 위한 다양한 독후 활동이 있습니다. 우리 아이의 성향과 수준을 고려하여 어떤 활동을 해보면 좋을지 다음 목록에서 한번 골라보세요. 이때 무엇을 반드시 해야 한다고 정해진 기준은 없으며 1권당 1가지 활동으로 제한할 필요도 없습니다. 좋아하는 책 1권을 가지고 다양한 활동을 시켜보는 것도 좋아요. 그러는 동안에는 독후 활동이 책을 읽고 난 후에 하는 '과제'로 느껴지지 않을 테니까요. 이런저런 활동들을 하다 보면, '아! 이 책을 읽은 후에는 이 활동을 하면 더 효과적이겠다!'라는 느낌이 오실 거예요. 그런 책-활동의 짝꿍을 찾는다면 독후 활동을 준비하는 여러분도, 실제 실행하는 아이도 더욱더 신이 날 겁니다. 독후 활동을 하기 위해서 책을 읽는 날, 상상만 해도 기분이 좋은 그런 날이 오는 것은 결코 불가능한 일이 아닙니다.

- 책의 주요 사건을 타임라인으로 그리기
- 주인공에게 편지 쓰기

- 책의 내용을 4컷 만화로 요약하기
- 책 내용을 바탕으로 퀴즈 만들기
- 책의 새로운 표지 디자인하기
- 주요 사건이나 인물의 성격을 마인드맵으로 표현하기
- 책 내용을 뉴스 기사로 작성하기
- 주요 인물 간의 누리소통망(SNS) 대화 만들기
- 책의 결말을 다르게 바꿔 쓰기
- 작가와의 가상 인터뷰 글 작성하기

리딩 로드맵
그리고 추천 도서

그림책(픽처북, Picture Book)

그림책이란 글과 그림이 상호 보완적으로 이야기를 전달하는 아동 문학의 한 형태입니다. 단순히 삽화가 있는 책이라고만 볼 수는 없고 글과 그림이 긴밀하게 연결되어서 각각의 요소가 없다면 이야기를 완전히 이해하기가 어려운 독특한 형식의 책이죠. 그래서 수준에 따라 한 페이지 안에 그림과 연결된 1개의 단어만 쓰인 경우도 있고요. 1~2개 문장만 쓰인 경우도 있습니다. 보통 30페이지 내외의 짧은 분량으로 구성되어 있고 글밥이 많지 않아서 앉은 자리에서 한 권을 읽기에도 전혀 부담이 없는 책입니다 보통 읽어주기의 시작 단계에서 그림책을 추천합니다. 또 아이의 첫 '혼자 읽기' 책으로도 그림책이 좋죠. 단, 그림책이라고 다 쉬운 것은 아니고 연령대에 따라서 다양한 난이도로 존재하기 때문에 아이가 혼자 읽기에 어려운 단어가 없는지 잘 살펴보고 골라 주셔야 합니다. 읽어줄 때에는 그림을 위주로 '보며 듣기만 하던' 아이가 직접 그림과 텍스트를 번갈아서 보고 읽어야 하는 상황이 오면 쉽지 않은 경우가 있거든요. 예를 들어 영아부터 유아까지 (읽어주기 ⇨ 각종 활동하기) 고르게 활용되는 영어 그림책 《The Very Hungry Caterpillar》 같은 경우는 AR 지수가 2.9*이기 때문에 아주 초보 단계의 아이나 특히 이 책으로 흘려듣기나 집중듣기를 안 한 경우에는 혼자 읽기가 어려울 수 있습니다. 물론 AR 지수는 텍스트 난이도만 고려한 것이라서 아이의 체감 난이도는 다를 수 있어요. 하지만 이처럼 AR 지수가 꽤 높은 그림책도 있으니 '그림책은 너무 쉬워서 초보 리딩 단계에서만 활용해야 해'라는 편견을 깰 필요는 있습니다.

그러니 그림책으로 혼자 리딩을 시작할 아이라면 AR 지수가 낮은 그림책이나 그동안 부모님이 읽어줄 때마다 너무 좋아해서(!) 거의 외울 정도로 봤던 '그 그림책'을 첫 번째 책으로 고르는 것이

---

* 미국 학생 기준으로 2~3학년이 읽기에 적합한 책, AR 지수에 대한 자세한 설명은 240쪽을 참고.

좋습니다. 앞서 설명했듯이 이미 리딩을 시작할 생각을 가지고 있는 상태에서 파닉스와 사이트 워드까지 익혔다면 뜻을 완벽하게 알지는 못해도 수없이 들어왔기에 잘 읽어낼 수 있을 테니까요.

초보 단계에서 리딩을 지속할 수 있는 유일한 힘은 '재미'입니다. 이해한 내용 자체에서 재미를 느낄 수도 있지만 이해를 완벽하게 못 하더라도 술술 읽히는 경험을 재미로 느낄 수도 있으니까요. 그러니 아이가 잘 읽을 수 있는 책을 선택해 주시기 바랍니다.

파닉스 리더스(Phonics Readers)

파닉스 리더스는 리더스(어린 아이들의 영어 학습을 위해 만들어진 단계별 독서 교재)의 여러 종류 중에서 특히 영어 소리와 철자의 관계를 학습시키기 위해 만든 책입니다. 파닉스로 읽을 수 있는 단어와 고빈도 사이트 워드로 이루어졌죠. 다만 어휘를 통제해 만든 책이다 보니 이야기의 다양성이 떨어집니다. 그래서 혹자는 책이 아니라 '교재'라고 말하기도 하죠. 하지만 앞서 리딩 초기 단계의 아이에게 '이미 익숙한 그림책' 읽기를 추천했던 것처럼, 이 단계의 아이에게는 '읽어 낼 수 있는 책'이 필요합니다. 배운 파닉스 규칙과 사이트 워드로 텍스트를 읽어 내는 충분한 연습과 강화 과정이 필요하기도 하고요. 무엇보다 '나는 영어책을 읽을 수 있다!'라는 자신감을 심어 주어야만 후속 읽기로 이어질 수 있기 때문입니다.

파닉스 리더스를 읽을 때에는 각 글자의 소리를 강조하며 천천히 읽는 '소리 내어 읽기'를 하면서 새로운 단어를 발견할 때마다 파닉스 규칙을 적용하며 읽는 연습을 해야 합니다. 또 그렇게 알게 된 어휘를 차곡차곡 쌓아서 독립적 읽기 능력을 점진적으로 개발해 나가야 하죠.

이 단계에서 활용하면 좋은 파닉스 리더스를 추천해 드리겠습니다. 이 책들은 주로 시리즈로 구성되어서 한 시리즈당 최소 20권 이상의 책들이 포함됩니다. 단계별로 파닉스 규칙을 학습할 수 있는 책들이니 아이의 독서 취향에 맞는 시리즈를 골라주시면 좋겠습니다.

리더스(Readers)

리더스는 앞서 설명한 대로 어린아이의 영어 학습을 위해 만들어진 단계별 독서 교재입니다. 아이들의 수준에 맞춰 어휘, 문장 구조, 내용의 복잡성을 조절하여 제작되었죠. 그래서 종류도 참 많습니다. 아이의 관심사, 학습 성향, 수준 그리고 현재 상황 및 리딩 목적에 맞게 리더스를 활용한다면 효과적인 영어 학습을 시킬 수 있어요. 리더스는 보통 1단계부터 6단계 또는 그 이상까지 체계적인 난이도를 가진 시리즈로 세분화되어 있습니다. 단계마다 사용되는 어휘 수, 문장의 길이와 복잡성, 이야기의 구조가 어느 정도 정해져 있어요. 우리 아이의 정확한 리딩 단계를 안다면 적절한 난이도의 다양한 주제와 장르의 텍스트로 충분한 읽기 훈련이 가능하다는 얘기입니다. 또 그 안에서 반복되는 어휘와 문장 구조를 통해서 자연스럽게 어휘 학습도 할 수 있습니다.

리더스는 특히 '우연적 어휘 학습'에 효율적입니다. 우연적 어휘 학습(Incidental Vocabulary Learning)이란 영어 학습에서 중요한 개념 중 하나인데요. 책을 읽을 때 마주하게 되는 낯선 단어를 일일이 사전을 찾아보지 않고 그 단어가 쓰인 다양한 문맥을 활용하여 학습하는 방법이죠. 단어를 문맥 속에서 우연히 접하기 때문에 그 단어의 실제 용법과 뉘앙스를 이해하기가 쉽다는 장점이 있습니다. 또한 의미 있는 상황에서의 학습이기 때문에 무턱대고 단어를 외우는 것보다 장기 기억에 더 잘 저장됩니다. 리더스에는 같은 어휘가 반복적으로 나오는 특징이 있기 때문에 이 우연적 어휘 학습에 효과적인 도구가 될 수 있다는 겁니다.

리더스로 리딩과 집중듣기를 함께 진행하는 경우도 많습니다. 그런데 리더스는 '아이가 스스로 많이 읽어야 하는 책', 즉 학습용 도서로 여겨져서 음원이 아예 없는 책이 많습니다. 국내에서 구성한 시리즈에는 음원 CD가 세트 상품으로 포함되어 있기도 하고, QR 코드나 출판사 홈페이지에서 음원을 내려받을 수도 있습니다만 만약 그렇지 않을 때에는 오디블*(www.audible.com)과 같은 오디오북 음원 사이트를 활용하시면 됩니다.

리더스를 효과적으로 활용하기 위해서는 우선 아이의 현재 영어 수준을 정확히 파악하는 것이 필요합니다. 너무 쉬우면 지루해하고 너무 어려우면 점점 영어를 멀리하며 싫어하게 될 가능성이 있으니까요. 리더스 초기 단계에는 아이의 관심사를 최대한 반영하여 아이 수준에서 최대한 쉬운 책을 골라주세요. 그리고 아이가 큰 관심을 보이지 않아도 계속 새로운 시리즈를 권해서 결국에는 재미를 붙이도록 도전(?)하셔야 합니다.

---

* 가장 광범위하고 다양한 어린이 영어 오디오북을 보유한 사이트로 월 구독료가 있으며 추가 오디오북 구매 시에 별도 비용이 발생할 수 있습니다.

아이들이 좋아하는 책은 대부분 1) 흘려듣기, 집중듣기 시 좋아했던 시리즈 2) 좋아했던 작가의 또 다른 책 3) 아이가 좋아하는 캐릭터가 등장하는 책(한글 책에서 힌트를 얻어도 좋아요!) 4) 아이의 현재 상황과 비슷한 이야기 (또래 캐릭터의 학교 생활, 일상 생활) 그리고 마지막으로 5) 많은 아이가 공통적으로 좋아하는 책입니다. 만약 우리 아이의 선호가 크게 보이지 않는다면 앞에서 설명한 조건을 가진 책들, 즉 많은 아이가 좋아하는 시리즈, 아이들이 좋아하는 캐릭터나 현재 상황과 비슷한 공감 가는 이야기로 구성된 시리즈로 먼저 접근해 보세요. 다음에서 추천해 드리는 가장 많이 읽히는 대표적인 리더스 시리즈로 시작하면 좋습니다.

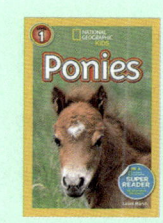  

National Geographic Kids   Usborne Young Reading   Disney Fun to Read

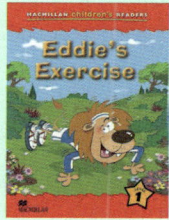  

Ready to Read   Ready to Read   Ladybird Readers

　주의할 점은 출판사마다 레벨링 시스템이 다르다는 점입니다. 같은 레벨처럼 보인다고 해도 같은 수준의 책은 아닐 수 있어요. 다음의 표로 비교해 보시면 책을 골라주는 데 유용할 겁니다. 단, 개별 도서에 따라 차이가 있을 수 있으니 참고용으로만 활용하세요.

　(글로벌 인지도, 교육 기관에서의 사용 빈도, 시리즈의 다양성과 범위를 고려하여 5개 시리즈만 비교했습니다.)

AR 지수	Oxford Reading Tree	Scholastic Readers	Penguin Young Readers	I Can Read!	Step into Reading
0-0.9	Stage 1-3	Starter	Level 1	My First	Step 1
1-1.9	Stage 4-6	Level 1	Level 2	Level 1	Step 2
2-2.9	Stage 7-9	Level 2	Level 3	Level 2	Step 3
3-3.9	Stage 10-12	Level 3	Level 4	Level 3	Step 4
4-4.9	Stage 13-14	Level 4		Level 1	Step 5
5-5.9	Stage 15-16				
6+	Stage 17+				

리더스까지는 단계 올리기에 급급해할 시기가 아니므로 반복을 많이 해야 합니다. 기초를 잘 다지고 아이에게 책 읽는 습관을 길러주며 책의 재미를 알게 해준다는 생각으로 (레벨업의) 유혹이 오더라도 잘 뿌리치셔야 합니다. 또한 아이가 좋아하는 책이라도 한 시리즈에 사용된 어휘에는 어느 정도 한계(특정 작가가 잘 사용하는 어휘와 문체가 있음)가 있기 때문에 같은 수준의 리더스를 다양하게 읽는 '수평적 읽기'도 병행해 주시기 바랍니다. 그 과정에서 새롭게 알게 되는 단어와 표현을 차곡차곡 쌓다 보면 본인에 맞는 수준(현재 레벨)의 책을 편안하게 읽을 수 있게 됩니다. 그쯤 되면 리더스 단계를 높이고 차츰 챕터북으로 넘어갈 수 있습니다.

챕터북(Chapter Book)

리더스가 '읽는 사람(reader)'의 읽기 능력을 높이기 위한 목적, 즉 앞으로 영어책을 읽을 독자를 훈련시키기 위한 책이라면 **챕터북**은 이름처럼 책 전체가 여러 장의 '챕터'로 나누어진 책입니다. 리더스보다 그림의 비중이 낮지만 일반 단행본보다는 그림의 비중이 높고 글밥도(평균 AR 지수가 2.6~3.5 수준인 《Magic Tree House》시리즈는 단어 수가 약 5000개 미만으로 구성됨) 리더스와 단행본 사이의 분량을 가지고 있죠. 한마디로 그림(이 많은) 책에서 벗어나 본격적인 소설의 세계로 첫발을 내딛는 아이에게 중요한 징검다리 역할을 하는 책입니다.

단편적이고 연속된 짧은 이야기와 정보를 제공하던 리더스에 비해서 챕터북은 기승전결에 따른 스릴과 재미, 감동 등을 느낄 수 있습니다. 리더스에 비해 작품의 '내용'에 좀더 초점이 맞춰진 책이기 때문이에요. 리더스는 레벨별로 사용 가능한 어휘와 문법 구조가 어느 정도 정해져 있기 때문에 상대적으로 내용이 단순하지만 챕터북은 복잡한 플롯과 매력적인 캐릭터들이 꾸미는 본격적인 이야기를 다루므로 아이들이 좀더 매력적으로 느낍니다.

가장 기초적인 단계긴 얼리 챕터북은 《Frog and Toad》 시리즈처럼 짧은 챕터와 풍부한 삽화로 구성되어 있습니다. 단어 수가

1,000-10,000개로 적은 분량이지만 '책 한 권을 다 읽었다'는 성취감이 아이들의 독서 자신감을 키우는 데 큰 역할을 하죠.

다음 단계인 중급 챕터북은 《Judy Moody》 시리즈가 대표적인데 단어 수가 1만-2만 개로 좀더 긴 이야기를 담고 있습니다. 이 단계에서는 플롯이 조금 더 복잡해지고 등장인물의 성격도 더욱 깊이 있게 묘사됩니다. 이때부터 아이들은 영어 원서를 읽는 맛을 알게 되지요.

다음으로 고급 챕터북은 《The Chronicles of Narnia》 시리즈가 대표적인데 단어 수가 3만-7만 개 이상으로 '이야기'를 본격적으로 다루고 있습니다. 이 단계의 책들은 더 성숙한 주제와 복잡한 인물 관계를 보여주며 청소년 문학으로 넘어가는 과도기적 역할을 합니다.

최근에는 다양한 형태의 챕터북이 등장하고 있습니다. 예를 들어 《Diary of a Wimpy Kid》는 그래픽 노블과 챕터북의 성격을 동시에 가진 책으로서 글과 그림을 결합(주로 그림과 대화 말풍선을 사용하여 이야기를 전달하며 만화책과 유사한 형식을 가지고 있음)해 시각적 재미를 더했습니다. 《Who Was?》 시리즈는 논픽션 챕터북으로서 재미있으면서도 교육적인 내용을 제공합니다.

다음에서 추천하는 챕터북은 각 단계의 가장 대표적인 시리즈로써 많은 아이들이 좋아하는, 다양한 주제의 것들을 모았습니다.

앞서 설명한 대로 각 단계의 평균적인 분량으로 단계를 구분했지만, 시리즈 속 개별 책들은 그 범위를 다소 벗어나는 것들이 있다는 것을 염두에 두세요. 다만 같은 수준의 책, 다음 단계로서 도전해야 할 책이라는 구분 정도로 참고하시면 좋겠습니다. (논픽션 추천 리스트는 뒤에 있습니다.)

얼리 챕터북

Frog and Toad

Boris

Zak Zoo

Nate the Great

Mercy Watson

Owl Diaries

Princess in Black

All Paws on Deck

중급 챕터북

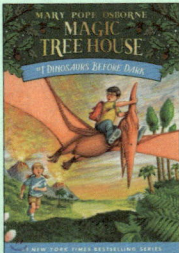
Magic Tree House

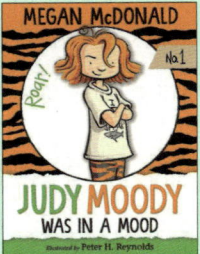
Judy Moody

Ivy and Bean

Cam Jansen

Geronimo Stilton

Franny K. Stein

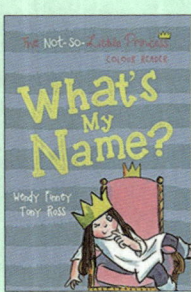
The Not So Little Princess

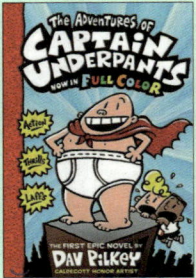
Captain Underpants

A to Z Mysteries

고급 챕터북*

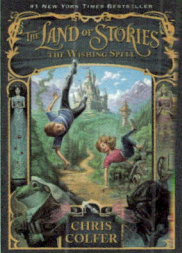  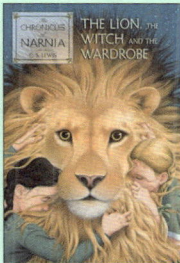

The Land of Stories: The Wishing Spell | Tuck Everlasting | The Lion, the Witch and the Wardrobe

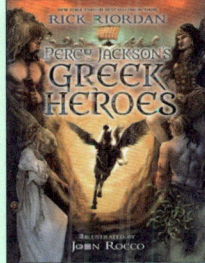 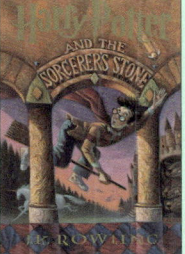

Percy Jackson's Greek Heroes | Harry Potter and the Sorcerer's Stone

그래픽 노블

Dog Man | Smile | Big Nate | Bad Guys | Diary of a Wimpy Kid | New Kid

---

* 고급 챕터북은 청소년 문학과의 경계가 모호합니다.

시리즈 형태의 챕터북은 일관된 구조와 반복되는 패턴을 통해서 영어 실력을 체계적으로 높여 줍니다.

지금부터는 챕터북과 함께하면 좋을 효과적인 독후 활동 방법을 소개해 드릴게요. 앞서 추천한 시리즈와 함께 시도해 보시면 좋겠습니다.

1. **'구조화'된 독후 활동**: '시리즈 도서'의 특성을 활용한 독후 활동입니다. 예를 들어서 《Nate the Great》 시리즈는 '탐정 스토리'에 맞게 에피소드마다 '사건', '용의자', '단서' 등이 등장하므로 이것을 표로 정리해 보면 좋습니다. 또한 《Magic Tree House》 시리즈는 '시간 여행과 모험'에 대한 이야기이므로 '시간적 배경', '공간적 배경', '위기 상황 및 극복 방법' 등을 독후 활동 양식으로 만들어서 책을 읽은 후에 요약해 볼 수 있어요. 이러한 활동은 이야기의 구조를 이해하는 데 큰 도움이 됩니다.

2. **워크북 활용**: 챕터북은 리더스처럼 학습만을 목적으로 쓰인 책이 아니기 때문에 워크북이 없는 경우가 많습니다. 하지만 출판사나 작가의 공식 웹사이트에서 활동 시트와 교사를 위한 가이드를 제공하기도 합니다. 또한 구글에서 "[시리즈명] workbook" 또는 "[시리즈명] activity sheets"로 검색하면 교사가 활용하는 자료를 많이 찾을 수 있으니 활용해 보세요. 주의할 점은 공식 웹사이트나 신뢰할 수 있는 교육 사이트에서 제공하는 자료를 활용하셔야

한다는 겁니다. 엉뚱한 자료를 활용했다가 아이의 시간을 낭비할 수도 있기 때문입니다.

3. **음원 활용**: 많은 챕터북이 음원이 있습니다. 또한 없더라도 앞서 소개한 오디블(Audible)과 같은 유료 음원 플랫폼에서 들을 수도 있어요. 대체로 120-150wpm(word per minute: 분당 단어 수, 보통 속도를 의미) 내에 있어서 흘려듣기나 집중듣기에 적합합니다.

4. **그 외의 활동**: 챕터북을 중심으로 읽기, 듣기, 말하기, 쓰기를 통합적으로 해볼 수 있습니다. 예를 들어 《Who Was?》 시리즈를 읽은 후에 관련 주제로 에세이를 써 보거나 짧은 발표를 준비해 볼 수 있고요. 《Diary of a Wimpy Kid》 시리즈를 읽은 후에는 주인공처럼 자신의 일기를 영어로 써보는 것도 좋은 방법입니다.

앞서 설명했듯이 챕터북은 리더스에 비해 그림의 비중이 적고 긴 호흡의 이야기가 많습니다. 하지만 리더스를 반복해서 읽어서 유창성과 자신감이 생긴 아이라면 자연스럽게 챕터북으로 넘어갈 수 있습니다. 보통 리더스의 중간 단계는 챕터북의 스타트 단계와 수준이 비슷하기 때문이에요. 하지만 리더스에서 챕터북으로 넘어갈 때 생각보다 아이가 적응하기 힘들어하는 경우도 있습니다. 사실 알고 보면 챕터북이 그렇게 어렵지 않은데 글밥이 많아지고 그림이 줄어든 책을 보고 당황하기 때문입니다. 그럴 때에는 이런 방법을 사용해 보시면 좋습니다.

우선, 당분간은 아이와 같이 읽어주세요. 한 줄씩 번갈아 읽어도 좋고요. 아이가 소리 내어 읽는 것을 옆에서 같이 눈으로 읽어 주셔도 좋습니다. 지금 아이에게는 심리적인 장벽이 있는 상태이기 때문에 그 턱을 조금이라도 낮춰 주는 거예요.

다음으로, 리딩을 매일 하고 있다면 시간을 조금 줄이거나 읽어야 하는 분량을 줄여서 아이의 부담 자체를 줄여주세요. 여러분이 보기에 리더스 중급과 초기 챕터북 수준이 크게 다르지 않아 보여도 아이의 체감 난도는 다를 수 있습니다. 아이가 스스로 '어라? 별거 아니네?'라며 적응할 때까지 기다렸다가 조금씩 시간과 분량을 늘려주세요. 서서히 자신감을 쌓아갈 수 있도록 말입니다.

마지막으로, 그래도 힘들다고 한다면 미련 없이 다시 이전에 읽던 책이나 이전 수준으로 내려가세요. 여러분은 아이가 충분히 읽어서 레벨 업을 했다고 판단했지만 아이에게는 충분치 않았던 겁니다. 아이가 내공을 충분히 쌓고 자신감을 장착한 후에 다시 시도해도 늦지 않아요. 레벨은 강제로 올린다고 올라가는 것이 아니라 자연스럽게 올라가야만 하는 거니까요.

챕터북 이후

영어책 읽기를 배우는 단계(리더스까지)를 넘어서 한글 책을 읽듯 자연스럽게 나아가는 과정은 챕터북에서 시작하여 **노블**(Novel), **논픽션** 그리고 **신문 읽기**까지 진행됩니다. 단계마다 체계적인 접근이 필요하니 지금부터 하나씩 살펴볼게요.

-청소년 소설(노블, Novel)

챕터북이 충분히 익숙해졌다면 이제는 노블, 즉 청소년 소설로 넘어갈 수 있습니다. 노블은 챕터북보다 더 복잡한 플롯, 다양한 캐릭터 그리고 더 깊이 있는 주제를 다루고 있어요. 노블 읽기는 창의적 사고를 가능케 하고 감정 이입과 문화적 이해를 증진하는 데 탁월합니다.

초급 단계에서는 《Bridge to Terabithia》(by Katherine Paterson), 《Holes》(by Louis Sachar)와 같이 비교적 간단한 플롯, 명확한 캐릭터, 일상과 성장 주제를 담은 책으로 시작하는 것이 좋습니다.

중급 단계에서는 초급보다 좀더 복잡한 플롯, 다양한 시점, 심층적인 주제를 다룬 책, 예를 들어 《The Giver》(by Lois Lowry)와 같은 책을 권해 주세요.

고급 단계에서는 복잡한 문체, 심오한 주제, 다층적 의미를 담은

《To Kill a Mockingbird》(by Harper Lee), 《1984》(by George Orwell)와 같은 책으로 상징과 은유를 분석하고 사회적 맥락에서 작품을 해석하는 활동을 하면 좋습니다.

또한 노블 읽기 과정에서는 같은 작가의 여러 작품을 읽으면서 문체와 주제의 일관성을 파악하고 원작과 영화 각색 버전을 비교하며 매체 간 차이를 분석하는 것도 좋습니다. 이는 다층적 사고력을 키우고 책 읽기의 재미를 증폭하는 방법입니다.

-논픽션(비문학, Non-Fiction)

고학년 때부터는 논픽션으로 리딩의 영역을 확장해야 합니다. 이 단계에서는 사실적 정보를 다루는 텍스트를 읽으면서 다양한 어휘와 논리적 구조에 익숙해지게 돼요. 물론 쉬운 단계의 논픽션(《Fly Guy Presents》 시리즈나 《National Geographic Kids》)을 통해서 이미 논픽션 읽기는 시작되었지만 《Bomb: The Race to Build—and Steal—the World's Most Dangerous Weapon》(by Steve Sheinkin), 《The Boy Who Harnessed the Wind》(by William Kamkwamba)와 같은 책으로 더 깊이 있는 정보를 얻고 다양한 관점을 배울 수 있습니다.

논픽션 읽기 능력을 확장하기 위해서는 관심 있는 주제의 여러 출처의 책(한글 책 포함)을 읽어서 정보를 비교해 보는 것도 좋습니다. 그에 따라 해당 주제와 관련된 어휘력도 크게 늘어나게 될 거예요.

다음은 논픽션 읽기에 흥미를 가져다줄 대표적인 논픽션 시리즈를 소개합니다. 쉬운 단계부터 어려운 단계까지 있으니 시리즈 속 다양한 주제에서 우리 아이가 좋아할 만한 책을 함께 골라주시고, 단계를 높여가며 깊이 있는 I형 독서도 병행할 수 있도록 독려해 주세요. 한글 책뿐만 아니라 영어책으로도 특정 분야에 대해 깊이 있는 독서(I형 독서)를 한다면 이미 해당 주제와 관련 있는 진로를 생각하는 단계에까지 다다른 겁니다. 그야말로 세계적인 인재로서의 초석이 바로 이 논픽션 읽기에서 시작된 것이라고 할 수 있겠네요!

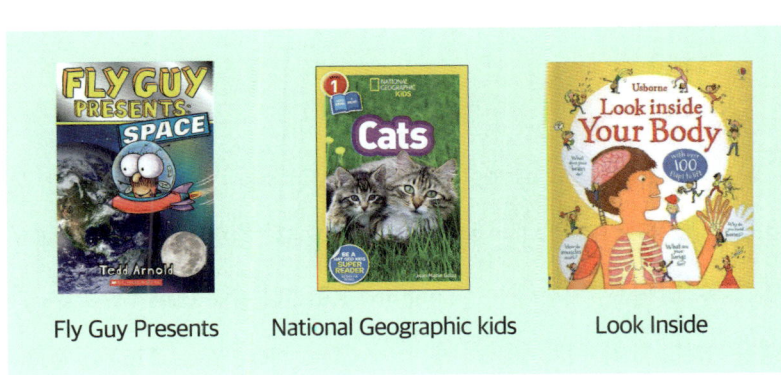

Fly Guy Presents   National Geographic kids   Look Inside

-신문(Newspaper)

신문 읽기는 현실 세계의 영어를 접하는 마지막 단계라고 할 수 있습니다. 이 단계에서는 시사 용어, 관용구 그리고 다양한 문체를 접할 수 있어요. 처음에는《Time for Kids》나《Newsela》와 같은 학생용 뉴스 사이트로 시작하여 점차《The New York Times》,《The Washington Post》등의 일반 신문으로 나아가면 됩니다.

신문을 읽을 때는 다음과 같은 전략이 도움이 됩니다.

1) 헤드라인과 첫 문단을 읽고 기사의 주제를 파악합니다.
2) 모르는 단어는 일단, 문맥 속에서 의미를 유추해 보고 반드시 사전을 찾아봅니다.
3) 기사를 읽은 후 주요 내용을 자신의 말로 요약해 봅니다.
4) 같은 주제에 대해 다룬 다른 신문의 기사와 비교하며 다시 읽어봅니다.

많은 영어 학습자가 노블과 논픽션(신문기사 포함) 중 하나만을 선택하여 읽는 경향이 있습니다. 하지만 이 두 장르를 효과적으로 병행하면 영어 능력 향상은 물론이고 지적 성장에도 큰 도움이 됩니다. 노블과 논픽션 읽기를 조화롭게 하기 위해서는 다음과 같은 방법으로 실천하세요.

첫째, '상호 보완적 읽기'를 합니다. 특정 주제에 대한 소설과 논픽션을 함께 읽으면 그 주제를 다각도로 이해할 수 있습니다. 예를 들어, 2차 세계대전에 관심이 있다면 《The Book Thief》라는 소설과 《Unbroken》이라는 논픽션 책을 함께 읽어보는 거죠. 전자를 통해 당시 사람들의 감정과 일상을, 후자를 통해 역사적 사실과 맥락을 이해할 수 있으니까요.

둘째, '균형 잡힌 독서 계획'을 세워보세요. 한 달에 소설 한 권, 논픽션 한 권씩 읽는 식으로 계획을 세우면 두 장르를 고르게 접할 수 있습니다. 이는 다양한 문체와 어휘에 우리 아이를 노출시킬 수 있는 방법이에요.

셋째, '독서 일지'를 활용해 보세요. 소설과 논픽션에서 배운 점을 연결 지어 기록하면 두 장르 간의 연관성을 발견하고 더 깊이 있게 이해할 수 있습니다. 예를 들어, 환경 문제를 다룬 소설을 읽은 후에 그와 관련된 과학 논픽션을 읽을 수 있어요. 그러면 소설 속 상황이 현실에서는 어떻게 나타나는지를 비교할 수 있습니다.

마지막으로, '멀티미디어 활용'을 권합니다. 책의 내용과 관련된 다큐멘터리, 팟캐스트, TED 강연 등을 함께 활용하는 거예요. 예를 들어, 우주에 관한 소설을 읽은 후에 NASA의 다큐멘터리를 시청하면 상상 속 우주와 실제 우주 탐사를 비교할 수 있을 겁니다.

이러한 접근법을 통해서 노블과 논픽션 읽기는 서로를 보완하며 시너지 효과를 낼 수 있습니다. 노블은 상상력과 감성을, 논픽션은 논리와 지식을 제공하여 균형 있게 영어 능력을 높일 테니까요.

중고등 영어는
결국 비문학 리딩이 결정짓는다

　리딩은 대부분 '이야기'에서 시작됩니다. 한글 책이든 영어책이든 모두 마찬가지죠. 우리는 어린 시절부터 동화나 소설을 비롯한 다양한 문학작품을 통해 읽기의 즐거움을 경험해 왔죠. 이건 지극히 자연스러운 현상입니다. 인간은 본질적으로 이야기를 좋아하기 때문이에요. 게다가 문학작품은 아이의 상상력을 자극하고 감성을 풍부하게 하며 인성 발달에도 긍정적인 영향을 미칩니다. 이것이 바로 어릴 때 문학을 읽어야 하는 이유이기도 하죠. 예를 들어,《샬롯의 거미줄》이나《작은 아씨들》과 같은 문학은 우정, 성장, 책임감 등 성장기에 필요한 중요한 가치를 알려줍니다.

　하지만 아이가 성장함에 따라 특히, 초등 고학년에 접어들면서는 리딩의 양상이 변화되기 시작합니다. 이 시기부터 중고등학교와 나아가 대학 입시에 이르기까지 대부분의 교과목에서 비문학 텍스트의 비중이 절대적으로 늘어나고, 지식정보 글의 중요성이 부각되거든요. (앞서 언급한 논픽션, 신문 등이 바로 지식정보 글로서 대표적인 '비문학' 장르입니다.) 그러므로 일찍부터 비문학 읽기에 익숙해지면 향후 학업에 큰 도움이 될 수 있습니다.

하지만 비문학이 단순히 학업적 필요성 때문에 강조되는 것은 아닙니다. 문학이 정서적·인격적 성장을 돕는다면, 비문학은 좀더 구체적으로 세상에 대한 이해를 넓히고 비판적 사고력을 기르며 깊이 있는 지식을 제공하는 역할을 합니다. 과학, 역사, 사회 등 다양한 분야의 정보를 비문학 텍스트를 통해 얻을 수 있으니까요. 또한 비문학 텍스트는 주장과 근거, 사실과 의견을 구분하는 능력을 길러줍니다. 이는 현대사회에서 필수적인 미디어 리터러시 능력과도 연결되죠. 여기에 설명문, 논설문, 보고서 등 다양한 형식의 글을 읽으면 향후 이러한 글을 직접 작성하는 능력도 자연스럽게 키워지게 됩니다.

그렇다면 비문학 읽기는 어떻게 시작해야 할까요? 핵심은 '생활 속 발견'에서 출발하는 것입니다. 아이의 관심사에서 시작하여 점차 영역을 넓혀 가는 것이 효과적이에요. 예를 들어 (한글) 비문학 읽기의 경우, 공룡에 관심 있는 아이라면 국립과천과학관의 공룡전시 팸플릿부터 시작하여 점차 심화된 고생물학 서적으로 나아갈 수 있습니다. 요리를 좋아하는 아이에게는 레시피 북이 좋은 시작점이 될 수 있죠. 이후에 식품 속 영양, 요리의 과학적 원리 등으로 관심을 확장할 수 있으니까요. 또 운동을 좋아한다면 좋아하는 선수의 자서전에서 시작하여 스포츠 의학, 스포츠 비지니스 등으로 독서 영역을 넓힐 수도 있습니다. 영어책도 마찬가지입니다.

이러한 과정에서 새롭게 알게 된 어휘와 지식은 다음 단계의 독서를 위한 배경지식이 됩니다. 이는 마치 눈덩이가 굴러가며 점점 커지는 것과 같아요. 예를 들어, 날씨에 관한 기초적인 책을 읽으면 기후변화나 환경문제에 관한 심화된 책을 이해할 수 있는 기반이 마련되는 것처럼 말입니다.

비문학 읽기를 효과적으로 하기 위해서는 목차와 소제목을 훑어보면서 전체 구조를 파악하는 것이 좋습니다. 또 중요한 개념이나 키워드에 밑줄을 치면서 능동적 읽기를 하면 더 좋고요. 그리고 모르는 단어가 나오면 반드시 찾아봐야 합니다. 비문학 어휘는 그 어휘 자체가 새로운 '지식'인 경우가 많기 때문에 문학과 다르게 앞뒤 문맥을 통해 해석하는 것이 상대적으로 어렵습니다. 그래서 비문학을 많이 접할수록 어휘력도 크게 향상되죠.

221쪽의 비문학 시리즈 중 우리 아이가 관심 가질만한 주제부터 살펴봐 주시고요. I형 독서, T형 독서를 위해서 교보문고에서 베스트 셀러, 신간 검색하듯이 미국 아마존 사이트 (https://www.amazon.com/)에서 새로운 책을 골라보는 것도 아이에게 흥미로운 과정이 될 겁니다.

어휘가 리딩(Reading)을 리딩(Leading)한다

영어 학습에 있어서 리딩과 어휘는 서로 밀접하게 연관되어 있어서 하나의 발전이 다른 하나의 성장을 촉진합니다. 그래서 바로 이 긴밀한 관계를 이해하고 효과적으로 활용하는 것이 영어 실력 향상의 핵심이라고 할 수 있어요.

그림책부터 리더스까지의 단계

리딩을 막 시작한 단계에서의 어휘 학습은 앞서 언급한 '우연적 학습'이 주를 이룹니다. 이 시기의 아이는 문맥을 통해서 자연스럽게 새로운 단어의 의미를 유추하고 학습하죠. 예를 들어, "The cat sat on the mat."라는 문장에서 'mat'라는 단어를 처음 접하더라도 전체적인 이미지를 통해서 그 의미를 대략적으로 파악할 수 있습니다. 그래서 이 단계에서는 다음과 같은 방법으로 지도해야 효과적이죠.

1) 즉각적인 사전 사용을 자제하고, 먼저 문맥에서 의미를 추측해 보도록 하세요.
2) 아이의 추측이 맞았는지를 함께 확인하고, 오답이라면 왜 그렇게 생각했는지에 대해 이야기를 나누세요. 이 과정은 메타인지 능력을 키우는 데 도움이 됩니다.
3) 중요하거나 반복적으로 등장하는 단어는 문장과 함께 단어장에 기록하여 나중에 복습하게 해 주세요. 여기서 포인트는 '문장과 함께'입니다.
4) 만약 그림이 있는 책이라면 시각적 단서를 통해서 단어의 의미를 유추하게 합니다.

이 시기의 아이에게는 단어 학습에 부담을 느끼지 않도록 하는 것이 중요합니다. 독서의 흐름을 끊는 것도 지양해야 하고요. 이때는 독서의 즐거움을 통해서 자연스럽게 어휘력을 확장하는 것이 핵심이기 때문입니다.

챕터북 단계

리딩 실력이 조금씩 향상되면 아이는 기존에 읽은 것보다 좀더 복잡한 텍스트를 만나게 됩니다. 이 시기에는 으연적 학습과 함께 '의도적인 어휘 학습'이 반드시 필요합니다. 많은 경우에 문맥만으로는 정확한 단어의 의미를 파악하기가 어려울 수 있다는 거죠. 그래서 이 단계에서는 다음과 같은 방법으로 지도해야 합니다.

1) 중요 단어는 사전을 활용하여 정확한 의미를 파악하도록 지도하세요.
2) 이유와 설명 없이는 어휘 학습이 어려운 납득 필요형 아이에게는 이때 어원 학습을 통해서 단어의 구조를 이해시키면 기억력을 높일 수 있습니다.
3) 여유가 있다면 동의어, 반의어 학습을 통해서 어휘 지식을 확장해 주세요.
4) 새로 배운 단어를 사용해 짧은 글 쓰기나 문장 만들기로 활용 능력을 높여 봅니다. 그래야 더 잘 기억하고 또 잘 써먹을 수 있으니까요.

이 시기에는 단순히 단어의 의미를 아는 것을 넘어서 그 단어를 적절히 사용할 수 있는 능력을 기르는 것이 가장 중요합니다.

챕터북 이후 단계

　리딩 텍스트가 점점 어려워질수록 결국 어휘력이 리딩 능력을 결정하는 중요한 요소가 됩니다. 풍부한 어휘력 없이는 높은 수준의 텍스트를 이해하기가 어려워지기 때문이죠. 따라서 이 단계에서는 다음과 같은 어휘 학습 전략을 세워야 합니다.

1) 단순히 단어의 의미를 아는 것보다 그 단어가 사용되는 글의 맥락 등을 종합적으로 학습해야 합니다.
2) 특정 분야의 책을 읽기 전에 그 분야의 핵심 어휘를 미리 학습하면 좋아요. 예를 들어, 과학 관련 책을 읽기 전에 해당 과학 용어를 미리 공부하는 식으로요.
3) 영단어 교재를 활용하는 게 좋습니다. 단순히 글을 많이 읽는다고 어휘가 자동으로 늘지 않거든요. 비슷한 주제와 수준의 글이라면 유사한 어휘만 반복적으로 보기 때문입니다.

초등 고학년 이후 (중등 과정)의 리딩

초등 고학년에 접어들면 리딩의 패러다임을 크게 바꿔야 합니다. 저학년 시기에는 '흥미 위주의 리딩'이 중심이었다면 이제는 더 체계적이고 전략적인 리딩 '학습'이 필요하죠. 이는 단순히 책을 즐기는 것을 넘어서 중고등 영어를 대비하기 위함입니다. 단어와 문법, 독해력과 배경지식 그리고 문제 유형별 테스트 적응 능력까지 다각도에서 리딩 능력을 키워야 해요.

단어와 문법: 언어의 기초 다지기

고학년이 되면 텍스트의 난이도가 점차 올라가기 시작합니다. 이에 따라 체계적인 어휘 학습과 문법 이해가 필수적이에요.

우선 주제별, 상황별 어휘 학습을 통해서 어휘력을 확장해 주세요. 단순 암기가 아니라 문장 속에서의 적용 연습이 중요합니다. 또한 복잡한 문장 구조를 분석하고 이해할 수 있는 능력을 길러야 하는데요. 이를 위해서는 새로운 단어나 문법 구문이 나올 때마다 노트에 정리하고 이를 활용한 문장 만들기 연습을 하는 것이 좋습니다.

독해력: 비판적 사고의 기반

이제는 단순히 글의 내용을 이해하는 수준 이상으로 글의 구조를 파악하고 저자의 의도를 분석하는 능력이 필요합니다.

- 글의 핵심 아이디어를 찾아내는 연습을 시켜 주세요.
- 주장과 근거, 원인과 결과 등 글의 논리적 구조를 파악할 줄 알아야 합니다.
- 글에 직접 언급되지 않은 내용을 유추해 내는 능력도 필요합니다.

이를 위해서는 다양한 장르의 글을 읽고 요약하기, 글의 구조를 도식화하기 등의 활동이 도움이 됩니다.

배경지식: 깊이 있는 이해의 열쇠

폭넓은 배경지식은 읽기 이해력을 크게 높입니다. 그래서 과학, 역사, 문화 등 다양한 분야의 책 읽기를 통해 기본적인 지식을 쌓는 것이 중요하죠. 또한 뉴스나 시사 잡지를 통해서 현재 이슈에 대한 이해도를 높이는 것도 필요합니다. 이때는 한 주제에 대해 여러 관점의 글을 읽으면서 종합적인 이해를 도모해야 해요. 이렇게 얻은 배경지식은 주제별로 읽은 내용을 정리하는 독서 노트를 작성하면 오래 기억할 수 있습니다.

문제 유형별 테스트 적응 능력: 실전 대비

학교 시험이나 수능 등에서 다루는 다양한 유형의 독해 문제에 대비하는 것도 매우 중요합니다.

우선 주제 찾기, 세부 정보 확인, 추론하기 등 다양한 문제 유형을 익히는 것이 좋아요. 그리고 나서 제한된 시간 내에 효율적으로 문제를 해결하는 능력을 길러야 합니다. 이 과정에서 무엇보다 중요한 건 틀린 문제의 원인을 분석하고 보완하는 습관을 들이는 거예요. 이를 위해서는 초등 5, 6학년 때부터 중등 내신 기출문제 유형을 들여다보며 영어 학습의 방향성과 우리 아이가 부족한 부분을 파악해 보완하는 것이 중요합니다.

이러한 전략적 리딩 학습은 단기적으로는 학업 성취도 향상에 도움이 됩니다. 장기적으로는 비판적 사고력과 자기주도적 학습 능력을 기르는 데 큰 역할을 하죠. 아이들이 이러한 전환기를 잘 넘길 수 있도록 학부모님이 먼저 영어교육의 목표를 분명히 잡고 체계적으로 지도하는 것이 매우 중요합니다.

리딩 컨설팅 상담
자주 묻는 질문

1. 영어책 읽기를 거부하는 아이는 어떻게 지도할까요?

듣기 단계부터 자연스러운 흐름으로 영어책 읽기를 수월하게 시작한 아이가 있는 반면에 영어책 때문에 매일매일이 전쟁 같은 집도 있을 겁니다. 이럴 경우에는 가장 먼저, 아이가 영어책을 거부하는 진짜 원인을 파악하는 것이 중요합니다.

애초에 영어책은 물론이고 책 읽는 것 자체를 거부하는 아이라면 당연히 영어책이 아니라 한글 책 읽기 훈련부터 시작하셔야 해요.

한글 책은 잘 읽는데 영어책을 거부하는 아이라면 아이가 하는 '말'에 주목할 필요가 있습니다. 아이가 "재미없어요."라고 말할 때,

이건 종종 '어려움'을 표현하는 대체어인 경우가 많거든요. 만약 그렇다면, 우선 본인 수준보다 한 단계 쉬운 책을 권해 주는 것이 좋습니다. 처음에는 한글 책과 영어책 사이의 수준 차가 발생하겠지만 이 간극을 줄이는 것을 목표로 영어책 읽기 훈련을 지속하시면 됩니다. 또한 영어 원서와 한글 번역본을 함께 읽는 '쌍둥이 책' 방식은 이런 아이에게 매우 효과적인데요. 이 방법의 장점은 우선, 내용 이해도가 향상됩니다. 한글로 먼저 내용을 파악하고 영어로 읽으니 훨씬 이해하기가 쉬워지고요. 그에 따라 아이는 자신감이 커집니다. 이미 알고 있는 내용을 영어로 읽기 때문에 부담이 적어지기 때문입니다. 마지막으로, 같은 내용의 한글과 영어 표현을 비교하며 학습할 수 있습니다. 이 과정에서 영어 단어의 뜻을 분명히 인지할 수 있게 됩니다.

우리는 종종 '모든 아이는 이야기를 좋아한다'는 전제를 가지고 독서 지도를 시작하는데, 이것은 모든 아이에게 해당되는 명제가 아닙니다. 지식정보 지향형의 아이는 스토리 중심의 책에 흥미를 잘 느끼지 못하고, 이로 인해 '책 읽기를 싫어한다'는 오해를 받기도 하거든요. 하지만 이건 단순한 오해일 수 있고 실제로는 아이의 관심사와 맞지 않는 책을 주었기 때문입니다.

지식정보 지향형의 아이에게는 아이가 평소에 좋아하는 소재나 주제와 관련된 책을 보여주세요. 그러면 놀라울 정도로 다른 반응을 보일 수 있습니다. 예를 들어, 공룡에 관심이 많은 아이라면 '공룡 백과사전' 같은 책에 흥미를 보일 수 있습니다. 자동차를 좋아하는 아이에게는 '자동차의 역사'나 '자동차의 원리' 같은 내용이 적합할 수 있죠. 이러한 접근법의 핵심은 '지식정보 중심 독서'입니다. 스토리 중심의 문학 작품 대신에 사실과 정보를 제공하는 비문학 도서를 통해서 독서의 즐거움을 발견하게 하는 거죠. 이건 단순히 책 읽기를 유도하는 것을 넘어 아이의 지적 호기심을 자극하고 깊이 있는 학습으로 이끌 수 있는 방법도 됩니다.

마지막으로, 환경 조성도 중요합니다. 책보다 더 재미있는 것, 예를 들어 스마트폰이나 게임기 등은 잠시 치워 두는 것이 도움이 됩니다. 아이는 책을 읽게 하면서 학부모님은 아이가 보는 앞에서 스마트폰을 보고 계신 것은 아니겠죠?

영어책 읽히기는 한글 책 읽히기보다 허들이 약간 더 높습니다. 무엇보다 쉽고 재미있는 책이 정답이라는 것! 꼭 기억해 주세요. 이 과정에서 가장 중요한 것은 여러분의 인내심입니다. 하루아침에 변화가 일어나지는 않을 거니까요. 하지만 꾸준히 시도하고 아이의 작은 노력에도 큰 칭찬을 해준다면 점차 아이는 영어책 읽기에 흥미를 느끼게 될 것입니다.

2. 렉사일 지수, AR 지수가 뭐예요?

앞서 우리 아이에게 맞는 영어책 수준을 파악하는 방법으로 '다섯 손가락 법칙'을 소개해 드렸는데요, 이 법칙은 모든 경우에 적용하기가 어렵습니다. 가장 대표적인 이유는 글밥이 늘어남에 따라 한 페이지에서 모르는 단어의 수가 다섯을 넘어가는 경우가 생기기 때문이에요. 그래서 아이의 읽기 능력을 평가하고 그에 맞는 적절한 책을 선택할 수 있는 객관적인 기준이 필요합니다. 이를 위해 개발된 가장 대표적인 두 가지 지표가 바로 렉사일 지수(Lexile Measure)와 AR(Accelerated Reader) 지수입니다.

-렉사일 지수

렉사일 지수는 메타메트릭(MetaMetrics)사에서 개발한 읽기 능력 및 텍스트 난이도 측정 시스템입니다. 0L부터 2000L까지의 범위로 표시되며 L은 Lexile의 약자예요. (0L 미만의 초보 독자는 BR(Beginning Reader)로 표시됩니다.) 렉사일 지수는 주로 두 가지 요소로 계산됩니다. 첫째는 단어의 빈도수로서 자주 사용되는 단어일수록 쉽다고 판단하고 반대로 희귀한 단어일수록 어렵다고 보는 거고요. 둘째는 문장의 길이로서 긴 문장일수록 더 복잡하고 어렵다고 판단합니다.

렉사일 지수의 장점은 정확성과 객관성에 있습니다. 컴퓨터 알고리즘을 통해 계산되기 때문에 주관적 판단이 개입될 여지가 적죠. 또한 독자의 읽기 수준과 텍스트의 난이도를 같은 척도로 표현하기 때문에 아이에게 적절한 수준의 책을 쉽게 골라줄 수 있습니다.

하지만 단어의 빈도수와 문장의 길이만으로는 텍스트의 실제 난이도를 완벽하게 반영하기 어렵다는 단점이 있습니다. 예를 들어, 은유나 반어법 같은 수사적 표현이 많이 사용된 텍스트는 실제로는 이해하기가 어려운데도 렉사일 지수로는 쉬운 텍스트로 분류될 수 있기 때문입니다.

-AR 지수

AR(Accelerated Reader) 지수는 르네상스러닝(Renaissance Learning)사에서 개발한 컴퓨터 기반의 독서 관리 프로그램입니다. 이 시스템은 ATOS(Advantage-TASA Open Standard) 공식을 사용하여 책의 난이도를 학년 수준으로 표시합니다.

AR 지수의 표시 방법은 굉장히 직관적입니다. 예를 들어, 4.5라는 AR 지수는 4학년 5개월 차의 읽기 수준을 의미합니다. AR 지수는 미국의 학제를 기준으로 하는데, 9월에 새 학년이 시작된다고 가정했을 때 4.5는 1월경의 4학년 학생 수준에 해당되는 거죠. 하지만 이 기준에 맞춰 한국 학제 기준의 아이에게 책을 골라 주면 너무나 어려워할 수 있습니다. 미국과 한국의 교육과정 차이로 인해서 특정 주제나 어휘에 대한 이해도가 다르고, 무엇보다 영어가 모국어인 미국 아이와 외국어로서 영어를 배우는 우리 아이 간에는 영어 능력의 차이가 클 수밖에 없기 때문이에요. 그래서 같은 학년 기준보다는 낮은 수준의 책을 골라 주어야 합니다.

AR 지수를 한국 학생 수준으로 정확하게 변환한 공식적인 표는 존재하지 않지만 대략 초등 1~3학년은 AR 0.1~2.0, 초등 4~6학년은 AR 2.1~4.0이면 시작 단계에서 적당하다고 보는 편입니다. 물론 영어 노출도나 관심 분야에 따라서 더 높은 AR 지수의 책부터 읽힐 수도 있어요. 실제로 특정 주제에 관심이 많은 아이라면 그 분야에서 더 높은 AR 지수의 책을 충분히 읽을 수 있습니다.

AR 지수의 계산에는 단어의 길이, 문장의 길이, 단어의 난이도, 책의 길이, 단어의 빈도수, 문장 구조의 복잡성 및 주제의 난이도 등이 고려됩니다. 특히 책의 길이까지 고려함으로써 같은 어휘 수준의 책이라도 책의 길이에 따라 아이의 체감 난이도가 다를 수 있다는 점을 반영했습니다. 글밥이 적으면 쉽게 읽히고 완독 시간이 짧아서 책 자체가 쉽다고 느낄 수 있지만 글밥이 많은 책은 실제 난이도와는 별개로 읽는 것 자체에 부담을 느끼기도 하니까요. 그래서 AR 레벨을 통해 글밥이 많은 책을 얼마나 끈기 있게 읽을 수 있으며 집중력이 얼마나 필요할지도 대략 짐작할 수 있습니다.

많은 수의 아동용 원서에 이 지수가 표기되어 있어서 책 선택에 도움을 줍니다. 간약 표기가 안 되어 있는 경우에는 AR BookFinder (www.arbookfind.com)나 Lexile 공식 웹사이트(www.lexile.com), 출판사의 웹사이트, 온라인 서점의 상세 정보 등에서 파악할 수도 있으니 참고해 주세요.

3. 리딩 책을 고를 때, 수상작을 읽히는 건 어떤가요?

우리 아이가 재미있어할 좋은 책을 고르는 일은 부모님에게 항상 고민거리입니다. '수많은 책 중에서 어떤 책이 우리 아이를 영어 독서의 세계로 푹 빠지게 할 수 있을까?' 이런 고민 속에서 어린이 책 수상작을 선택하는 것은 매우 현명한 전략일 수 있어요. 수상작은 문학성, 교육적 가치, 아이의 흥미 유발 등 다양한 측면에서 전문가의 엄격한 심사를 거쳐 선정된 작품이기 때문입니다.

수상작을 선택하면 얻을 수 있는 장점은 여러 가지입니다. 첫째, 높은 문학적 가치를 지닌 책을 접할 수 있습니다. 둘째, 아이의 상상력과 창의력을 자극하는 풍부한 내용을 만날 수 있어요. 셋째, 연령에 적합한 주제와 표현을 담고 있어서 아이의 정서 발달에도 도움이 됩니다.

물론 모든 수상작이 모든 아이에게 완벽히 맞는 것은 아닙니다. 하지만 수상 이력은 좋은 책을 고르는 데 있어서 신뢰할 만한 지표가 될 수 있어요. 아이의 관심사와 수상작의 주제를 고려하여 선택하면 좀더 안전하고 가치 있는 독서 경험을 제공할 수 있으니까요.

다음은 가장 대표적인 아동문학상인 칼데콧상(Caldecott Medal)과 뉴베리상(Newbery Medal)의 추천작들입니다. 두 상 모두 미국 도서관협회(American Library Association)에서 매년 수여하는 아동문학 분야의 권위 있는 상인데요. 칼데콧상은 그림책 일러스트레이터에게 수여되는 상으로, 텍스트와 그림의 조화가 뛰어난 작품에 주어집니다. 수상작들은 보통 5-8세 아동을 대상으로 하며, 풍부한 시각적 요소와 간결하면서도 강력한 스토리텔링이 특징이에요. 뉴베리상은 아동 및 청소년 문학 작가에게 수여되는 상으로, 8-14세 독자를 주 대상으로 하는 책들입니다. 그래서 칼데콧 수상작에 비해 훨씬 어려워요. 수상작들은 풍부한 주제 의식, 깊이 있는 캐릭터 발전, 그리고 뛰어난 문체를 갖춘 작품들입니다.

두 상 모두 역사가 깊어서 수많은 추천 도서가 있지만 국내에서 비교적 많이 읽히는 책들을 중심으로 소개해 드립니다. 특히 칼데콧상 수상작들은 한글 그림책으로 번역된 것들도 많아서 '쌍둥이 책' 읽기가 가능하다는 점, 기억하시고 활용하시기를 바랍니다. 이 책들을 시작으로 우리 아이들이 더 많은 수상작을 경험하도록 지도하시면 좋겠습니다.

칼데콧 상(Caldecott Medal)

This Is Not My Hat   A Sick Day for Amos McGee   Hello Lighthouse

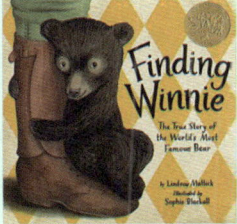  

Finding Winnie   Locomotive   The Invention of Hugo Cabret

뉴베리 상(Newbery Medal)

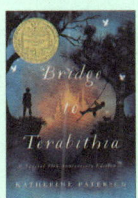 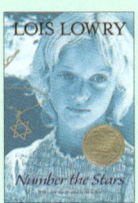 

Bridge to Terabithia   Number the Stars   Holes

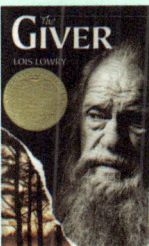 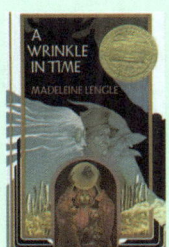 

The Giver   A Wrinkle in Time   The Westing Game

4. 미국 교과서, 한국 영어 교과서 읽기가 리딩에 도움이 될까요?

미국 교과서는 원어민 학생을 대상으로 쓰이는 교재이기 때문에 자연스러운 영어 표현을 접할 수 있습니다. 또한 다양한 교과목(과학, 사회, 수학 등)의 교과서를 통해 각 분야의 전문 용어와 표현을 영어로 학습할 수 있어서 학문적 영어(Academic English) 능력의 향상에도 큰 도움이 되죠.

하지만 앞에서도 말씀드렸듯이 우리 아이가 초 2라고 해서 미국 초등학교 2학년 교과서를 읽게 하면 어려워할 수 있습니다. 레벨에 맞는 시작이 중요한데요, 보통 미국 저학년 교과서에 사용되는 영단어와 내용은 크게 어렵지 않습니다. AR 지수 3점대의 아이라면 무리 없이 읽을 수 있는 수준이에요. 다만 그 내용을 한글로 바꿨을 때도 충분히 이해할 수 있는 수준인지는 추가로 파악해야 합니다. 한글로도 이해하지 못하는 영어 텍스트는 당연히 온전히 이해할 수가 없기 때문입니다.

하지만 3, 4학년 때부터는 미국 교과서 난이도가 급격히 상승합니다. 그러니 '미국 교과서 리딩'을 시작했다고 해서 무조건 끝을 보겠다는 생각은 안 하셔도 될 것 같아요. 미국 교과서도 아이가 읽는 '리딩 텍스트' 중의 하나로 여기시고, 만약 아이가 흥미를 잃거나 너무 힘들어한다면 당장 멈추셔도 괜찮습니다. 리딩을 지속하기 위해서 필요한 제1원칙은 흥미를 느끼는 것이니까요.

한국 초등 영어 교과서는 의사소통 중심으로 구성되어 있습니다. 5학년 정도 되었을 때, 비로소 '리딩 텍스트'라고 칭할 만한 글이 등장할 정도죠. 어릴 때부터 리딩을 지속해 온 아이에게는 다소 쉬운 글일 수 있지만 학습의 기본인 '교과서 읽기' 습관을 들이고 수업에 집중할 수 있도록 기본적인 교과서 예습과 복습은 꼭 시켜주시기 바랍니다. 너두 많은 시간을 들이지 않아도 괜찮습니다. 수업을 받기 전 예습 차원에서 미리 문장을 읽어 보고, 모르는 단어의 뜻을 문맥을 통해서 파악하거나 사전에서 찾아보는 정도면 충분해요.

여기에 하나만 더해 소리 내어 읽으면서 발음과 억양을 연습하는 것까지 하면 더 좋습니다. 영어는 디지털 기능을 활용하는 것이 가장 효과적인 과목이에요. 디지털 교과서를 활용하여 복습 과정에서 수업 시간을 가볍게 복기하게 하시면 '학교 영어 공부'는 끝입니다.

이러한 교과서 읽기의 가장 큰 장점은 체계적이고 단계적인 학습이 가능하다는 점입니다. 교과서는 학습자의 수준을 고려하여 제작되었기 때문에 무리 없이 영어 실력을 높일 수 있어요. 또한 다양한 주제를 다루고 있기 때문에 폭넓은 지식 습득과 함께 영어 실력도 키울 수 있으니 오늘부터 당장 시작을 고려해 보시기 바랍니다.

5. 초등 고학년까지 어려운 수준의 영어 리딩을 거의 해보지 않은 아이, 어떻게 할까요?

이 같은 고민을 하시는 분께 단호하게 말씀드릴게요.

"지금이 바로 시작할 때입니다."

리딩의 초기 단계부터 차근차근 밟아 나가는 것은 '초등 고학년' 이 타이밍에서 전혀 현실적이지 않습니다. 앞부분은 생략하고 바로 '독해 문제집'으로 뛰어들게 하세요. 다른 준비 과정을 거친다는 핑계로 시간만 더 늦추기보다는 실전에 뛰어드는 것이 가장 현실적이고 빠른 학습 방법이기 때문입니다.

이 과정에서는 '독해 문제집 선택'이 핵심이에요. 무작정 어려운 문제집을 고르기보다는 기초부터 심화까지 체계적으로 구성된 시리즈를 선택하는 것이 좋습니다. 우수한 독해 문제집은 단계별로 구성되어 있기 때문에 아이와 함께 서점에 가서서 독해 문제집을 하나씩 살펴봐 주세요. 기본적인 구성이 탄탄한 몇 권을 추천해 주시고, 최종 결정은 아이가 하도록 하는 것이 좋습니다. 사실 '최고 교재'도 '정말 별로인 교재'도 없기 때문입니다. 아이가 스스로 선택해서 끝까지 책임지고 잘 푸는 것이 가장 중요합니다.

하지만 명심할 것은 어떤 것이든 일단 선택한 문제집에서 제공하는 단어, 표현, 질문 유형 등을 놓치지 말고 잘 따라가는 것이 중요하다는 겁니다. 이것은 단순한 부가 정보가 아니라 효율적인 리딩 능력 향상을 위한 필수 요소이기 때문입니다. 다른 아이들보다 본격적인 리딩이 늦은 만큼 각 지문에 나오는 핵심 단어를 꼼꼼히 학습하며 표현을 익혀서 그 내용을 깊이 있게 이해하고 다양한 문제 유형에도 익숙해져야 합니다.

한마디로 '효율성'이 핵심입니다. 남들보다 뒤처졌다고 느낀다면 그만큼 더 효율적으로 학습해야 합니다. 이건 단순히 더 많은 시간을 투자하라는 의미가 아니라 더 집중적이고 체계적인 학습이 필요하다는 의미입니다. 예를 들어, 하루에 정해진 분량을 집중적으로 읽고, 중요 어휘와 표현을 따로 기록해 두어야 해요. 시작 단계에서는 정답을 맞히는 것보다 문장의 정확한 이해가 더 중요합니다. 독해 문제집 공부에서 실패하는 가장 큰 이유는 문제의 답만 맞히면 내용은 잘 몰라도 넘어가는 잘못된 습관 때문이니까요.

물론, 이러한 접근 방식은 영어책을 읽으며 즐기는 아이들과는 영어 텍스트를 접하는 태도 측면에서 분명 다릅니다. 하지만 지금 당장 우리 아이의 현실적인 목표는 영어 리딩이 아이의 학업에서 걸림돌이 되지 않도록 하는 거예요. 기본적인 독해 능력을 갖추고 시험에서 요구하는 수준의 문제를 해결할 수 있다면 그것만으로도 큰 성과라고 할 수 있습니다.

　이러한 과정에서 중요한 것은 꾸준함과 인내심입니다. 하루아침에 극적인 변화를 기대하기보다는 매일 조금씩 나아지는 것에 초점을 맞춰야 합니다. 한 번 나왔던 중요 어휘나 표현은 다시 나오고 또다시 나오거든요. 작은 성취감이 쌓이면 큰 자신감으로 이어질 겁니다.

　또한 이러한 학습 과정에서는 부모님이나 선생님의 지지와 격려가 매우 중요합니다. 늦게 시작했다는 불안감이나 열등감에 빠지지 않도록 지속적으로 응원해 주세요. 작은 진전이라도 있으면 칭찬하고 격려해 주는 것이 학습 동기를 유지하는 데 큰 도움이 되니까요.

6. 영어 리딩 열심히 시키는데도 독해력이 부족해 보이고 문제도 자주 틀리는 아이, 어떻게 하죠?

　이런 상황은 많은 학부모님이 겪으며 난감해하십니다. 이 문제의 핵심은 '리딩'과 '문해력'의 관계에 있어요. 리딩을 많이 한다고 해서 자동적으로 문해력이 향상되는 것은 아니기 때문입니다.

　특히 초등 중학년 때까지는 어휘도 쉽고 문장의 길이도 길지 않아서 문해력 부족의 상태를 거의 느끼지 못합니다. 그러다 이르면 고학년, 늦어도 중학생이 되면서 크게 체감하게 되죠. 중고등 영어는 내신부터 수능까지 문자 중심, 추상 어휘 중심, 리딩 중심이기 때문에 단순 해석을 할 줄 안다고 해도 영어 문해력이 부족하면 실패할 수밖에 없습니다.

해결책은 결국 문해력을 키우는 리딩, 즉 '남는 리딩'을 해야 한다는 거예요. 오로지 리딩만 하고 문해력을 키우는 리딩은 하지 않은 경우가 많아서 생기는 문제니까요. 가장 간단히 실천할 수 있는 방법은 '어휘'와 '주제 찾기'입니다. 어휘 공부는 영어 어휘뿐만 아니라 한글 어휘도 병행해야 하고요. 무슨 글을 읽든 독후 활동으로 무조건 하나만 해야 한다면 그건 그 글의 주제를 챙기는 것입니다. 아이가 무슨 글을 읽든 주제가 무엇인지 물어보는 루틴을 만들어 주세요. 그래야 아이가 책을 읽을 때마다 '또 주제를 묻겠구나'라고 생각하게 되어서 주제, 즉 대의를 챙기는 리딩을 습관처럼 하게 됩니다. 실제 수능 영어까지 대다수 문제는 그 글의 대의를 묻거나 또는 대의를 알아야만 해결할 수 있는 문제거든요.

지금 아이가 '남는 리딩'을 하고 있는지부터 일단 확인해 보세요. 다니고 있는 학원이든, 엄마표 영어든, 리딩이 잘 진행되고 있는지를 판별하는 가장 중요한 기준이 바로 '남는 리딩'입니다.

7. 문법 공부를 따로 안 시켜도 리딩은 잘할 수 있지 않나요?

보통 리딩을 잘하기 위해서는 리딩을 '더 많이 해야 한다'고 생각합니다. 하지만 이 생각은 반은 맞고 반은 틀렸습니다. 리딩을 한다고 해도 자동으로 습득되지 않는 리딩 스킬이 있기 때문이에요. 그중 대표적인 것이 바로 '문법'입니다. 리딩을 통해 습득되는 문법 지식은 대체로 어느 정도 한계가 있습니다. 물론 짧고 쉬운 문장은 특별한 문법 구문 지식 없이도 읽어내는 데 지장이 없습니다. 하지만 학년이 올라가면서 점차 어려운 내용이, 복잡하고 긴 문장 속에 담기게 돼요. 그때는 문법 구문 지식이 없이는 읽어내기 어려운 문장이 많이 늘어나서, 설사 읽을 수는 있더라도 많은 시간이 필요하고 또 오류도 많아지게 됩니다.

많은 사람이 리딩과 문법의 관계를 잘못 인식하고 있는 것도 큰 문제입니다. 문법은 단순히 어법 문제를 풀기 위해서나 영어 시험을 잘 보기 위해서 공부하는 것이 아닙니다. 가장 중요한 이유는 바로 '정확한 읽기'를 하기 위함이에요. 이를 올바로 이해한다면 문법 학습의 태도와 방향성이 크게 달라집니다. 아이가 문법을 재미없고 시험 때문에 공부하는 것으로가 아니라 잘 읽도록 도와주는 도우미로서 인식한다면 문법 학습의 중요 단계를 좀더 수월하게 이겨낼 수 있을 거예요.

문법 학습을 통해 아이는 문장 구조를 더 잘 이해하게 되고, 이를 통해 복잡한 텍스트를 더 쉽게 해석할 수 있게 됩니다. 게다가 문법 구문 지식은 리딩 정체기를 벗어날 수 있게 도와주는 역할을 하기도 해요. 전에는 몰랐거나 모호하게만 알고 있었던 것을 정확하게 이해하게 되면서 영어 리딩에 자신감이 생기는 거죠. 이건 아이의 전반적인 영어 학습 동기를 높이는 데도 큰 도움이 됩니다. 특히 고학년 이상의 아이인데 리딩에 정체기가 왔다면 문법 구문에 어려움이 있는 것은 아닌지 확인해 보시는 것이 좋습니다. 문법 지식의 부족으로 인해서 리딩 속도가 느려지거나 이해도가 떨어지는 경우가 많기 때문입니다.

문법 학습은 리딩 능력의 향상에 필수적인 요소입니다. 단, 문법을 따로 떼어내어 암기식으로 가르치기보다는 리딩과 연계하여 실제 텍스트 속에서 문법 구조를 이해하고 적용하는 방식으로 접근하는 것이 효과적이에요. 공식을 외우듯이 하는 방식이 아니라 배운 문법 지식을 해석으로 바로 연결해 보도톡 코칭해 주시기 바랍니다. 마지막으로, 문법 교재는 많은 예문이 있고 또 많이 써볼 수 있는 책이 좋습니다. (이는 문법 파트에서 좀더 자세히 다뤄보겠습니다.)

어휘

: 영어 학습의 승부처

영어 학습에서 어휘의 중요성은 절대적입니다. 어휘력은 읽기, 쓰기, 말하기, 듣기 심지어 문법까지 모든 영어 능력의 기반이 되는 핵심 요소이기 때문이에요. 하지만 동시에 많은 학생이 영어 학습의 길에서 좌절하게 만드는 주역이기도 합니다.

영어 실력의 발목을 잡는 압도적 1순위 원인 = 어휘

실제로 한국교육과정평가원의 연구조사 에 따르면, 학습부진 학생(소위 영포자) 중에서 영어 공부가 어려워진 시점을 '중 1(31.3%)

때'라고 응답한 수가 가장 많았습니다. 이 아이들이 경험한 영어 학습의 어려움은 초등학교에서는 쉬운 단어 위주로 배우며 활동 중심으로 수업을 받다가, 중학교에서는 '개념 중심의 어휘'가 급격히 증가하고 '문자 언어 중심의 수업'이 주를 이루는 상황에서 비롯된 결과로 추측할 수 있어요. 가장 어렵게 느끼는 영역을 어휘와 문법의 정확성이 요구되는 '쓰기(라이팅)'로 꼽는 것을 보아도 충분한 짐작이 가능하죠.

또한 이 시기는 추상적인 의미의 단어가 다수 등장하기 때문에 영단어 자체도 어렵고, 본질적으로는 한글 어휘력이 아이들의 발목을 잡기도 합니다. 예를 들어, 'justice'라는 단어를 '정의'로 외웠다고 해서 그 단어의 의미와 뉘앙스를 제대로 이해했다고 보기는 어렵죠. 이러한 추상 어휘는 초등 고학년부터 교과서에 본격적으로 등장하기 시작하는데요. '공감', '민주주의', '제고' 등 각 개념에 대한 깊이 있는 이해는 모국어를 통한 학습과 경험을 통해 만들어지는 것이기에 단순히 영어 단어를 암기하는 것만으로는 온전히 이해했다고 볼 수 없습니다. 따라서 효과적인 영어 어휘 학습을 위해서는 모국어인 한국어 어휘력 향상에도 충분한 관심을 기울여야 합니다. 독서를 통해 다양한 한국어 어휘를 접하고 새로운 개념을 깊이 생각해 보는 연습이 필요해요. 이는 단순히 국어 실력을 높이는 것을 넘어서 영어 학습의 토대를 튼튼히 하는 과정입니다.

아이의 영어를 망치는 최악의 영단어 학습

　어휘 학습에 대한 본격적인 이야기를 하기 전에, 잘못된 영단어 학습 방식이 '어휘 부담'을 느끼는 아이를 최악의 상황으로 밀어 넣는 현실적인 사례부터 살펴보겠습니다.

　첫째, 영단어 '학습 자체가 방치되는 경우'입니다. 일부 학부모님은 영어 텍스트에 노출되기만 하면 자연스럽게 필요한 만큼의 영단어를 습득할 수 있을 거라고 기대하시지만 이는 대단한 착각입니다. 지속적인 노출이 가능한 모국어와는 달리 외국어 학습에서는 의식적이고 체계적인 어휘 학습이 반드시 필요합니다. 특히 초등 중학년을 지나면서부터는 더욱 그렇죠. 리딩이나 리스닝을 통해서 자연스럽게 익히는 단어도 있겠지만 그것만으로는 이 시기에 필요한 수준의 충분한 어휘력을 갖추기가 어렵기 때문이에요. 그래서 계획적이고 꾸준한 단어 학습이 반드시 필요합니다.

둘째, '몰아치는 영단어 학습'입니다. 영단어 학습을 안 하는 것보다는 낫겠지만 나쁜 방법으로 하는 것도 큰 문제입니다. 이 사례는 학원에 다니는 아이들에게서 많이 보이는 현상인데요. 많은 학원에서 영단어 암기를 필수 과제로 부여하곤 합니다. 그 자체가 문제라기보다는 아이들이 단어를 시험 직전에 돌아서 외운다는 것이 큰 문제예요. 특히 단기 기억력이 좋은 아이가 이러한 나쁜 학습 습관을 갖기 쉽습니다. 기억력을 믿고 시험 전날, 아니 시험 직전에 벼락치기로 영단어를 암기하고는 시험이 끝나자마자 곧바로 잊어버리는 일이 비일비재하죠. 이런 방식으로는 결코 외운 것이 장기 기억으로 전환되지 않아서 실질적인 어휘력 향상을 기대하기는 어렵습니다. 이런 식으로 수년간을 허송세월하는 겁니다.

셋째, '쓸데없는 과욕'입니다. 적지 않은 수의 아이들이 한 번에 50개, 100개 이상의 단어를 외워야만 하는 환경에 노출되어 있어요. 이는 단기적으로는 성과가 있을지 모르지만 장기적으로는 매우 비효율적인 방법입니다. 과도한 양의 단어를 한 번에 암기하려고 하면 대부분은 실패하거나 금방 잊어버리게 돼서 이는 학습 의욕을 떨어트릴 수 있기 때문이에요. 게다가 매번 100개씩의 영단어를 외워야 한다고 생각해 보세요. 그 시간이 얼마나 고통스러울까요? (암기력이 없는 아이에게는 정말 최악의 상황입니다.) 결국 이런 패턴이 고착되면 영어는 갈수록 고통스러운 과목이 되고, 버티고 버티다가 대학 입시를 앞두고 결국 어휘 때문에 좌절하는 경우가 허다합니다.

그렇다면 영단어 학습은 어떻게 시켜야 할까요?

노출만으로 충분한 시기:
어휘 학습 시작 ~ 초등 2학년

　모든 단계에서 의식적이고 체계적인 단어 암기만이 최선의 방법은 아닙니다. 특히 리스닝과 리딩 과정에서는 '우연적 어휘 학습'이 매우 효과적일 수 있어요. 이는 앞서 설명했듯이 의도적으로 단어를 암기하지 않고도 자연스러운 언어 노출을 통해 어휘를 습득하는 방법입니다.

　우연적 어휘 학습의 가장 큰 장점은 단어를 실제 맥락 속에서 학습할 수 있다는 점이에요. 단순히 단어의 의미를 아는 것을 넘어서 그 단어가 어떤 상황에서 어떻게 사용되는지를 자연스럽게 익힐 수 있죠. 또한 아이가 흥미를 느끼는 내용을 접하는 과정에서 자연스럽게 어휘를 습득할 수 있기 때문에 학습 동기와 효율이 높습니다.

우연적 어휘 학습은 이렇게 시키세요.

그렇다면 효과적인 우연적 어휘 학습을 시키려면 어떻게 해야 할까요?

-적절한 난이도의 텍스트를 선택하세요!

우연적 어휘 학습이 효과적이려면 아이의 현재 수준보다 약간 높은 난도의 텍스트를 선택해야 합니다. 너무 쉬운 자료는 새로운 어휘 습득의 기회가 적고, 너무 어려운 자료는 전체적인 이해를 방해할 수 있기 때문입니다. 일반적으로는 전체 단어의 95~98%를 이해할 수 있는 수준의 자료가 적당합니다.

-반복 노출이 정말 중요합니다!

한 번의 노출로는 새로운 단어를 완전히 습득하기는 어렵습니다. 특히 작정하고 암기하는 것이 아니라면 더욱 그렇겠죠? 따라서 같은 단어를 다양한 맥락에서 여러 번 접할 수 있도록 다양한 텍스트를 활용하는 것이 중요합니다. 예를 들어, 같은 주제의 기사나 책을 여러 편 읽거나 듣는 것처럼 말이지요.

-적극적인 추론 활동을 유도하세요!

우연적 어휘 학습의 효과를 극대화하려면 모르는 단어를 만났을 때, 바로 사전을 찾기보다는 문맥을 통해 의미를 추론해 보아야 합니다. 이 과정은 단어의 의미를 좀더 깊게 이해하고 기억하는 데 도움이 되거든요. 다만 주의할 점은 그 상태에 머물지 말고 추론 후 그 의미가 맞는지 사전을 통해서 정확한 뜻을 확인해야 한다는 것입니다.

-우리 아이만의 단어 노트를 작성하세요!

새롭게 접한 단어나 표현은 간단하게 기록해 두는 습관을 들이는 것이 좋습니다. 이때에는 단어의 의미뿐만 아니라 그 단어가 사용된 문맥이나 예문도 함께 기록하게 하세요. 그러면 나중에 그 단어를 만났던 맥락까지 함께 떠올릴 수 있기 때문에 암기에 더욱 효과적입니다.

-정기적인 복습은 필수입니다!

우연적으로 학습한 어휘는 '우연히 보기' 때문에 더욱 정기적인 복습이 반드시 필요합니다. 노트에 기록한 단어들을 주기적으로 살펴보고, 그 단어들을 활용해 새롭게 문장을 만들어보는 등의 활동을 권장해 주세요.

우연적 어휘 학습을 할 때 주의해야 할 점이 있습니다.

첫째, 모든 어휘를 이 방법으로만 학습하려 하지 않아야 한다는 거예요. 필수 어휘나 용어의 경우에는 단어 교재 등을 활용한 학습이 더 효과적일 수 있습니다. 둘째, 추론에만 의존하지 말고 불확실한 경우에는 반드시 사전 등을 통해서 정확한 의미를 확인해야 합니다. 잘못된 추론은 리딩이나 단어 학습에 오히려 방해가 될 수 있기 때문이에요. 마지막으로, 우연적 어휘 학습은 장기간에 걸쳐 이루어져야 하는 과정이라는 것입니다. 단기간에 극적인 효과를 기대하기보다는 꾸준히 영어에 노출되는 환경을 만들고 앞서 설명한 방법을 고루 활용하는 것이 좋습니다.

초등 3학년 이후의 어휘 학습

초등학교 3학년부터는 점차 '의도적인 어휘 학습'의 필요성이 커집니다. 이때가 언어 발달의 중요한 전환점이기 때문이에요. 이 시기의 체계적인 어휘 학습은 향후 영어 실력 향상에 결정적인 역할을 합니다.

초등 중~고학년이 언어 발달의 중요한 전환점인 이유

이 시기는 단순히 저학년에서 한두 살 더 성장한 때가 아니라 언어 능력의 질적 도약이 일어나는 결정적인 때입니다.

먼저, 인지발달 측면에서 큰 변화가 일어납니다. 추상적 사고가 가능해지면서 복잡한 개념을 이해하고 표현할 수 있게 되죠. 또한 어휘력도 폭발적으로 증가합니다. 일상적인 대화에 사용되는 기본 어휘는 물론이고 학문적이고 전문적인 어휘를 습득하기 시작할 때이거든요. 이는 향후 학업 성취와 직결되는 중요한 변화 중 하나입니다.

아울러 이 시기에는 읽기와 쓰기 능력이 한층 성숙해집니다. 단순한 글쓰기가 아니라 자신의 생각을 논리적으로 표현하고 복잡한 텍스트를 이해할 수 있게 됩니다. 이것은 모든 학습의 기초가 되는 중요한 능력이죠.

따라서 학부모님은 이 시기의 중요성을 인식하시고 아이에게 풍부한 언어 환경을 제공해 줘야 합니다. 다양한 독서 활동, 글쓰기 연습 등을 통해서 아이의 언어 능력이 전방위적으로 발달되게 해주세요.

우연적 어휘 학습과 의도적 어휘 학습의 균형을 맞춰 주세요.

효과적인 영어 어휘 학습을 위해서는 우연적 학습과 의도적 학습의 균형이 필요합니다. 아이가 고학년이 될 때까지 리딩만 시키고 단어 학습 자체는 소홀히 생각하는 경우가 생각보다 많아요. 물론 저학년까지는 앞서 설명했듯 우연적 어휘 학습만으로도 충분히 효과를 볼 수 있습니다. 하지만 초등 중학년부터는 반드시 의도적인 단어 학습을 조금이라도 병행해야 해요. 단순하게 단어의 의미를 아는 것을 넘어서 우선 그 단어의 철자를 정확하게 알아야 하고, 말하기, 쓰기 등의 아웃풋 활동에서도 적절히 사용할 수 있어야 합니다. 이때 스펠링 쓰기 연습을 포함한 다각도의 학습 방법을 활용하고, 단순히 독해 지문 속 단어에만 의존하지 않도록 주의해야 한다는 것도 꼭 기억하시기 바랍니다.

영단어 학습을
본격적으로 시작해 볼까요?

영단어 학습의 현실적인 목표는?

본격적인 영단어 학습을 하기에 앞서서 시기마다 개정되는 교육 과정과 수능 시험의 특성을 고려하여 영단어 학습의 범위를 대략적으로라도 가늠할 필요가 있습니다.

교육부가 영어과 교육과정의 성취 기준 달성에 필요하다고 판단하여 지정한 가장 기본적인 영단어의 개수는 초등 800개를 포함하여 중고등 때까지 3000개*에 불과하지만 실제 수능과 EBS 연계 교재에서 다루는 단어의 수는 그보다 훨씬 많습니다. 개정 교육과정 기준 어휘를 살펴보면, 교과서에서 다루는 단어의 개수가 2919

개, 수능 연계 교재인 EBS에서 다루는 단어 수가 6928개에 달한다고 합니다. 이는 단순히 교육부 지정 단어만 학습하면 안 된다는 것을 명확히 보여주는 증거이죠. 따라서 아이들의 효과적인 영어 학습을 위해서는 최소 7000개에서 1만 개 정도의 단어를 목표로 설정하여 학습하는 것이 현실적입니다.

이러한 목표를 달성하기 위해서는 장기적이고 체계적인 학습 계획이 반드시 필요합니다. 예를 들어, 초등학교 3학년부터 고등학교 1학년까지 8년 동안, 주말 및 공휴일을 모두 제외한 평일(1년에 약 240일)에만 새로운 단어를 하루 5개 정도 학습한다면 이 목표를 충분히 달성할 수 있습니다. 초 3 때는 부담 없이 1~2개로 시작해서 매해 1개씩만 늘려도 고등학교 진학 전에 수능 수준까지 영단어를 마무리할 수 있는 것이죠. 하지만 현실은, 이러한 로드맵이 없는 채로 쓸데없이 많은 단어 수를 목표로 하면서 아이들을 괴롭히고 있습니다.

여기서의 핵심은 '몰아서 학습하는 방식'을 지양하고, '매일 꾸준히 학습하는 방식'을 채택해야 한다는 겁니다. 앞서 아이들의 영

---

* 중고등 2200개 중 1200개의 단어는 공통 과목(중등 1, 2, 3, 고등 기본 영어 1, 2, 공통 영어 1, 2)에서 사용되며, 나머지 1000개는 그 외의 영어 과목에서 사용하기를 권장합니다. (영어과 교육과정, 교육부 고시 제2022-33호 [별책14])

단어 학습을 망치는 주범에 대해서 말씀드렸죠? 5개가 너무 적다고 100개씩 한 번에 외우는 것보다는 매일 적은 단어라도 꾸준히 학습하고 복습하는 것이 장기 기억에 훨씬 더 효과적입니다.

또한 단순히 단어의 뜻을 달달 외우기보다는 문맥 속에서의 활용과 다양한 의미를 이해하는 것이 중요합니다. 2022 개정 교육과정에서 강조하는 바와 같이 단어의 빈도수, 사용 범위, 친숙도 등을 고려하여 학습의 우선순위를 정하는 것도 효율적인 학습 방법이라고 할 수 있죠.

이와 함께, 초등 중학년까지는 기본적인 일상 어휘를 중심으로 단어를 익히고 초등 고학년 때부터는 비문학 관련 어휘와 추상 어휘를 단계적으로 학습하는 것이 바람직합니다. 이는 교육과정의 변화에서도 볼 수 있듯이 학년이 올라감에 따라 어휘의 난도와 추상성이 높아지는 추세를 반영한 것입니다.

영단어 학습은 단기적인 시험 대비가 아니라 장기적인 영어 능력 향상을 위한 마라톤으로 봐야 합니다. 수능과 EBS 연계 교재의 어휘를 포함하되 그 이상의 폭넓은 어휘력을 목표로 하여 꾸준하고 체계적인 학습 방식을 따른다면 당연히 수능에서 좋은 성과를 거두게 될 거예요. 그리고 향후 실제 영어 사용 환경에서도 자신감 있게 소통할 수 있는 기반이 다져질 것입니다.

그렇다면 어떤 도구를 가지고 영단어 학습을 해야 할까요?

영단어 학습의 도구는 딱 2가지만 있으면 됩니다.

우리 아이에게 필요한 영단어 학습 도구는 크게 2가지입니다. 첫째는 개인화된 '**나만의 영단어장**'이에요. 이 단어장은 그동안 아이가 꾸준히 읽어온 리딩 텍스트에서 발췌한 단어로 구성된 것입니다. 개인의 관심사와 학습 수준이 반영된 귀중한 자료이므로 이걸 복습하면 맥락 속에서 단어를 학습할 수 있다는 장점이 있죠.

하지만 아이가 접한 텍스트의 범주로만 편중된 어휘를 학습하게 될 위험이 있기 때문에 이러한 방식만으로는 충분하지 않습니다. 또한 이 방식은 체계적인 복습 시스템이 없을 경우 (대개 없는 경우가 많죠?) 영단어장을 만들기만 하고 이후 활동은 흐지부지되기 쉬워요.

그래서 이러한 한계를 보완하기 위해 두 번째로 필요한 것이 바로 체계적으로 구성된 '**영단어 교재**'입니다. 그렇다면 어떤 교재가 좋은 영단어 교재일까요? 좋은 영단어 교재를 고르는 방법을 아이의 연령과 수준에 따라 하나씩 살펴보도록 하겠습니다.

-좋은 영단어 교재와 학습 방식: 유치원생 ~ 초등 저학년

이 연령대의 아이에게는 흥미 유발과 쉬운 접근이 가장 중요합니다. 그래서 지금 듣거나 읽고 있는 텍스트가 가장 좋은 어휘 교재가 되죠. 하지만 만약 이 시기에 좀더 체계적으로 공부를 시키고

자 한다면 다음과 같은 특징을 가진 단어 학습 교재와 방식을 추천합니다.

- **시각적 매력이 있는 교재**: 그림이나 디자인이 뛰어난 교재는 아이들의 관심을 끌고 학습 동기를 높이는 데 도움이 됩니다.
- **주제별로 구성된 교재**: 일상생활과 관련된 주제별로 단어가 구성되어 있으면 맥락 속에서 어휘를 익힐 수 있어 아이들이 기억하기에 좋죠.
- **오디오 지원이 포함된 교재**: 정확한 발음을 들을 수 있는 기능(음원 사이트나 다운로드로 바로 가기가 가능한 QR 코드가 있는지 확인)은 필수입니다.
- **쓰기 연습이 가능한 교재**: 따라 쓰기 활동이 포함된 교재는 철자 학습에 도움이 돼요.
- **흥미 요소가 포함된 교재**: 게임이나 퀴즈 등 재미있는 활동이 포함되어 있으면 학습 지속성을 높일 수 있습니다.
- **얇은 분권으로 구성된 교재**: 한 권의 두께가 얇은 시리즈형 단어장은 학습 과정에서 여러 번 성취감을 느끼게 합니다.
- **플래시카드**: 이 시기에 하는 어휘 학습은 플래시카드를 활용하는 게 최고입니다. 무료로 파일을 내려받아 인쇄할 수 있는 사이트(https://www.flashcardsforkindergarten.com/)를 적극 활용해 보시길 바랍니다.

반면, 이 연령대에 반드시 피해야 할 종류의 교재도 있습니다.

- **정보가 과다한 교재**: 인지 부하(Cognitive Load)를 고려해 너무 많은 정보가 한 페이지에 담긴 교재는 피하는 것이 좋습니다.
- **두꺼운 교재**: 여러 학년 단어를 한 권에 담은 두꺼운 교재는 아이에게 부담을 줄 수 있으니 피하는 것이 좋아요.
- **어원 중심의 교재**: 이 연령대 아이에게는 아직 어원 학습이 적합하지 않습니다. 중학년 이후 '납득 필요형'의 아이에게 활용하는 것을 고려해 보시기 바랍니다.

-좋은 영단어 교재와 학습 방식: 초등 중학년 ~ 고학년 이상

이 연령대는 개인의 학습 성향과 수준을 고려한 선택이 상대적으로 중요하기 때문에 다음과 같은 기준을 고려하여 교재를 선택해야 합니다.

- **학습 성향**: 앞서 1장에서 언급한 학습 성향 5가지(시각의존형, 해마두뇌형, 논리요구형, 강박되새김형, 단기집중형)을 고려하여 현재 우리 아이에게 가장 적합하게 구성된 교재를 골라 주세요. (추천 교재는 뒤이어 자세히 소개하겠습니다)
- **수준별로 구성된 교재**: 학년이나 수준이 명확히 구분된 교재를 선택하여 적절한 난이도로 학습해야 합니다.

- **누적 반복 학습이 가능한 교재**: 이전에 학습한 단어를 주기적으로 복습할 수 있는 구조로 구성된 교재가 효과적이에요.
- **응용 및 확장이 가능한 교재**: 단순 암기를 넘어 읽기, 쓰기 등 다양한 영역에 적용할 수 있는 활동이 포함된 교재가 좋습니다. (특히 쓰기가 가능한 교재를 추천합니다)
- **편리한 테스트 방식이 포함된 교재**: 자가 테스트나 퀴즈 기능이 있어서 학습 상태를 쉽게 점검할 수 있는 교재를 선택하세요.

특히, 이 연령대의 영단어 교재 선택은 다음과 같은 순서로 진행되는 것이 좋습니다.

(단어 구성별) 주제·소재별 구성 ⇨ 빈출 단어 ⇨ (고학년의 경우) 어원(성향에 따라 선택)

(교재 수준별) 내 단어장(지문 발췌 단어) ⇨ 얇은 시리즈형 ⇨ 두꺼운 단권 ⇨ 응용 및 확장 (독해-쓰기 연계)

-학습 성향을 고려한 추천 영단어 교재

하지만 동일한 교재가 모든 아이에게 효과적인 것은 아닙니다. 여기서 중요한 것은 바로 개인의 '영단어 학습 성향'을 고려하는 거예요. 영단어 학습 성향 5가지(시각의존형, 해마두뇌형, 논리요구형, 강박되새김형, 단기집중형)를 기억하시죠? 우리 아이의 성향에 맞는 학습 방법과 교재를 선택해 주세요.

예를 들어, **시각의존형 아이**에게는 그림이나 이미지가 풍부한 교재가 효과적일 수 있어요. 반면에 **논리요구형 아이**에게는 어원이나 단어 구조에 대한 설명이 포함된 교재가 더 효과적입니다. 또 **해마두뇌형 아이**를 위해서는 연상법이나 스토리텔링 방식을 활용한 교재가 도움이 될 수 있어요. **강박되새김형 아이**에게는 단계별 학습 목표가 명확히 제시되고 복습 체계가 잘 갖춰진 교재가 필요합니다. 또 **단기집중형 아이**에게는 주기적인 복습과 실전 활용을 강조하는 교재가 효과적이에요.

하지만 한 가지 유념해 둘 것은 이러한 학습 성향이 고정된 것이 아니라는 점입니다. 아이의 나이, 학습 단계, 환경 등에 따라 때때로 변화할 수 있고 한 아이가 여러 성향을 동시에 가질 수도 있어요. 그러니 주기적으로 아이의 학습 성향을 재평가하고 그에 맞는 학습 방법과 도구로 조정해 주는 것이 중요합니다.

다음은 시중에서 널리 활용되고 있는 초등 영단어 교재를 학습 성향에 따라 분류해 둔 것입니다. 각 교재의 두드러진 특성에 따라 분류한 것으로, 73쪽의 학습 성향 테스트 결과를 바탕으로 우리 아이에게 잘 맞는 영단어 교재 선택 시 참고하시기 바랍니다.

시각 의존형

EBS랑 홈스쿨
초등 필수 영단어

놓지 마
초등 영단어

기적의
초등 필수 영단어

해마 두뇌형

혼공쌤의 초등 만화
영단어

초등 경선식
영단어

짝 단어로 끝내는
바빠 초등 영단어

논리 요구형

어! 원하던
초등 영단어

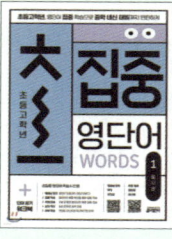
초집중 초등 고학년
집중 영단어 1

중학교 갈 때까지 사전 볼
필요 없는 초등 영어 구동사

강박되새김형

| 뜯어먹는 초등 필수 영단어 | 패턴으로 말하는 초등 필수 영단어 | 워드마스터 초등 Complete |

단기집중형

초등 영단어, 단어가 읽기다 / 대치동, 기적의 초등영어 영단어 1800 / 초등영단어 문장의 시작

- '추상 어휘' 학습을 효율적으로 할 수 있는 추천 영단어 교재

중등을 준비하는 초등 고학년 아이에게서는 '추상 어휘' 학습에 대한 어려움이 공통으로 나타납니다. 영단어 자체의 난이도가 상승함은 물론이고 한글 뜻도 이해하기 어려운 단어가 다수 등장하기 때문이죠. 그래서 중등 입학 전에 최소한 초등 필수 영단어와

중등 기초 단어만큼은 '영단어, 한글 뜻, 한글 뜻 설명, 예문'까지 함께 학습하는 것이 좋습니다. 다음 예시와 같이 한글 뜻과 예문을 같이 학습하는 것이 가장 효과적이에요.

<예시>

DAY187

선언하다

declare

여러 사람에게 자신의 주장이나 생각 등을 널리 알림

• 설명: '선언하다'는 많은 사람이 알 수 있도록 널리 말하는 것을 의미해요. 단원 평가 시험 시작이나 체육대회 시작을 선생님이 '선언'하시는 것처럼요. 또 보통 어려운 결심을 하고 잘 지키기 위해서 주위에 '선언'을 할 수도 있어요. 예를 들어, "방학 동안 책 10권을 읽겠다!" 또는 "다이어트를 하겠다!"라고 하는 것과 같아요. 선언을 한 이상, 여러분은 이 선언을 반드시 지켜야 해요. 선언은 '분명하고 강력한 말'이니까요.

- 예문: *The country declared independence.*
  그 나라는 독립을 선언했다.
- 추가 단어: *independence* (독립)

(출처 353개의 필수 단어들로 구성된 영단어 일력, "초등 고학년 최우선 영단어")

효과적인 영단어 학습 방법

어떤 학습이든 성공의 핵심은 '개인의 역량에 맞는 계획'을 세우고 실천하는 것입니다. 특히 영단어 학습과 같이 지속적인 노력이 필요한 분야에서는 더욱 그래요. 많은 학부모님이 자녀의 학습 계획을 세울 때 흔히 범하는 실수 중 하나는 목표 달성 기한을 먼저 정하고, 그에 맞춰 일일 학습량을 정하는 것입니다. 이러한 접근은 아이의 실제 학습 능력을 고려하지 않기 때문에 오히려 역효과를 낼 수 있어요.

게다가 아이의 역량을 초과하는 학습 계획은 아이로 하여금 실패와 좌절감을 반복적으로 경험하게 만듭니다. 그래서 결국 학습 의욕 상실로 이어지기가 쉽죠. 이것은 단순히 영어 과목의 성적을 떨어뜨릴 뿐만 아니라 학습 전반에 대한 부정적 인식을 형성할 수 있는 심각한 문제입니다.

그렇다면 어떻게 우리 아이의 영단어 학습 역량을 정확하게 파악할 수 있을까요?

-영단어 학습 역량 파악하기

1) **준비 단계**: 다음처럼, 학년에 맞는 단어 리스트를 준비합니다. 그중에서 모르는 단어(유치원생과 초등 저학년 10개, 초등 고학년 20개, 중학생 30개)를 골라 주세요.

2) **초기 학습**: 위 단어 리스트에서 고른 단어를 실제로 공부한 시간을 기록합니다. 이때 아이가 선호하는 학습 방법을 사용하게 하시고요. 아이가 충분히 학습을 하고 나서 마쳤다고 할 때까지의 학습 시간을 모두 합산해 주세요.

3) **테스트 단계**: 학습 후 하루가 지나면 테스트를 합니다. 단어의 뜻을 물어보는 방식으로 테스트하면 됩니다. 그리고 다음 수식 [맞힌 개수 / 전체 단어 수 * 100]를 이용하여 정답률을 계산합니다.

유치~초등 저학년 단어 리스트

단어	의미	단어	의미	단어	의미
ant	개미	tonight	오늘밤	dog	개
aunt	이모, 고모	accident	사고, 사건	exit	출구
secret	비밀	rich	돈 많은, 부유한	birthday	생일
queen	여왕	train	기차	wall	벽
sand	모래	win	이기다	error	실수, 오류
devil	악마	doll	인형		
rice	쌀	fly	날다		
shy	부끄러워 하는	art	예술		
apple	사과	punch	주먹으로 치다		
rabbit	토끼	fire	불		
enjoy	즐기다	accent	억양, 말씨		
uncle	삼촌	dolphin	돌고래		
deep	깊은	dish	접시		
room	방	baseball	야구		
draw	그리다	son	아들		

초등~고학년~중등 단어 리스트

단어	의미	단어	의미	단어	의미
seed	씨앗	vehicle	차량, 탈것	warehouse	창고
produce	생산하다	policy	정책, 방침	transact	거래하다
pork	돼지고기	amplify	증폭시키다	dominant	우세한
abandon	버리다	root	뿌리	delegate	위임하다
achieve	달성하다, 성취하다	translate	번역하다	chronic	만성적인
aisle	통로	appropriate	적절한	compel	강요하다
among	가운데에	dedicate	바치다, 전념하다	generate	발생시키다
mate	친구, 짝짓기를 하다	fertile	비옥한	orbit	궤도
meal	식사	fascinate	매혹하다	scatter	흩뿌리다
toe	발가락	candidate	출마자, 입후보자	virtual	가상의
visible	눈에 보이는	immense	엄청난	stiff	뻣뻣한
burden	짐	yell	소리지르다	slight	약간의, 경사진
ultimate	최후의, 궁극적인	supplement	보충하다, 추가하다	moderate	완화되다
investigate	수사하다, 조사하다	verbal	말로 된, 구두의	legislate	법률을 제정하다
vacuum	진공	phenomenon	현상	infect	감염시키다
sweat	땀	retain	유지하다	frost	서리
avoid	피하다	withdraw	철수하다, 빼내다		

4) **평가 및 추가 학습**: 테스트의 정답률이 80% 이상인지 확인합니다. 만약 80% 미만이면 틀린 단어를 중심으로 추가 학습을 진행하세요. 주의할 점은 추가 학습 시간도 기록하는 겁니다. 추가 학습 후 다시 테스트를 하여 정답률이 80% 이상 될 때까지 테스트와 추가 학습을 반복하세요.

5) **최종 평가**: 모든 테스트에서 80% 이상의 정답률을 달성할 때까지 소요된 총 학습 시간을 계산합니다. 이 시간이 바로 아이의 영단어 학습 역량을 나타내는 지표가 됩니다.

6) **학습 계획 수립**: 측정된 학습 역량을 바탕으로 일일 학습 계획을 세워주세요. 예를 들어, 단어 10개를 익히는 데 30분이 걸렸다면, 하루 30분의 단어 학습 시간으로 단어 10개 이하를 학습하는 계획을 세우는 거죠. 하지만 실제로는 분량의 80% 이하로 진행하시길 추천드립니다(예: 30분 동안 최대 8개 외우기). 왜냐하면 아이가 자신의 역량을 매번 100% 발휘할 수는 없기 때문이에요.

7) **정기적인 재평가**: 한 학기에 최소 한 번 정도 이 과정을 반복하여 학습 역량의 변화를 체크합니다. 역량이 향상되면 학습 계획을 조정해 주세요.

이러한 접근 방식은 영단어 학습뿐만 아니라 다른 과목에도 적용할 수 있습니다. 예를 들어, 수학은 한 문제를 푸는 데 걸리는 평균 시간을 측정하고, 이를 바탕으로 하루에 풀 수 있는 적정 문제 수를 결정할 수 있어요. 이때 아이의 학습 역량은 개인마다 다르다는 것을 인정하고 다른 아이와의 비교나 일반적인 기준은 의미가 없음을 유념해야 합니다. 오직 개인의 역량에 맞춘 계획만이 효과적이라는 것을 반드시 기억해 주세요. 또 학습 계획을 세울 때는 분량보다는 '집중할 수 있는 시간'을 기준으로 해야 하고요. 적절한 휴식 시간도 반드시 할애해 주어야 한다는 걸 잊지 마세요.

-나노학습법

그렇다면 가장 효과적으로 영단어 학습을 하려면 어떻게 해야 할까요? 이 질문에 답하기 위해서는 먼저 '학습 효율성'에 대한 한 가지 핵심 원칙을 이해해야 할 것 같습니다.

그건 바로 '집중 학습 vs. 분산 학습'입니다. 특히 암기가 필요한 영단어 학습에서는 장시간의 집중 학습보다 짧은 시간의 분산 학습이 훨씬 더 효과적이에요. 이것은 학습 직후 기억의 손실이 매우 빠르게 진행되어 첫 1시간 동안 학습한 내용의 50-60%가 망각되고, 24시간 후에는 70%가 망각된다는 에빙하우스의 '망각곡선 이론'과도 일치합니다. 그렇기 때문에 학습 직후 빠른 시간 내에 첫 복습, 24시간, 1주일 이내의 복습 등 '적시 복습'이 중요하죠. 이러한 원리를 바탕으로 세울 수 있는 가장 효율적인 영단어 학습 계획이 바로 '나노학습법'을 활용한 분산 학습입니다.

나노학습법은 하루에 여러 번, 짧은 시간 동안 학습하는 방식입니다. 이것은 학습 내용을 장기 기억으로 전환하는 데 매우 효과적인데요. 나노학습법 3가지의 구체적인 적용 방법은 다음과 같습니다.

1) 하루 4번의 분산 학습 (횟수는 예시입니다.)

a) 아침: 오늘 공부해야 할 단어들을 아는지 모르는지 1분 동안 체크합니다. 확인만 해도 1회 학습 진행되는 거예요. 심리적 부담을 최소화하면서 공부를 시작하는 효과가 있습니다.

b) 오전~오후: 필요한 시간만큼 2회에 걸쳐 학습합니다. 듣기, 따라 읽어 보기, 써 보기, 라이트너 암기법 등을 활용하면 좋습니다.

c) 취침 전: 간단한 테스트(쓰기 테스트, 암기 정도 체크)를 실시합니다. 테스트 겸 반복 효과가 발생할 거예요. 여기까지 총 4번을 학습했습니다!

2) 누적 반복 복습 시스템

- 주말 중 하루를 복습의 날로 정해서 한 주간 공부한 단어를 복습

합니다.
- 한 달에 하루는 지난 한 달간 공부한 단어 중 주말 테스트 때 틀렸던 단어 위주로 복습합니다.
- 방학 중에는 지난 학기에 공부한 단어 중에서 틀린 단어, 내 단어장에 따로 적어 놓은 단어 위주로 복습합니다.

이 누적 반복 복습 시스템을 통해서 영단어 학습 효율을 300%까지 높일 수 있습니다.

3) 단권화 전략

누적 반복 복습을 용이하게 하기 위해서 학습 내용을 한곳에 모아 두는 것이 중요합니다. 특히 평소 리딩이나 독해 문제집 등 텍스트에서 발췌한 단어를 학습할 때는 별도의 단어 노트를 활용하면 좋아요.

이러한 나노학습법의 핵심은 앞에서도 언급한 '분산 효과'입니다. 짧은 시간에 여러 번 학습함으로써 뇌가 정보를 처리하고 저장할 수 있는 충분한 기회를 제공하는 것이죠. 또한 다양한 학습 방법(읽기, 쓰기, 말하기 등)을 혼합하여 사용함으로써 다중 감각 학습의 이점도 얻을 수 있습니다.

나노학습법의 또 다른 장점은 학습에 대한 심리적 부담을 줄여 준다는 겁니다. 30분이나 1시간씩 집중해서 공부해야 한다는 부담감 대신 1분이나 5분 정도의 짧은 시간만 학습한다면 아이도 부담을 훨씬 덜 느낍니다. 이는 당연히 학습 동기를 유지하는 데 큰 도움이 되고요.

하지만 이 방법을 효과적으로 실행하기 위해서는 무엇보다 철저한 계획과 실천이 필요합니다. 하루 중 여러 번의 학습 시간을 매일 지키는 것은 쉽지 않기 때문에 개인의 일정에 맞게 유연하게 조정할 필요가 있어요. 예를 들어, 학교에 있는 동안에는 쉬는 시간을 활용하거나 등하교 시간을 이용하는 것처럼 말이죠. 초등학생은 하루 3번 이상, 중학생은 4번 이상, 고등학생은 5번 이상 분산 학습하는 것이 좋습니다.

또한 학습 내용을 체계적으로 기록하고 관리하는 것도 중요합니다. 단어의 암기 정도를 체크하고, 어려운 단어는 따로 표시해서 집중적으로 복습할 수 있도록 지도해 주세요. 이를 위해서 '나노학습법'용 학습 플래너, 'to do list' 수첩을 따로 마련하거나 기록 앱을 활용하는 것도 좋은 방법입니다.

-프로젝트 학습법

초등 아이에게 영단어 학습은 때로 큰 도전이 될 수 있습니다. 하지만 일명 '나도 하면 되네! 프로젝트'를 통해서 영단어 학습에 대한 자신감을 키운다면 실질적인 어휘력 향상과 함께 영어에 대한 자기 효능감도 기를 수 있어요. 이 프로젝트의 핵심은 '달성 가능한 목표 설정'과 아이가 직접 볼 수 있는 '성과 확인'입니다.

1) 명확한 시작과 종료 날짜를 정하세요.

예를 들어 "1월 1일 ~ 2월 15일에 초등 필수 영단어 200개 마스터하기"라는 구체적인 날짜를 담은 목표를 세우는 겁니다. 초등학생에게는 3, 4주가 적당합니다.

2) 눈에 띄는 결과물을 만들어 내세요.

- 그림 단어장 만들기: 단어마다 관련 그림을 그려 넣은 나만의 단어장을 만들 수 있어요.
- 단어 벽(words wall) 만들기: 학습한 단어를 하나씩 포스트잇에 적어서 벽을 가득 채울 만큼 붙여 놓습니다.

3) 진행 상황을 한눈에 알아볼 수 있게 시각화해 주세요.

- 단어 나무 키우기: 학습한 단어 수에 따라 나뭇잎 스티커를 붙여서 나무의 잎을 무럭무럭 키워 봅니다.
- 단어 학습 달력 활용하기: 매일의 학습 내용을 달력에 기록하고 색칠을 할 수도 있어요.
- 단어 테스트 스티커 보드, 그래프 그리기: 주간 단어 테스트 점수 범위에 따라 다른 색의 스티커 붙이기나 막대 그래프 그리기를

진행해 봅니다.

4) 단계별 성취 보상 시스템을 다음 예시처럼 함께 정해 보세요.
- 50단어 달성 시: 좋아하는 간식, 자유 시간 보장해 주기
- 100단어 달성 시: 좋아하는 책 한 권, 영상 한 편 보게 해주기
- 최종 목표 달성 시: 가족과 함께 놀이공원 방문하기

5) 최종 성과 발표회를 기획해 보세요.
프로젝트 종료일에 그동안 배운 단어로 만든 짧은 영어 문장을 가족 앞에서 발표하도록 하는 겁니다. 간단한 문장으로 '자기소개', '프로젝트를 마친 소감', '앞으로의 계획' 등을 만들어서 읽게 하는 거죠.

이 프로젝트는 아이에게 '나도 할 수 있다'는 자신감을 심어주는 것이 핵심입니다. 막연히 단어 200개를 외우겠다는 목표가 매일 6~7개를 학습하는 작은 목표로 나뉘면 아이는 매일 성취를 경험하면서 점진적으로 자신감을 쌓아갈 수 있습니다. 또한 이 과정에서 자신에게 맞는 재미있는 학습 방법을 발견할 수도 있고요. 어떤 아이는 그림 그리기 과정을 통해 잘 외우고, 또 다른 아이는 노래나 율동을 통해 잘 기억할 수 있죠. 이처럼 자신의 학습 스타일을 발견하는 것은 향후 모든 학습에 큰 도움이 됩니다.

-보카키트(라이트너) 학습법

올바른 시간 간격을 두고 복습하기 딱 좋은 암기력 훈련 도구인 '보카키트 학습법'을 소개합니다. 일명 '라이트너 학습법'으로도 불리죠.
뒤이어 설명할 단어 카드와 상자를 직접 만들어 활용할 수 있는 인쇄 파일(권태형의 영단어 공부 키트)을 제공해 드리며 제작·활용 방법을 상세하게 담은 안내 영상도 소개합니다. 다음 QR코드를 스캔해 주세요.

라이트너 학습법은 독일의 과학 저널리스트 세바스찬 라이트너가 개발한 방법으로 '간격 반복 학습'의 원리를 활용하여 학습 효율을 극대화할 수 있습니다. 라이트너 시스템의 핵심은 상자 5개(또는 카드 그룹)를 사용하여 단어의 학습 상태를 관리하는 것인데요. 이 방법의 작동 원리는 다음과 같습니다.

1) **준비 과정**: 모든 새로운 단어 카드는 상자1에 넣습니다. 이 단계에서 아이는 각 카드의 단어를 모두 학습하고 암기해야 합니다.

❶ 우선 5칸의 공간(1,2,3,4,5)으로 나눈 박스(BOX)와 영단어 카드를 준비한다. 카드는 자신이 외우고자 하는 단어를 쓰고 뒷면엔 그 정답을 기재한다.

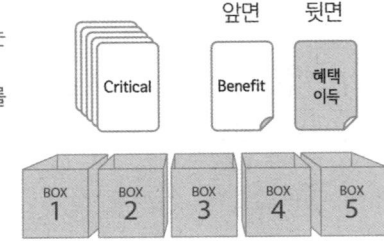

2) **학습 및 이동**: 상자1의 카드를 학습한 후에 알고 있는 단어는 상자2로 옮기고, 모르는 단어는 다시 상자1에 그대로 남깁니다.

❷ 이 영단어 카드를 Box1에 모두 넣는다. 차례로 앞에 있는 카드를 뒤집고 **정답을 맞추면 Box2칸**에 넣는다.
오답이면 Box1칸에 다시 놓는다.

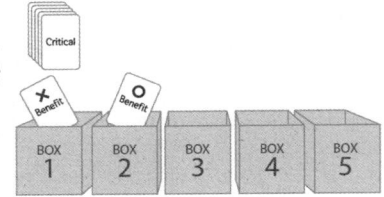

3) **지속적인 평가**: 각 복습 시, 알고 있는 단어는 다음 박스로 옮기고, 모르는 단어는 다시 상자1에 넣어주세요. 이때 상자1에 남은 단어는 계속해서 노출되며 반복 학습을 하게 되므로 어려운 단어의 노출 및 학습에 더 많은 시간을 투자하게 되는 원리입니다.

❸
틀린 카드를 모아둔 Box1칸을 계속해서 복습하다 보면 Box1칸의 카드는 얼마 남지 않게 된다.
그러면 **Box2칸 카드를 또 다시 복습**한다.

❹
이번에는 **정답을 맞추면 Box3칸으로** 보내고, **오답일 경우 Box1칸으로** 되돌려 보낸다

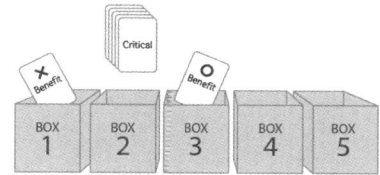

❺
어느덧 Box3칸에도 카드가 차게되면 **Box3칸의 카드를 복습**한다.
이번에도 맞추면 Box4칸에 놓고, 오답이면 다시 Box1칸에 넣는다.

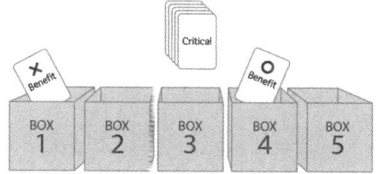

4) **최종 목표**: 모든 단어가 상자5에 도달하면 이번 단어 카드 세트 암기는 모두 끝이 납니다. 한 마디로 이 단계에 도달한 단어는 장기 기억으로 전환되어 학습이 완료된 것으로 볼 수 있어요.

❻
이 시스템을 계속 반복하다보면 어느덧 **Box5칸까지 도달**하게 된다.

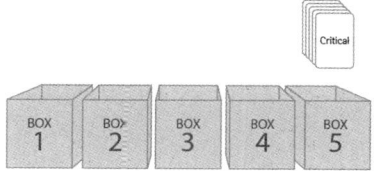

이 보카키트 학습법의 주요 장점은 우선 잘 아는 단어는 덜, 모르면서 어려운 단어는 더 자주 복습하여 학습 시간을 최적화할 수 있다는 것입니다. 또 아이의 기억 상태에 따라 복습 주기가 자동으로 조절되죠. 동시에 많은 양의 단어를 체계적으로 관리할 수 있다는 것도 장점입니다. 게다가 아이는 학습 과정에서 단어가 상위 박스로 이동할 때마다 성취감을 느낄 수 있죠.

이 학습 방법으로 조금 더 효과를 보려면, 매일 정해진 시간에 학습하는 습관을 들이는 것이 좋습니다. 또 단어 철자와 뜻을 단순 암기하기보다 예문과 함께 학습하면 더 효과적이고요. 단순히 단어를 보는 것을 넘어서 발음을 직접 찾아 듣고 쓰는 등 다양한 방식으로 학습하면 기억하는 데 더 큰 도움이 됩니다.

보카키트 학습법은 단순히 영단어 학습에만 국한되지 않습니다. 역사 연대, 과학 용어, 수학 공식 등 다양한 분야의 암기 학습에도 적용할 수 있어요. 이 방법의 핵심은 '간격 반복'과 '개인화된 학습 주기'입니다. 이를 통해 아이는 자신의 기억 상태에 맞춘 최적의 학습 경로를 만들어갈 수 있어요. 영단어 암기에 어려움을 겪는 아이에게 새로운 돌파구로서 적극 추천하는 방법이니 꼭 아이와 함께 실천해 보시기 바랍니다.

어휘 컨설팅 상담
자주 묻는 질문

1. 영단어 공부를 잘하고 있는지 걱정이 되는데 확인할 수 있는 방법이 있나요?

아이의 영단어 공부 상황을 객관적으로 확인하는 방법은 3가지가 있습니다.

먼저, 아이가 최근에 듣거나 봤던 텍스트 속 단어를 얼마나 기억하고 있는지 확인해 보세요. 이는 단순히 단어 암기 여부뿐만 아니라 리스닝과 리딩 능력도 함께 판단할 수 있는 좋은 방법입니다. 구체적인 방법은 최근 한 달 내에 학습한 텍스트에서 비교적 어려운 단어 10~20개를 선별하여 아이에게 물어보는 겁니다. 80% 이상을 알고 있다면 잘하고 있는 것이고 절반 이하라면 개선이 필요한 상황이에요.

다음으로, 아이가 단어를 직접 써보는 연습을 하고 있는지 확인하는 것도 중요합니다. 단어를 정확하게 익히는 가장 효과적인 방법은 직접 쓰면서 학습하는 거거든요. 이것은 습관의 영역이기 때문에 늦어도 초등 3학년부터는 습관을 기르도록 지도해 주시기 바랍니다.

마지막으로, 아이가 영단어 테스트를 어떻게 준비하고 있는지, 그 학습 루틴을 살펴보세요. 많은 아이가 단어 시험 직전에 집중적으로 공부하여 테스트를 통과하곤 하는데 이런 방법으로는 암기한 내용이 장기 기억으로 연결되지 않아서 실질적인 효과가 없습니다. 가장 이상적인 방법은 앞에서도 설명했듯이 학습량을 적절히 나누어 여러 번에 걸쳐 반복 학습을 하는 거예요. 단순히 학원이나 집에서 보는 영단어 테스트 통과 여부만으로 절대 안심하지 마세요.

이러한 3가지 방법을 통해서 아이의 영단어 학습 상황을 정확히 파악할 수 있고 필요시 적절한 개선 방안을 마련할 수 있습니다. 만약 문제가 있다고 판단된다면 나쁜 습관을 서둘러서 교정해 주세요. 단어 공부가 멈추면 모든 영어 공부가 멈추게 되니까요.

2. 눈으로만 영단어를 공부하는 아이, 그냥 놔둬도 될까요?

눈으로만 영단어 공부를 하는 아이를 그대로 놔두면 절대 안 됩니다. 이러한 학습 방식은 여러 부작용을 초래할 수 있기 때문이에요.

먼저, 단순히 눈으로 보는 것만으로는 단어의 정확한 발음과 철자를 익히기 어렵습니다. 이로 인해 리스닝과 스피킹 능력의 발달도 느려질 수 있고요. 장기적으로는 전반적인 영어 실력 향상에 발목을 잡히게 됩니다. 또한 단어를 직접 써보지 않았기 때문에 철자 오류가 빈번히 발생할 수 있는데 이는 향후 영작문 능력 발달에도 부정적인 영향을 미칠 수 있습니다.

초등 시기는 영어 학습의 기초를 다지는 중요한 시기예요. 그렇기 때문에 이 시기에는 다양한 감각을 활용하여 영단어를 학습하는 것이 매우 중요합니다. 듣고, 따라 말하고, 직접 써보는 과정을 통해서 단어의 스펠링과 발음에 집중할 기회를 만들어 주세요. 이것은 아직 정확성이 부족한 초등학생에게 특히 중요한 학습 방법이거든요.

또한 다양한 감각을 활용한 학습은 장기 기억 형성에도 효과적입니다. 단순히 눈으로 보는 것보다 듣고, 말하고, 쓰는 등 여러 자극이 동원되면 더 빠르고 오래 기억할 수 있습니다.

마지막으로, 중고등학교의 영어 내신 평가에서 쓰기 활동의 중
요성이 점점 더 커지고 있다는 점도 주목하시기 바랍니다. 지필고
사의 서답형 문항이나 수행평가의 쓰기 활동은 초등학교 때부터
꾸준히 단어(문장)를 손으로 써보며 연습한 아이가 훨씬 더 잘할 수
밖에 없습니다. 그러니 초등 시기부터 단어(문장)를 직접 써보는 연
습을 통해서 쓰기 능력을 키워 주세요.

3. 영단어 외우는 걸 정말 싫어하는 아이, 좋은 방법이 없을까요?

 영단어 학습은 영어 공부 중 가장 큰 심리적 부담을 주는 영역
입니다. 여기에는 여러 가지 이유가 있어요.
 첫째, 영단어의 양이 방대하여 끝이 없는 듯한 느낌을 주기 때문
입니다. 둘째, 암기 위주의 학습 방식으로 인해 학습 시 지루함을
느끼기 쉽습니다. 셋째, 단기간에 많은 단어를 외워야 하는 압박감
이 있을 수 있죠. 넷째, 시험이나 평가와 직접적으로 연결되어 있
어서 실패에 대한 두려움도 큽니다. 이러한 요인이 복합적으로 작
용하여 아이에게 큰 스트레스가 되죠.

 따라서 가장 먼저 영단어 학습에 대한 심리적 거부감부터 줄여
줘야 합니다. 이를 위해서 처음에는 매우 작은 목표로 시작하는 것

이 좋아요. 매일 하루에 딱 한 개의 단어만 학습하되 그마저도 이미 알고 있는 쉬운 단어로 시작하기를 추천합니다. 이렇게 부담 없이 시작하여 때때로 영단어 공부가 만만하게 느껴지도록 만드는 것이 핵심이에요. 이 과정에서 부모님의 칭찬과 응원은 매우 중요한 성공 요소입니다.

아이가 이러한 방식에 적응하면 학습량을 조금씩 늘려주세요. 하루에 한두 개의 단어를 못 외우는 아이는 없거든요. 아이가 영단어 학습을 싫어하는 대부분의 이유는 갑자기 많은 양의 단어를 외워야 하거나 자신의 수준에 비해 너무 어려운 단어를 학습해야 하기 때문입니다.

이런 아이를 위한 영단어 교재를 선택할 때는 그림이나 시각적 자료가 풍부하거나 재미있는 설명이 많은 교재를 선택하는 것이 좋습니다. 이는 아이의 흥미를 유발하고 학습 동기를 높이는 데 도움이 되니까요. 또한 영단어 테스트를 너무 자주 하는 영어학원은 피하는 것이 좋습니다. 아이의 영어 학습 전반에 대한 태도를 부정적으로 만들 수 있기 때문입니다.

중요한 점은 하루에 너무 많은 단어를 외울 필요가 없다는 겁니다. 앞서 말씀드린 대로 적게 해도 꾸준히만 한다면 누구나 수능 수준의 어휘까지 정복할 수 있습니다. 이걸 꼭 기억하시기 바랍니다. 계속 강조하지만 지속적이고 일관된 학습이 단기간의 집중보다 훨씬 더 효과적입니다.

마지막으로, 현재 아이가 영단어를 싫어하는 구체적인 이유를 파악하는 것이 중요합니다. 이를 바탕으로 적은 개수의 단어로, 부담 없이 새로 시작해 보는 거예요. 아이의 호흡에 맞춰 천천히 그리고 꾸준히 학습해 나간다면 아이는 결국 영단어 학습에 대한 거부감을 극복하고 효과적으로 단어를 습득할 수 있게 됩니다.

영문법

: 영어 실력 도약의 발판

영문법은 오랫동안 한국 영어교육의 중심축 역할을 해왔습니다. 우리 부모 세대만 해도 학창 시절에 영어 공부의 거의 대부분을 '영문법'과 함께했다고 해도 과언이 아닐 정도로요.

지금은 초등 3학년부터 정규 영어교육이 이뤄지고 있지만 그 당시에는 중학교부터 고등학교까지 6년 동안의 공교육으로 대학 입시까지 치를 수 있는 영어 실력을 쌓아야만 했습니다. (기억나시죠?) 상황이 그렇다 보니 의사소통 중심의 충분한 인풋 과정을 거치기보다는 문법과 번역에 교육과정의 초점이 맞춰져 있었죠.

여전히 문법은 넘기 힘든 영어의 장벽

실제로 1997년부터 시행된 7차 교육과정 이후 2022 개정 교육과정까지 총 5번의 교육과정을 개정하는 동안 정규 영어교육은 초등 3학년부터 시행되기 시작했고요. 글로벌 사회에 필요한 의사소통 능력, 비판적 사고력, 창의력, 문화 간 소통능력 등 종합적인 역량을 기르는 것을 강조하게 되었습니다. 지금의 초등 교과서도 그 교육 목표에 맞춰 구성된 것입니다.

하지만 중학교에 진학하면 상황이 급변합니다. 예전만큼은 아니지만 여전히 독해와 함께 '문법'이 영어 학습의 중심축으로 떠오르게 되는 거죠. 시험에서 문법 역량이 차지하는 비중이 높아지고, 정확한 문법 지식이 좋은 성적을 위한 필수 요소가 되기 시작합니다.

이러한 변화는 많은 아이에게 큰 부담이에요. 중등 이후로 등장하는 '영포자(영어 포기자)'라는 용어는 이러한 현실을 반영합니다. 일단 문법은 언어의 형식을 다루는 것이라서 기본적으로 어려운 것이 사실이고요. 복잡한 규칙과 예외로 가득하기 때문에 많은 아이에게 넘기 힘든 장벽인 것은 분명합니다. 그런 이유로 영문법 때문에 발생한 싫은 마음(Affective Filter*)은 점차 강해져서 영어에 대한 흥미를 잃게 하고 심지어는 영어 공부 자체를 포기하게 만들기도 합니다.

---

* 어펙티브 필터(Affective Filter)는 언어 습득 이론에서 중요한 개념으로, 특히 제2언어 학습에 영향을 크게 미치는 요소입니다. 학습자의 불안, 자신감 부족, 동기 결여 등 부정적 감정으로 인해 '높아질' 수 있으며, 이는 효과적인 언어 학습을 방해합니다.

잘못된 3가지 문법 학습

    강연이나 라이브 방송을 진행할 때 문법과 관련하여 학부모님들이 가장 많이 하시는 질문이 '문법을 언제부터 가르쳐야 하냐'는 것입니다. 그 시점은 향후 우리 아이의 영어를 결정할 정도로 매우 중요하죠. 게다가 영어 문법 학습에 대한 잘못된 접근도 많은 아이의 영어 실력 향상을 방해하고 있습니다. 지금부터 가장 대표적인 잘못된 문법 학습의 실태 3가지를 말씀드려 볼게요.

문법 선행은 문제가 많습니다

영어는 수학처럼 정해진 진도가 분명하지 않기 때문에 '선행'이라는 표현을 자주 쓰지는 않습니다. 하지만 영어에서도 선행을 많이 하는 영역이 있죠. 바로 문법입니다. 그런데 너무 이른 시기에 명시적인 문법 학습을 시작(문법 선행)하는 것은 여러 가지 이유로 바람직하지 않아요.

초등 저학년 이하 아이에게 한자어로 이루어진 문법 용어나 복잡한 문법 개념을 가르치는 것은 너무 이릅니다. 이 시기의 아이는 영어에 대한 흥미와 기본적인 의사소통 능력을 키우는 데 집중해야 하기 때문이에요. 노래, 동화, 게임 등을 통해 자연스럽게 영어 구조에 노출되고 친숙해지는 것이 중요한 때입니다. 그럼에도 저학년 이전 유치원(영어 유치원) 때부터 명시적 문법 학습에 노출되는 아이가 있습니다. 그 당시에는 다른 아이들보다 훨씬 앞서 나간다고 생각해서 아이를 기특하게 바라보실 수도 있지만 결과적으로는 적절한 때 시작한 아이와 별반 다르지 않습니다. 아니 오히려 너무 일찍 문법에 노출되어 영어를 '딱딱한 공부'로 받아들이면서 공들여왔던 영어 흥미가 급격하게 떨어지고 영어 학습에 대한 부담만 커지는 부작용이 발생하는 경우가 훨씬 많죠.

발달 단계에 맞지 않는 학습 방법으로 공부하는 아이

그렇다고 초등 아이에게 문법 학습을 절대로 시키지 말아야 한다는 것은 아닙니다. '다른 방식'으로 해야 한다는 거예요. 초등학생과 중학생의 인지발달 단계는 조금 다르기 때문에 동일한 방식으로 문법을 가르쳐서는 안 된다는 것이죠.

보통 초등 중학년까지의 아이에게는 귀납적 학습 방식이 더 효과적입니다. 예를 들어 "I like apples. She likes bananas."와 같은 문장을 반복적으로 노출하면서 3인칭 단수 현재형일 때 's'가 붙는다는 것을 자연스럽게 인식하게 하는 방식이에요. 반면 고학년 이상의 아이에게는 좀더 체계적이고 명시적인 설명이 도움이 됩니다. 예를 들어 "주어가 3인칭 단수이고 동사가 현재형일 때, 동사에 's'를 붙여."라고 규칙을 설명하고 이를 다양한 맥락에서 적용하게 하는 거죠.

파편적 문법 학습의 한계

교과서는 '문법 교재'처럼 ('5형식' 때로는 '명사'부터) 체계적·연속적으로 문법을 가르치지 않습니다. 교과서는 교육부에서 지정한 성취 기준을 포함하되 각 단원은 주제 중심(가족, 환경, 취미 등)으로 구성되어 있습니다. 그리고 한 단원에 읽기, 쓰기, 말하기, 듣기 영역을 균형 있게 포함해 놓아서 단원 간 문법 개념의 연결이 쉽게 보이지 않지요.

그런데 많은 아이들이 교과서로 내신 준비를 하면서 정해진 범위 내의 문법만 공부하고 끝내는 경우가 많습니다. 서로 다른 문법 개념을 같이 비교하며 학습하는 것이 각각의 용법과 차이점을 이해하는 데 도움이 되는데 교과서만으로는 그런 학습이 가능하지 않은 거죠. 그래서 체계적인 문법 학습을 하지 못하는 아이가 많습니다.

하지만 더 큰 문제는 그렇게 배운 문법은 파편적이기 때문에 연결도 안 되고 쉽게 잊어버립니다. 그러다 보니 아이들이 문법 공부 자체를 싫어하는 악순환에 빠지게 되죠. 한마디로 학습 로드맵이 전혀 없고 체계적인 공부 자체가 이루어지지 않고 있는 겁니다. 실제로 문법을 주먹구구식으로 공부하는 아이가 많아서 고 3조차도 제대로 된 문법 학습을 한 비율이 상당히 적은 것이 현실입니다.

그렇다면 문법을 어떻게 공부해야 할까요? 그 전에, 문법 학습에 대한 크나큰 오해부터 풀어야겠습니다. 바로 문법 공부의 진짜 목적 말입니다.

문법이란 정말 무엇인가요?

　많은 학생과 학부모님이 문법 공부의 목적을 '시험에서 어법 문제를 맞히는 것'이라고 생각합니다. 이는 매우 협소한 시각이에요. 그런 의미라면 내신 문법 문제와 수능 어법 문제 하나를 맞히기 위해서 학창 시절 내내 괴로운(?) 문법 공부를 해야 한다는 것인데 이 얼마나 비효율적인 공부인가요? 그리고 실제로도 그것이 문법 공부의 목적이 되어서는 절대로 안 됩니다.

문법 공부의 진짜 목적은?

문법 공부를 해야 하는 이유는 여러 가지이지만 핵심은 문법이 '언어의 구조를 이해하고 효과적으로 사용하기 위한 필수적인 도구'라는 것입니다. 특히 읽기와 쓰기 능력 향상에 있어서 문법의 역할이 매우 중요합니다.

-'더 나은 읽기 능력'을 위한 문법

학년이 올라갈수록 아이들이 접하는 텍스트의 난도는 점차 상승합니다. 초등학교에서 주로 접하던 단순한 문장 구조에서 벗어나 중학교, 고등학교로 진학하면서 복잡한 구조의 복문과 중문을 자주 마주하게 되죠. 그리고 이러한 복잡한 문장 구조를 정확히 이해하기 위해서는 탄탄한 문법 지식이 필수입니다.

예를 들어, 다음과 같은 문장이 있다고 해보겠습니다

"The theory that was proposed by the scientist who won the Nobel Prize last year has been widely accepted in the academic community, despite initial skepticism."

이 문장을 정확히 이해하기 위해서는 관계절, 수동태, 현재완료 등 다양한 문법 요소에 대한 이해가 필요합니다. 문법 지식이 부족하다면 이렇게 복잡한 문장 구조에서는 핵심 정보를 파악하기가 어려워요. 특히 수능과 같은 어려운 영어 시험에서 고득점을 얻기 위해서는 복잡한 구조의 지문을 정확하고 신속하게 해석해 낼 수 있어야 합니다. 이때 문법은 텍스트를 해독하는 핵심 도구이죠.

- **'더 나은 쓰기 능력'을 위한 문법**

중학교부터 고등학교에 이르기까지 수행평가의 중요성은 점점 더 커집니다. 특히 고등학교에서는 내신 성적에서 수행평가가 차지하는 비중과 중요성이 상당히 높아서 대입에 직접적인 영향을 미치죠.

그런데 중요한 점은 영어 과목의 수행평가에서 실질적으로 가장 큰 비중을 차지하는 것이 바로 '쓰기'라는 사실입니다. 듣기 평가도 단골 평가 영역이지만 상대적으로 난이도가 낮고, 말하기 평가는 많은 학교에서 미리 작성하거나 준비된 내용을 발표하는 형식으로 이루어지기 때문에 결국 영어 수행평가에서 가장 중요한 것은 쓰기 능력입니다.

좋은 쓰기를 위해서는 내용도 중요하지만 그 내용을 정확하고 효과적으로 전달할 수 있는 작문 능력도 필수입니다. 아무리 좋은 아이디어가 있더라도 그것을 정확한 문장으로 표현하지 못한다면 의미가 퇴색되거나 오해를 불러일으킬 수 있기 때문이에요.

즉, 문법 학습은 단순히 규칙을 암기해서 어법 문제를 풀어내기 위한 과정이 아닙니다. 문법은 더 깊이 있게 텍스트를 이해하고 자신의 생각을 더 정확하고 효과적으로 표현할 수 있게 해주는 핵심적인 도구예요. 그 도구를 단련하여 지필고사의 서답형과 수행평가에서 고득점을 받을 수 있어야 합니다.

초등 문법과 중고등 문법의 목표와 방법의 차이

앞에서도 설명했듯이 우리 아이의 학년과 인지발달 단계에 따라서 문법 교육의 방식과 목표는 달라져야 합니다. 즉 초등학교와 중고등학교에서의 문법 교육은 그 목적과 방법론에서 뚜렷한 차이를 보입니다.

-초중고 영문법, 그 각각의 목적

영어교육에서 문법의 역할과 중요성은 교육 단계에 따라 달라집니다. 그런 이유로 초등부터 고등까지 이어지는 영어 문법 학습의 연속성과 단계별 특성을 이해하는 것은 효과적인 영어 학습을 위해서 꼭 필요하죠.

초등 과정에서의 영어 문법 학습은 언어적 규칙보다는 '언어의 기능과 쓰임'을 자연스럽게 익히는 데 중점을 두어야 합니다. 이 시기의 아이는 추상적인 문법 개념을 이해하기보다는 실제 언어 사용을 통해서 학습하는 것이 효과적이기 때문이에요. 하지만 중학교 진학을 앞둔 초등 고학년 시기에는 기본적인 문법 용어와 개념에 점진적으로 노출되게 하는 것이 중요합니다. 이 과정은 중학교에서의 본격적인 문법 학습을 위한 준비 단계이죠.

중학교에 진학(또는 준비)하면서 영어 문법 학습은 큰 전환점을 맞이합니다. 이 시기에는 좀더 체계적이고 명시적인 문법 교육이 이루어져서 아이들은 문법 용어와 규칙을 본격적으로 학습하기 시작해요. 이런 중학교에서의 문법 학습은 크게 두 가지 목적이 있습니다.

1. 내신 시험과 입시를 위한 시험 대비
2. 복잡한 문장 구조를 이해하기 위한 구문 독해의 기초 마련

이 시기에는 비교급, 부정사, 현재완료, 관계대명사, 분사 구문 등 다양한 문법 항목을 학습합니다. 이러한 학습은 단순히 규칙을 암기하는 것에 그치지 않고 실제 텍스트를 읽고 이해하는 데 적용할 수 있어야 해요. 또한 중학교에서의 탄탄한 문법 기초는 고등학교 영어 학습의 성패를 좌우하는 중요한 요소입니다. 따라서 이 시기에는 문법을 체계적으로 학습하고 충분히 연습하는 것이 매우

중요합니다.

고등학교에서의 영어 문법 학습은 중학교에서 배운 내용을 바탕으로 더욱 심화되고 확장됩니다. 기본적인 문법 구조는 중학교와 크게 다르지 않지만 각 문법 항목에 대해 더 깊이 있는 이해와 복잡한 적용이 요구되죠. 고등 때의 문법 학습은 다음과 같은 특징이 있습니다.

- 구문 독해 능력 강화: 복잡한 구조의 문장을 정확하게 해석하고 이해하는 능력을 길러야 합니다.
- 고급 작문 능력 개발: 다양한 문법 구조를 활용하여 자신의 생각을 정확하게 표현하는 능력을 길러야 해요.
- 대학수학능력시험 대비: 고난도 어법 문제와 독해 문제를 해결할 수 있는 능력을 키워야 합니다.

중요한 점은 고등학교 단계에서 문법을 기초부터 다시 배우기에는 시간이 너무 부족하다는 겁니다. 그래서 초등 고학년부터 중학 과정까지 문법의 기초를 튼튼히 다져 놓는 것이 매우 중요합니다. 고등학교에서는 이미 학습한 문법 지식을 바탕으로 더 복잡한 텍스트를 이해하고 활용하는 데에만 집중하도록 말이죠.

-초등 문법 학습은 이렇게 하세요

초등 단계에서의 문법 학습은 우선 '**우연적 학습**'과 '**귀납적 습득**(Inductive Acquisition)'을 중심으로 이루어져야 합니다. 이는 아이들이 모국어를 배우는 과정과 유사한 방식인데요. 명시적인 규칙을 설명하지 않고 언어에 자주 노출되게 함으로써 자연스럽게 문법 구조를 체득하게 하는 겁니다.

예를 들어, 앞서 설명한 "I like apples. She likes bananas."와 같은 문장을 반복적으로 접하면서, 아이는 주어가 3인칭 단수이고 동사가 현재형일 때 's'가 붙는다는 규칙을 익힙니다. 또한 "I have one dog. My friend has two dogs. There are many children in the park." 처럼 규칙('dog'→'dogs') 및 불규칙('child'→'children') 복수형도 리딩 과정에서 자연스럽게 익히죠. 이 시기에는 '3인칭 단수 현재형'과 같은 용어를 처음부터 가르칠 필요가 없습니다. 따라서 초기 단계에서 활용하는 문법 교재는 예문 중심으로 구성되고 많은 설명이 없는 것이 오히려 좋습니다.

다만 주의할 것은 초등 고학년(5-6학년) 시기에는 중학교 진학을 대비하여 기본적인 문법 용어와 설명에 점진적으로 노출되게 해야 한다는 겁니다. 이는 중학교에서의 급격한 학습 방식 변화로 인한 충격을 완화하는 데 큰 도움이 됩니다. (중학교 영어 수업 시간에는 이미 알고 있다는 전제하에 갑자기 '문법 용어'를 사용하는 경우가 많습니다.)

-중고등 문법 학습은 이렇게 하세요

중학교 이상의 아이는 더 명시적이고 체계적으로 문법 학습을 해야 합니다. 이 시기에는 추상적 사고가 가능해지고 언어의 구조를 분석적으로 이해할 수 있는 인지 능력을 갖추기 때문에 어릴 때 배웠던 것보다 더 빠른 속도로 습득이 가능하거든요. 실제 수업도 한자어로 된 수많은 '문법 용어'와 함께 빠르게 진행됩니다. 따라서 이때의 문법 학습은 다음과 같은 방법으로 지도해 주세요.

a) 명시적인 규칙 설명

예를 들어, 현재완료형을 학습할 때는 "현재완료는 과거의 행동이나 상태가 현재까지 영향을 미치는 상황을 표현한다."라는 식의 구체적 설명으로 진행되어야 합니다.

b) 효과적인 학습 순서

예를 들어, 시제 학습의 경우 '현재/과거/미래 → 현재완료 → 과거/미래완료'의 순으로 체계와 순서를 갖추어야 효과적인 학습이 가능합니다.

c) 체계적인 문법 교재 병행

친절하고 구체적인 설명과 예문이 있는 문법 교재를 활용하면 복잡한 개념을 더 쉽게 이해할 수 있고 체계적인 학습이 가능합니다.

d) 실제적 적용

단순히 문법 문제를 푸는 데 그치지 않고 읽기와 쓰기 활동에 이미 학습한 문법을 실제 적용해 보는 것이 중요합니다. 예를 들어, 관계대명사를 학습한 후에 이를 활용한 문장 만들기 활동을 해보는 것처럼 말이죠.

즉, 초등과 중고등 과정에서의 문법 교육은 그 방식과 깊이에서 분명한 차이를 두어야 합니다. 초등 단계에서는 자연스러운 언어 노출을 통해 직관적으로 이해하며 명시적 문법 학습에 적응하는 것이 목표입니다. 반면 중고등 단계에서는 체계적이고 분석적인 접근을 통해 명시적으로 이해하는 것을 목표로 해야 하죠.

문법과 구문, 어떻게 다를까요?

영어교육에서 '문법'과 '구문'이라는 용어는 종종 함께 사용되거나 혼용되곤 합니다. '문법 구문 학습'이라는 표현이 널리 쓰이는 것이 그 예이죠. 그러나 문법과 구문은 완전히 동일한 의미는 아니에요. 이 두 개념의 차이를 알고 접근하면 이해하기가 좀더 수월해질 겁니다.

-문법: 언어의 규칙 체계

문법은 언어의 전반적인 규칙과 원리를 다룹니다. 구문보다 더 큰 개념이고요. 글을 올바르게 읽고 쓰기 위한 기본적인 틀이라고 생각하시면 됩니다.

문법 학습은 품사, 시제, 조동사, 부정사, 동명사 등 언어의 기본 규칙을 이해하는 것을 포함합니다. 예를 들어, "She has been studying English for 10 years."라는 문장을 총체적으로 이해하기 위해서는 현재완료진행형이라는 문법 개념을 알아야 하는 것처럼 말입니다.

-구문: 문장의 구조적 이해

반면에 구문은 문장의 구조를 공부하는 훈련입니다. 즉 문장이 어떻게 구성되어 있으며, 각 요소가 어떤 관계를 가지고 있는지를 파악하는 능력을 말하죠. 그리고 구문 학습은 문장의 형태를 분석하여 정확한 해석과 함께 문맥을 빠르게 파악하는 것을 목표로 합니다. 예를 들어서 "The book that I bought yesterday, which was recommended by my teacher, is very interesting."이라는 문장에서 주절과 관계절의 관계, 수식어의 위치와 역할 등을 정확히 파악하는 것이 구문 분석의 영역입니다.

문법과 구문의 차이는 다음과 같습니다.

- **초점**: 문법은 언어의 규칙에, 구문은 문장의 구조에 초점을 맞춥니다.
- **목적**: 문법은 올바른 언어 사용이, 구문은 빠르고 정확한 문장 이

해가 목적입니다.

영어는 한국어와 문장 구조가 많이 다르기 때문에 정확한 독해를 위해서는 구문 학습이 필수입니다. 아무리 문법 규칙과 어휘를 많이 알고 있더라도 문장의 구조를 정확하게 파악하는 능력이 없다면 독해를 빠르고 정확하게 하기가 어렵거든요. 특히 복잡한 글이나 문학 작품을 이해할 때는 구문 분석 능력이 매우 중요합니다.

구문 학습은 보통, 문법 실력과 어휘력, 기본적인 독해 능력이 어느 정도 갖춰진 후에 시작하는 것이 효과적입니다. 일반적으로 중등 이후가 권장되지만 최근에는 초등 고학년부터 구문 학습을 위한 교재가 활용되고 있습니다. 구문 공부의 핵심은 다양한 유형의 예문에서 문장을 분석하는 연습을 반복하는 건데요. 이를 통해 학습자는 점차 복잡한 문장 구조도 빠르게 파악할 수 있는 능력을 기를 수 있습니다.

효과적인 문법 공부 방법은 이렇게 합니다

영문법 학습의 시작 시기

그렇다면 효과적인 문법 공부는 언제 시작하고 또 어떻게 진행해야 할까요? 앞서 살펴보았던 초등, 중고등의 우연적/명시적 문법 학습의 정확한 시작 시점을 말씀드리겠습니다.

-자연스러운 습득을 통한 문법의 이해 단계

우연적 방법은 크라센(Stephen Krashen)의 자연적 접근법(Natural Approach)*과 맥을 같이합니다. 이 방법은 학습자가 목표 언어에 지속적으로 노출됨으로써 자연스럽게 언어 구조를 습득한다는 이론에 기반을 두고 있어요.

책 읽기를 통해 영어를 꾸준히 학습해 온 아이라면 명시적으로 문법을 배우지 않았더라도 이미 어느 정도 문법적 직관을 갖추고 있습니다. 이는 마치 우리가 모국어인 한국어를 습득할 때 문법 규칙을 명시적으로 배우지 않고도 자연스럽게 언어 구조를 이해하게 되는 과정과 유사하죠. 이러한 아이에게는 이미 습득한 산발적인 문법 지식을 체계적으로 정리해 주는 과정이 반드시 필요합니다.

이때 주의할 점은 두 가지예요. 이런 문법 지식을 정리해 주어야 하는 '**시기**'와 사용하는 '**교재의 성격**'입니다.

우선 문법 지식을 정리해 주어야 하는 최적의 시점은 영어 읽기가 충분히 진행된 후, 즉 인풋을 통한 문법적 정보가 충분히 쌓인 후입니다. 일반적으로 초기 챕터북 수준 단계라고 보시면 적당해요. 이때 사용하는 문법 교재는 목차에 맞춘 구조화된 구성이되 단계적으로 풍부한 예문으로 문법 규칙을 자연스럽게 익힐 수 있는 것이 좋습니다. 여러 예시나 경험을 통해서 스스로 규칙이나 패턴을 발견하고 일반화하는 과정, 즉 귀납적 습득을 기반으로 한

---

* 언어는 의식적인 '학습'보다는 무의식적인 '습득'을 통해 더 효과적으로 익힐 수 있다는 이론으로, 문법 규칙을 명시적으로 가르치기보다는 이해 가능한 수준에 충분히 노출시켜서 자연스럽게 언어 구조를 습득하도록 하는 것이 더 효과적이라는 내용입니다.

것이죠.

국내 교재 중에서는 'Starter' 수준의 교재가 이러한 접근법을 잘 반영하고 있습니다. 이런 교재는 일반적으로 설명보다 예문과 그림이 더 많은 것이 특징이에요. 마찬가지로, 해외에서 개발된 기초 단계의 문법 교재도 이러한 우연적 학습 방식이 잘 반영되어 있습니다. 이러한 교재는 문법을 실제 언어 사용 맥락 속에서 제시함으로써 아이들이 자연스럽게 문법 구조를 이해하고 활용할 수 있도록 돕죠. 예를 들어, 《My First Grammar》 시리즈와 같은 교재는 직접적인 문법 설명을 최소화하는 대신에 다양한 예문과 시각적 자료를 통해서 아이들이 문법 규칙을 스스로 발견할 수 있도록 구성되어 있습니다.

-명시적 방법을 통한 체계적인 문법 학습의 시작 단계

명시적 문법 학습은 좀더 구조화된 방식으로 문법 규칙을 직접적으로 가르치는 방식입니다. 이 방법은 특히 인지발달 단계가 높아지는 초등 고학년쯤부터 하는 것이 효과적이에요. 일반적으로는 4~5학년부터 명시적 문법 학습을 시작하는 것이 좋습니다. 하지만 그 시기가 되었다고 누구나 시작해야 하는 것은 아닙니다. 개인별 준비도에 따라서 시작 시기가 달라질 수 있기 때문에 명시적 문법 학습을 시작하기 위해서는 다음의 준비 조건을 잘 체크하셔야 합니다.

- **어휘력**: 초등 필수 영단어 800개의 최소 90% 이상을 완전히 익히고 사용할 수 있는 수준일 때
- **메타언어적 이해**: 문법 용어와 체계를 이해할 수 있는 수준일 때
- **문장 이해도**: 기본적인 문법 예시 문항의 최소 50% 이상을 완전히 이해할 수 있는 수준일 때(어휘 제외)
- **학습 습관**: 규칙적인 데일리 학습 습관이 형성되어 있는 상태

이러한 조건이 충족되었다면 명시적 문법 학습의 효과를 얻을 수 있습니다. 명시적 학습은 우리 아이가 책 읽기와 우연적 문법 학습을 통해서 이미 접해 본 규칙을 명확하게 인식하고 체계화하는 과정입니다.

성향에 맞는 추천 문법 공부법

영문법 학습은 필수이지만 모든 아이에게 동일한 방식으로 접근하는 것은 효과적이지 않습니다. 문법 학습 과정에서 아이들의 학습 성향은 크게 납득 필요형과 습득 선호형으로 나눌 수 있는데요. 각 성향에 따라서 적절한 문법 학습 전략을 세우는 것이 중요합니다.

-'납득 필요형' 아이에게 추천하는 문법 학습

이 성향의 아이는 분명하고 체계적인 설명을 선호합니다. 그래서 이런 아이에게는 '문법'이 오히려 가장 편안한 영역일 수 있어요. 규칙성과 논리성이 뚜렷한 문법 체계는 이들의 학습 스타일과 잘 맞기 때문이죠. 앞서 문법 학습은 리딩 인풋이 충분할 때 시작하라고 말씀드렸지만, 납득 필요형 아이에게는 오히려 리딩보다 문법 학습이 영어를 알아가는 재미를 더 크게 느끼게 할 수도 있습니다. (그래서 아이에 따라서는 좀더 이른 문법 학습을 시작할 수도 있습니다.) 리스닝과 리딩 과정에서 '왜 boy를 boys라고 쓸 때도 있는지', '물어보는 말(문장)을 할 때는 왜 주어가 맨 앞에 쓰이지 않는지' 등 단어나 문장 형태의 변형에 대해 궁금한 것이 많은 아이가 있다는 거죠. 이런 아이는 그 호기심이 풀리면 영어를 하나씩 알아가는 재미를 느끼는 동시에 어떤 법칙에 따라 움직인다는 점에서 영어를 더는 두렵지 않은 대상으로 여기기도 합니다.

하지만 이러한 성향의 아이도 문법 학습 과정에서 예상치 못한 어려움을 겪을 수 있어요. 특히 문법 규칙에 예외가 많다는 사실을 알게 되면 두 가지 반응이 나타날 수 있습니다. 첫째, 완벽한 규칙성을 기대했던 아이라면 예외의 존재에 실망하여 문법 학습에 대한 흥미를 급격하게 잃을 수 있습니다. 둘째, 모든 규칙과 예외를 완벽하게 이해하려는 욕구로 인해서 불필요한 스트레스를 받거나 시간을 낭비할 수도 있고요.

  이런 문제를 해결하기 위해서는 '80% 법칙'을 실천하는 것이 좋습니다. 80% 법칙은 '문법 규칙 설명의 80%만 이해해도 충분하다'는 개념으로서 다양한 학습 분야에 적용됩니다. 쉽게 말해 그 문법 규칙이 포함된 문장을 해석할 수만 있다면 모든 이유를 다 알지 못한 채 넘어가도 괜찮다는 것이 이 '80%'가 의미하는 바예요. 이 법칙을 아이에게 설명함으로써 완벽주의에 대한 부담을 덜게 하고 효율적인 학습을 유도할 수 있습니다. 그 과정에서 우리 부모님의 격려와 안심이 정말 중요하다는 것을 꼭 기억하시면 좋겠어요.

-'습득 선호형' 아이에게 추천하는 문법 학습

  반면, 습득 선호형 아이는 우연적·귀납적 학습 방식에 더 잘 적응합니다. 이런 아이는 자연스러운 언어 노출을 통해서 문법 구조를 습득하는 것에 더 능숙하죠. 그래서 명시적 문법 학습이 시작되면 곧바로 어려움을 겪을 수 있습니다. 이는 직관적 이해력은 뛰어나지만 개별적으로 습득한 지식을 체계적으로 정리하는 데에는 어려움을 겪기 때문이에요. 게다가 명시적 문법 설명에 쉽게 지루함을 느낄 수 있죠.

  이러한 아이를 위해서는 '목차 중심의 영문법 학습'이 효과적입니다. 이 방법은 문법의 전체적인 구조를 먼저 제시하고 그 안에 세부적인 내용을 채워나가는 방식이에요. 이를 통해서 암묵적으로 이미 습득한 지식을 체계화할 수 있습니다. 습득 선호형 아이를 위한 영문법 학습의 3단계를 좀더 자세히 설명해 드릴게요.

진짜 효과적인 영문법 공부법 3단계

많은 아이가 영문법 공부를 참 어려워합니다. 특히 초등부터 고등까지 이어지는 긴 학습 과정 중 파편으로 배운 지식으로 인해서 큰 혼란을 겪곤 하죠. (전부 다 외우려고 하니 더 어렵고요.) 이러한 문제를 해결하기 위한 단 하나의 핵심 전략은 '자신만의 목차'를 만드는 겁니다. 이 방법은 으연적 학습이든 교과서 기반의 명시적 학습이든 간에 다 효과적으로 적용될 수 있어요. 그리고 결과적으로 아이들이 문법 지식을 체계화하고 내면화하는 데 큰 도움이 됩니다.

자신만의 목차 만들기는 다음의 세 단계로 진행됩니다.

-첫 번째 단계: 마인드맵 만들기

이는 아이들이 자유롭게 그림(마인드맵)을 그리면서 배운 문법 내용을 시각화하는 단계입니다. 그래서 초등 아이들도 재미있게 시작할 수 있죠. 마인드맵은 복잡한 문법 구조도 한눈에 볼 수 있게 해주어서 전체적인 구조를 이해하는 데 큰 도움이 됩니다. 처음에 어떻게 시작해야 할지 모르겠다면 교재의 목차를 따라 써보는 것부터 지도하세요. 이 과정에서 아이는 숲과 나무의 개념을 자연스럽게 인지하게 되니까요.

-두 번째 단계: 영문법 노트 만들기

이 단계의 목표는 새로 알게 된 모든 문법 지식을 '한 권의 노트'에 정리하는 것입니다. 배운 내용을 자신만의 방식으로 적어 두는 거죠. 예문을 적고 간단한 설명을 덧붙이는 정도면 충분합니다. 이것은 단순한 정보 기록 이상의 의미를 지니는데요. 아이는 노트를 작성하는 과정에서 자신이 무엇을 알고 무엇을 모르는지 파악하는 메타인지 능력을 기르게 됩니다. 동시에 어떤 내용이 중요하고 어떤 내용이 덜 중요한지를 구분하는 능력도 함께 발달하죠. 이러한 능력은 효과적인 학습을 위한 공부의 모든 과정에서 중요합니다. 이 과정이 더욱 효과를 보려면 다른 사람에게 자신이 정리한 내용을 설명하는 연습(Learning by Teaching)과 병행하면 좋아요. 다른 사람에게 설명하는 과정은 자신의 이해도를 점검하고 개념을 더욱 명확히 하는 데 도움이 되기 때문입니다.

-세 번째 단계: 목차 비교를 통한 빈 구멍 채우기

이 단계에서 아이들은 자신이 만든 노트의 완성도를 점검합니다. 먼저, 시중의 영문법 교재의 목차와 비교하여 자신의 노트에 빠진 부분이 없는지를 확인합니다. 빠진 내용이 있으면 공부해서 채워 넣을 수도 있고, 기존에 공부한 항목도 추가할 내용이 없는지 점검할 수 있어요. 이 과정에서 물론 복습도 됩니다. 이 단계는 중등 이상 수준의 아이에게 매우 효과적인 방식입니다.

이렇게 세 단계를 거치면 영문법 전체에 대한 큰 그림을 그릴 수 있고 이해한 내용을 읽기와 쓰기에 적절하게 활용할 수 있게 됩니다. 이것이 바로 영문법 학습의 궁극적인 목표예요. 문법은 그 자체로 목적이 아니라 효과적인 읽기와 쓰기를 위한 도구이기 때문입니다.

이 접근법은 초등부터 고등까지 각 단계에 맞게 조정하여 적용할 수 있습니다. 초등학생은 간단한 마인드맵으로 시작하여 기본적인 문법 개념을 시각화하는 데 중점을 두고, 중학생은 좀더 구체적인 마인드맵을 만들며 본격적으로 노트 정리를 시작하면 됩니다. 또한 고등학생은 더욱 심화된 문법 개념을 포함한 종합적인 '나만의 영문법 노트'를 완성하고 정기적인 목차 비교와 테스트를 통해서 자신의 이해도를 점검할 수 있습니다.

영문법 추천 교재

영문법 학습에서 교재 선택은 매우 중요합니다. 그래서 많은 학부모님이 외국 출판사의 교재(외서)와 국내 출판사의 교재(국내서)

사이에서 고민하시죠. 두 유형의 교재는 각각의 장단점을 가지고 있기 때문에 우리 아이의 학년과 수준(영어 학년)에 따라 적절한 것을 선택하면 좋겠습니다.

  우선 외서의 경우, 보통 예문이 풍부하고 텍스트의 질이 우수하다는 장점이 있습니다. 반면, 국내서는 한국의 교육과정과 입시 제도를 고려하여 설계되었기 때문에 학습 계획표나 정기 테스트 대비 문항 등 국내 학습자에게 필요한 요소가 많이 포함돼 있다는 장점이 있습니다.

My First Grammar

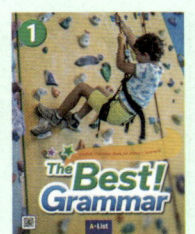
The Best Grammar

Grammar Club

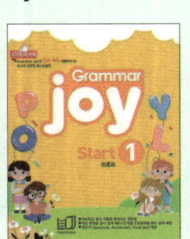
Grammar Joy Start

Junior Time for Grammar

Grammar Stage Starter

기초 100% 초등 영어 문법

This is Grammar Starter

초등영어 문법이 된다

초등 Grammar inside

EBS랑 홈스쿨 초등 영어 초등 영문법

초등코치 천일문 GRAMMAR

초등 영문법 777

초등 영문법, 문법이 쓰기다

초등필수 영문법 + 쓰기

초등 문법으로 writing

중학영어 쓰작

초등영어 쓰기독립 영문법 스타터

영문법 컨설팅 상담
자주 묻는 질문

1. '내신 문법'은 어떻게 대비할 수 있을까요?

내신 문법이란, 중고등학교 영어 시험을 치르기 위해 필요한 문법을 말합니다. 대개 교과서 본문과 부교재(프린트 물) 등에서 문법 항목이 포함된 문장 형태로 출제되며 일반적인 유형은 다음과 같습니다.

1) 빈칸에 들어갈 가장 적절한 단어의 형태를 묻는 문제

> Q. 괄호 안의 낱말을 변형하여 문맥에 맞게 (A)와 (B)에 각각 넣으시오.
>
> (A): The students were amazed by the story _____ by their history teacher. (tell)
>
> (B): The old painting _____ in the attic turned out to be very valuable. (find)

2) 문법적으로 어색한 부분을 찾는 문제

> Q. 다음 중 문법적으로 어색한 부분이 있는 문장을 모두 찾아 옳게 수정하여 완성된 문장으로 쓰시오.
>
> (1)   He likes to playing soccer on weekends.
>
> (2)   They decided go to the beach yesterday.
>
> (3)   Studying hard is important for success.
>
> (4)   She wants become a doctor in the future.
>
> (5)   I am interesting in learning new languages.

3) 어법상 알맞은 형태의 단어나 문장 등을 선지 중에서 고르게 하는 문제

> Q. 다음 대화의 빈칸에 들어갈 가장 알맞은 것을 고르시오.
> A: What are your plans for the weekend?
> B: I'm thinking of _____ to the beach.
> ① go ② going ③ to go ④ went ⑤ gone

4) 의미는 그대로 두면서 문장 구조나 표현을 고치는 문제

> Q. 다음 두 문장을 관계대명사를 사용하여 한 문장으로 연결하시오.
> I met a girl. She can speak five languages.
> _____

이런 문제를 잘 풀어내기 위해서는 수업 시간에 강조된 중요한 문법 내용을 잘 표시해 두어야 합니다. (내신 시험은 학교 선생님이 출제하시기 때문에 수업 시간에 집중하는 것이 무엇보다 중요해요!) 그리고 수업 시간에 필기한 부분을 시험 직전까지도 반복적으로 보는 것이 좋습니다. 무엇보다 내신 문법 시험은 시험 범위 내에서 단원별 핵심 문법이 출제되기 때문에 각 단원에서 다루는 '문법 요소'가 무엇인지를 정확하게 파악하는 것이 중요하죠. 또한 지문의 흐름과 문맥

상 알맞은 형태를 묻는 문제가 많아서 '잘 읽기' 위한 독해 (+어휘 학습) 준비도 필요합니다. 즉, 본문과 예문이 입에 붙을 때까지 반복해서 읽고 암기하면 좋다는 겁니다. 특히 문법적으로 틀린 비문을 찾을 때에 어색함을 느끼는 '직관'이 키워져서 문제 풀이에 도움을 받을 수 있습니다.

2. 중학교 입학을 앞둔 6학년인 아이, 문법 공부를 정말 싫어해서 제대로 시작도 못 했는데 어떻게 해줘야 할까요?

꽤 자주 보이는 경우인데요. 이럴 때에는 문법을 좋아하기는 어렵지만 덜 싫어하게 만들면서 아이가 문법 학습 습관을 들일 수 있도록 도와주어야 합니다. 이를 위한 해결책은 다음과 같이 세 가지입니다.

첫째, 아이의 학년을 고려하지 말고 현재 수준에 맞는 쉬운 교재를 골라주세요. 함께 서점에 가서 아이가 직접 교재를 고르는 것도 도움이 됩니다. 그 이유는 아이의 불안감을 줄이는 중요한 시작점이면서 아이가 본인 수준에 맞지 않는 어려운 내용부터 시작하면 좌절감을 느끼고 학습 의욕을 잃을 수 있기 때문입니다. 쉬운 교재의 기준은 딱 2가지만 보시면 되는데요. 첫째는 '예문이 쉬운 것',

둘째는 '한글로 된 문법 설명이 쉽고 친절한 것'입니다. 이렇게 쉬운 내용으로 시작하면 아이는 '할 수 있다'는 자신감을 얻고 지속적인 학습 습관을 만들어갈 수 있게 됩니다.

둘째, 반드시 수업을 듣게 하세요. 싫어하는 과목은 자기주도학습이 어렵습니다. 그러니 적응할 때까지라도 학원 수업이나 과외 등으로 도움을 받아 공부할 수 있는 환경을 조성해 주는 것이 좋아요. 선생님과 함께 공부하면 일단 체계적인 학습이 가능하며 궁금한 점도 즉시 해결할 수 있습니다. 그리고 같은 또래 친구들과 함께 공부하면서 경쟁심과 동기부여도 얻을 수도 있죠. 규칙적인 수업 참여는 학습 습관 형성에도 도움이 됩니다.

셋째, 쉬운 중등 기출 문제를 접하게 해주세요. 중학생이 되면 곧 마주하게 될 문법 문제를 미리 경험하게 함으로써 공부해야 할 이유를 스스로 깨닫게 할 수 있습니다. 이는 학습 동기부여에도 큰 도움이 돼요. 실제 시험에 나오는 문제 유형을 미리 접해 보면 문법 공부의 실용성을 체감할 수 있고 앞으로의 학습 방향을 설정하는 데도 도움이 됩니다. 다만, 너무 어려운 문제로 시작하면 오히려 역효과가 날 수도 있으니 쉬운 문제부터 단계적으로 접근하는 것이 좋습니다.

가장 중요한 건, 어떻게든 '시작을 해야 한다'는 점입니다. 세 가지 중에서 아이의 상황에 맞는 해결책을 하나씩 적용해 보시면 도움이 될 겁니다.

3. 미국에서 몇 년 살다 온 아이라 문법 없이도 영어를 잘하는데 문법 공부를 꼭 해야 하나요?

미국 등 영어권 국가에서 다년간 체류하여 영어가 유창하더라도 한국에서 학교를 다닐 아이라면 문법 학습은 반드시 필요합니다. 영어에 관한 언어적 직관이 어느 정도 발달했다고 하더라도 대부분의 경우에 충분하지 않기 때문이에요. 유창성에 비해 정확성이 부족한 경우가 많아요. 더 정확하게 읽고 쓰기 위해서는 체계적인 문법 학습이 필수입니다.

이런 질문이 나오게 된 배경에는 보통 아이가 문법 공부를 거부하는 상황이 있을 겁니다. 아이 스스로는 영어로 말하고, 읽고, 쓰는 데 문제가 없다고 느끼기 때문에 재미없고 어려운 문법을 왜 공부해야 하는지 이해하지 못하는 것이죠. 하지만 당장은 문제가 없어 보여도 학년이 올라갈수록 더 복잡하고 정교한 영어 문장을 접하게 되면서 어려움을 겪을 가능성이 있습니다.

또한 한국의 영어교육 환경도 충분히 고려해야 합니다. 대부분의 영어 교재와 영어 내신, 심지어 수능 영어, 수업까지도 문법 개념과 용어에 대한 이해를 전제로 합니다. 이러한 개념을 모른다면 수업을 따라가기 어려울 수 있죠. 따라서 문법 학습은 단순히 언어 능력을 향상하기 위해서만이 아니라 한국의 교육 시스템에 적응하기 위해서도 반드시 필요합니다.

이처럼 문법 학습은 반드시 해야 하지만 동시에 현실적인 어려움이 있는 것도 사실입니다. 예를 들어, 영어학원에서 아이의 영역별 수준에 모두 맞는 수업을 찾기가 어려울 수 있어요. 이런 경우에는 문법 수업을 따로 챙겨주는 것이 좋습니다. 아이가 스스로 공부하기 힘들어한다면 적응할 때까지 과외 등 개인 교습을 받게 하는 것도 현실적인 선택지 중 하나입니다.

4. 방학 특강 등 단기로 진행되는 '문법 특강'을 수강하는 것이 도움이 될까요?

방학 기간에 집중적인 영문법 특강을 듣는 것을 고려하는 학부모가 많습니다. 짧은 기간에 집중적으로 문법을 학습할 수 있다는 점에서 매력적으로 보일 수 있지만 이러한 접근법의 효과와 한계를 정확히 알고 신중하게 선택하셔야 합니다.

일단, 문법의 특성상 단기간의 집중만으로 체계적인 학습을 하기가 어렵습니다. 언어는 단순한 규칙 암기를 넘어서 지속적인 노출과 실제 사용을 통해 내재화하는 과정이 필요하기 때문이에요.

또한 단기간에 마무리될 수 있는 분량이 아닌 것도 큰 이유입니다.

오히려 부작용이 더 많을 수 있습니다. 언어의 형식이라는 어렵고 딱딱한 내용을 단기간에 집중적으로 몰아서 학습하게 되면 영어에 대한 흥미와 관심이 줄어들 뿐만 아니라 부정적 감정과 태도가 생길 수 있기 때문이죠. 실제로 영문법 단기 특강을 듣고 영어가 싫어졌다는 아이가 꽤 많습니다.

하지만 이미 기본적인 문법 지식을 갖춘 아이에게는 방학 특강이 복습 용도로 유용할 수 있어요. 이 경우, 특강은 다음과 같은 목적으로 활용해야 합니다.

- **전체적인 문법 체계 정리**: 개별적으로 학습한 문법 항목을 체계적으로 연결하고 정리하는 기회
- **취약점 보완**: 자신이 부족한 부분을 집중적으로 보완하는 시간
- **심화 학습**: 기본 개념을 넘어서 더 복잡한 문법 구조를 학습하는 기회

즉, 방학 문법 특강은 만능 해결책이 아니라 보완적 학습 도구로만 활용되어야 합니다. 우리 아이의 현재 수준, 학습 목표, 학습 스타일 등을 종합적으로 고려해서 특강 수강 여부를 결정하세요. 또한 특강 후에는 반드시 지속적인 활용을 통해 학습 효과를 극대화할 수 있는 계획도 세우셔야 합니다.

라이팅

: 중고등 영어의 승부처

　대한민국 영어교육은 끊임없는 변화와 발전을 거듭해 왔지만 여전히 '듣고(듣기 평가), 읽고 (독해 지문), 문법적 오류를 찾아내는(어법 문제)' 것이 영어 학습의 전부라고 생각하는 분이 많습니다. 특히 영어 라이팅에 대해서 "영어로 글을 쓸 수 있는 것보다는 말을 할 줄 아는 게 훨씬 더 중요한 거 아닌가요?", "우리 아이는 유학은 안 보낼 건데 라이팅이 꼭 필요한가요?"라는 등의 질문을 하는 분이 여전히 많죠.

라이팅에 대한 인식 전환이 필요한 때

학교 영어교육에서 라이팅의 중요성은 날이 갈수록 커지고 있습니다. 우선 중간고사와 기말고사로 대표되는 지필 평가에서 서답형(서술형, 논술형) 문제의 비중과 중요성이 상당합니다. 지역마다 학교마다 약간씩 다르기는 하지만 수행평가의 비중도 절반에 육박하는 학교도 많죠. 그런데 영어뿐만 아니라 거의 모든 과목의 수행평가 항목은 상당 부분이 '쓰기'입니다. 즉, 멀리 내다보는 영어교육을 차치하더라도 당장 눈앞의 현실적인 목표(시험 성적)를 위해서는 일정 수준 이상의 라이팅 능력이 필수가 되었습니다.

또한 영어 라이팅 능력은 단순히 글을 쓰는 기술을 넘어서 종합적인 언어 능력을 반영합니다. 라이팅에는 문법, 어휘, 문장 구조, 논리적 사고력 등 다양한 요소가 녹아들어 있기 때문이에요. 따라서 라이팅 능력을 키우는 것 자체가 영어 실력의 전반적인 향상으로 이어진다고 할 수 있습니다.

하지만 라이팅 실력은 단기간에 향상되지 않는다는 것도 아셔야 합니다. 그래서 꾸준한 연습과 체계적인 접근이 필요하죠. 특히 초등 시기부터 적절한 방법으로 라이팅에 친숙해지도록 훈련하는 것이 매우 중요합니다. 라이팅에 대한 부담감을 줄이고, 자연스럽게 글쓰기를 시작하면서 동시에 꾸준히 하는 습관을 들여야 합니다. 향후 중고등학교에서 요구되는 어려운 수준의 라이팅에도 쉽게 적응할 수 있도록 말입니다.

그럼 지금부터 라이팅 학습 지도를 위해 우선적으로 체크해야 할 '라이팅에 대한 오해'를 살펴보겠습니다.

라이팅에 대한 오해

충분한 인풋, 문법 공부가 되어야만 라이팅이 가능할까?

 일반적으로는 언어 발달 과정에서 라이팅을 가장 마지막 단계로 꼽는 견해가 많습니다. 그래서 듣기, 읽기, 말하기가 어느 정도 되고 나서야 혹은 문법을 완벽히 익힌 후에야 글쓰기를 시작할 수 있다고 생각하시는 분이 많죠. 하지만 이건 큰 오해입니다.
 라이팅은 아이가 쓰고 싶어 할 때 언제든 시작해도 좋습니다. 정말이냐고요? 네! 한글 학습 과정을 떠올려보면 누구나 쉽게 이해할 수 있습니다. 아이가 글자를 쓰고 싶어 하는 욕구를 보였을 때, 우리는 어떻게 했었나요? 자연스럽게 (아이 이름부터) 쓰기를 지도하지 않았나요? 영어도 마찬가지입니다. 다만 우리가 알파벳이나 단어 쓰기를 '진정한 라이팅'으로 인식하지 않기 때문에 이러한 오해가 생긴 거죠.

실제로도 언어 습득 과정 중 말하기와 쓰기 능력은 동시에 발달될 수 있습니다. 때로는 쓰기를 통해 말하기 능력이 향상되기도 하니까요. 따라서 인풋이 충분하지 않다고 혹은 문법을 완벽히 익히지 않았다고 해서 라이팅을 미루지 마시기 바랍니다. 아이의 관심과 호기심이 일어날 때가 바로 시작하기 좋은 때입니다.

'순수한 글쓰기'만이 라이팅일까?

앞서 언급한 오해와 연결되는 부분인데요. 많은 분이 완성된 형태의 글쓰기만을 라이팅이라고 생각합니다. 하지만 이 역시 잘못된 인식이에요. 엄밀하게 말하면 알파벳 쓰기, 단어 쓰기부터가 이미 라이팅 영역에 속합니다. '**라이팅의 시작 = 알파벳 쓰기**'로 생각을 바꾸시는 게 어떤가요? 갑자기 라이팅이 우리가 생각했던 것보다 훨씬 일찍 시작할 수 있는 활동으로 느껴질 거예요. 이러한 사고의 전환은 여러분과 아이들이 '라이팅을 대하는 태도'를 크게 바꿀 수 있습니다. 라이팅을 어렵고 부담스러운 것으로 여기면 시작조차 하기 힘들지만, 알파벳 쓰기부터가 라이팅의 시작이라고 생각하면 훨씬 쉽게 그리고 일찍부터 접근할 수 있으니까요.

따라서 아이가 알파벳을 따라 쓰거나 좋아하는 영단어를 노트에 적는 순간을 단순한 놀이나 연습으로만 여기지 말아주세요. 이미 그 순간부터 아이는 라이팅을 시작한 거니까요.

잘못 쓴 글은 반드시 수정이 필요할까?

마지막으로, 가장 큰 오해이자 라이팅 학습을 망치는 가장 빠른 방법은 바로 아이의 글쓰기를 하나하나 지적하고 수정하려고 하는 것입니다. 특히 알파벳이나 단어 수준에서의 첨삭은 더욱 문제가 되어요. 아이들의 초기 라이팅 단계에서는 '절대로' 완벽함을 추구하지 말아야 합니다. 오히려 무언가를 쓰려고 시도한 것 자체를 칭찬하고 격려해 주어야 해요.

한글을 배울 때를 떠올려 보세요. 아이가 'ㄷ'을 (좌우를) 거꾸로 썼을 때, 여러분은 그것을 어떻게 생각하셨나요? 습관이 되어 영영 한글을 잘못 쓸까 봐 걱정 궁금하셨나요? 아니면 귀엽다고 생각하셨나요? 아마도 후자가 많으시겠죠? 영어도 마찬가지입니다. 처음에는 (원어민이라도 해도) 'b'와 'd'를 혼동하는 아이가 많지만 시간이 지나면서 두 철자를 자주 접하게 되면 자연스럽게 스스로 교정할 수 있습니다.

게다가 문장 수준의 첨삭 또한 아이가 문법을 본격적으로 배우기 전까지는 하지 않는 것이 좋아요. 그때까지는 아이가 쓰고 싶은 대로 자유롭게 쓰게 내버려 두셔도 됩니다. 아이가 잘못 쓰는 것을 두려워한 나머지 아예 글 자체를 쓰지 않게 되는 상황만은 절대적으로 피해야 하거든요. 그 대신에 아이의 글쓰기에 대해 (최대한 구체적인 부분을 떠올려서) 긍정적으로 피드백해 주는 것이 좋습니다. 예를 들어, "이 부분, ○○하니까 참 재밌다!", "네가 쓴 이 문장, ○○해서 정말 멋진걸!"라는 식으로 형식보다는 내용 중심으로 구체적인 격려를 많이 해주세요. 이를 통해 아이는 글쓰기에 대한 자신감을 얻고 더 많이 시도하게 될 겁니다.

이처럼 영어 라이팅은 우리가 생각하는 것보다 훨씬 일찍 그리고 쉽게 시작할 수 있습니다. 완벽함을 추구하기보다는 쓰고자 하는 의지와 노력을 격려하는 것이 훨씬 중요함을 기억해 주세요.

라이팅은 이렇게 시작하세요

현실적으로 영어 라이팅 학습은 주요 방향성 2가지를 고려해 볼 수 있습니다. 첫째는 지필고사와 수행평가에서 좋은 점수를 얻기 위한 '단계별 라이팅'이고 둘째는 '자신의 생각과 감정을 자유롭게 표현하기 위한 라이팅'입니다. 우선 라이팅을 시작해야 하는 시기부터 하나씩 살펴보도록 할게요.

본격적인 라이팅을 시작해야 하는 타이밍

효과적인 라이팅 교육을 위해서는 아이의 발달 단계와 흥미를 고려한 단계별 접근이 필요합니다. 단계별로 라이팅 교육의 적기는 다음과 같습니다.

-알파벳 쓰기 (6~8세)

6세 지우는 영어 동요를 들으며 알파벳 소리에 관심을 보이기 시작했습니다. 부모님은 이때를 놓치지 않고 재미있는 알파벳 쓰기 활동을 소개했죠. 지우는 모래나 밀가루 위에 손가락으로 알파벳을 그리거나 대문자 모양의 쿠키 틀로 찍어내는 등 즐거운 놀이를 통해서 알파벳 쓰기에 자연스럽게 익숙해졌습니다.

알파벳 쓰기는 아이가 스스로 쓰고자 하는 욕구를 보일 때 시작하는 것이 가장 이상적이지만 늦더라도 파닉스 리더스를 읽기 시작할 무렵에는 시작하는 것이 좋습니다.

-단어 쓰기 (7~10세)

7세 민준이는 영어책을 통해서 'cat', 'dog', 'sun' 같은 간단한 단어를 읽을 수 있게 되었습니다. 부모님은 이런 단어들로 간단한 빙고게임을 만들어서 민준이와 즐겁게 단어 쓰는 연습을 시도했고요. 또 포스트잇에 물건의 이름을 영어로 써서 집 안 곳곳에 붙여 놓는 방법으로 일상생활 속에서 자연스럽게 단어 쓰기를 익혔더니 효과가 아주 좋았습니다.

단어 쓰기는 아이가 눈에 익은 사이트 워드를 읽을 수 있을 때쯤 시작하는 것이 가장 좋습니다. 이때는 철자를 하나하나 따져가며 정확하게 쓰는 연습을 시켜주세요.

-문장 쓰기 (9~11세)

9세 수민이는 단어 100개 정도를 능숙하게 쓸 수 있게 되었습니다. 이제 간단한 문장 쓰기를 시작할 때인데요. 부모님은 수민이에게 '오늘의 한 문장' 활동을 지도했습니다. '오늘의 한 문장' 활동이란, 매일 그날 있었던 일 중 하나를 선택해서 간단한 영어 문장으로 표현하는 거예요. 수민이는 "I eat pizza for dinner.", "I play soccer with my friends."와 같은 문장으로 자신의 일상을 영어로 표현하는 즐거움을 느끼기 시작했습니다.

문장 쓰기는 아이가 쓸 수 있는 단어가 어느 정도 구색(간단하게라도 문장을 구성할 수 있는 정도)을 갖추었을 때 시작합니다. 뜻과 철자를 정확히 모르는 단어가 많다면 문장 쓰기는 시기상조이니 신중히 시작하시는 것이 좋아요.

-단락 쓰기 이상 (11세~)

11세 지은이는 한글로 자신의 생각을 논리적으로 정리한 글을 쓸 수 있습니다. 그렇다면 영어로도 짧은 단락을 쓰는 연습을 시작할 때예요. 부모님은 지은이에게 주말에 있었던 일을 먼저 한글로 정리해 보고, 이 내용을 담아 영어 3~4문장으로 구성된 단락을 쓰도록 했습니다. "*Last weekend, I went to the park with my family. We had a picnic and played frisbee*(원반). *The weather was sunny and warm. It was a perfect day for outdoor activities.*"와 같은 식으로 말이죠. 이런 과정을 통해서 지은이는 자신의 경험과 생각을 영어로 표현하는 능력을 조금씩 키울 수 있었습니다.

더 높은 수준의 라이팅은 한글 글쓰기가 어느 정도 가능하다는 전제하에 시작해야 합니다. 자신의 생각을 한글로도 정리할 수 없다면 영어로 표현하는 것은 더욱 어려우니까요.

영어 라이팅 교육은 아이의 전반적인 언어 발달 수준과 흥미를 고려하여 단계적으로 진행해야 합니다. 일반적으로는 영어 읽기 수준보다 최소 2단계 아래의 라이팅 활동을 병행하는 것이 가장 효과적입니다. 각 단계에서 필요한 기본 능력(알파벳 인식, 단어 인지, 문장 구성 능력 등)이 갖춰졌는지를 꼭 확인하세요. 이를 바탕으로 앞서 말씀드린 단계별 추천 연령대를 기준으로 너무 빠르거나 지나치게 느리지 않도록 현실적인 목표를 세워 보시기 바랍니다.

지필고사와 수행평가 점수를 위한 라이팅

평가를 위한 라이팅은 주로 학교에서 요구하는 형식과 기준에 맞춰 글 쓰는 능력을 키우는 데 중점을 둬야 합니다. 정확한 문법 사용, 적절한 어휘 선택 그리고 주어진 주제에 맞는 내용 구성 능력 등이 포함되죠. 이러한 유형의 라이팅은 학업 성취도의 향상에도 직접적인 영향을 미칩니다.

영어 내신 '쓰기 문제' 유형은 과거에는 단순한 빈칸 채우기나 단답형 문제가 주였지만 현재는 훨씬 더 다양한 유형의 문제가 출제되고 있습니다. 단순한 쓰기가 아니라 아이들의 종합적인 영어 능력을 평가하는 것이죠.

-다양한 서술형 문항의 예시

- 기존 유형

예전부터 출제되던 비교적 단순한 형태의 서술형 문제 유형은 여전히 큰 비중을 차지합니다. 주어진 단어를 배열하여 완전한 문장을 만들거나 어법에 맞게 단어를 변형하는 문제가 이에 해당되죠. 이러한 문제로는 기본적인 문법 지식과 어휘력을 평가합니다.

> Q. 다음의 한글 뜻을 참고한 후, 보기의 단어를 순서대로 사용하여 문장을 완성하시오.
> <한글 뜻> 그는 피자를 매우 좋아해서 자주 그것을 먹는다.
> <보기> likes, pizza, very much, he, so, often, eats, it
> ⇨ _____.

• 복잡한 유형

최근에는 다음과 같이 좀더 복잡하고 다양한 유형의 문제가 자주 출제되고 있습니다.

1) 주어진 글을 읽고 어법 오류를 발견한 후, 잘못된 부분을 고쳐서 완성된 문장 쓰기

> Q. 다음 글을 읽고 어법상 틀린 세 부분을 찾아서 알맞게 고쳐 쓰시오.
>
> A Day in the Life of Students
> Students today lead incredibly busy lives. Their day starts early, often before sunrise, as they rush to get ready for school. Some walk, some take the bus, while others are drove by their

parents. At school, they dive into a variety of subjects like math, science, and literature. Between classes, they socialize with friends and enjoy brief moments of relaxation.

After school, the day is far from over. Many students engage in extracurricular activities such as sports, music lessons, or art classes. These activities help them develop new skills and nurture their interests. Once home, they face the challenge of completing homework, which can take several hours. Time management become crucial as they try to balance their studies with other responsibilities and interests.

Weekends offer a slight change of pace. Students can sleep in and relax a bit more, but many still have homework or part-time jobs to attend to. Despite the demanding schedule, most students find ways to enjoy their busy lives. They learn to juggle their various commitments while still make time for fun and relaxation. This busy lifestyle helps prepare them for the challenges of adulthood while allowing them to make the most of their school years

(1)_____ ⇨ _____

(2)_____ ⇨ _____

(3)_____ ⇨ _____

2) 한글 문장을 보고 영작하기

> Q. 다음 글을 읽고 (A)의 한글 문장을 영작하시오.
>
> We went to the zoo on Saturday. When we got there, (A) 나는 많은 동물들을 보고 신이 났다. We saw lions, elephants, and monkeys. We fed some goats in the petting zoo. I liked the penguins best. They swam very fast in the water. It was a fun day at the zoo.
>
> ⇨ When we got there, (A)_____.

3) 글을 읽고 질문에 대한 답 영작하기

> The Eiffel Tower is an iconic symbol of Paris, France. It was built for the 1889 World's Fair. The tower was designed by engineer Gustave Eiffel. At first, many Parisians disliked the tower and wanted it torn down. However, it soon became a beloved landmark. The tower is 324 meters tall and was the world's tallest structure until 1930. Today, it's one of the most visited paid monuments in the world. Visitors can take elevators or climb stairs to reach observation decks with

stunning views of Paris.

Q. 윗글의 내용을 보고 다음 질문에 알맞은 답을 완전한 영어 문장으로 답하시오.

(1) Question: When was the Eiffel Tower built?

Answer: _____

(2) Question: How did Parisians initially feel about the tower?

Answer: _____

4) 특정 문법 지식을 동원하여 문장 완성하기

Q. 다음 조건에 맞춰서, 제시한 한글 문장과 같은 뜻이 되도록 완전한 문장을 쓰시오.

〈조건〉
1. 현재완료 시제를 사용할 것
2. 주어진 단어 'live, city, years'를 모두 사용할 것
"그는 10년 동안 이 도시에서 살아 왔다."

⇨ _____

5) 주어진 문장과 동일한 의미의 문장을 특정 표현을 이용하여 완성하기

Q. 다음 글을 읽고 밑줄 친 (A)와 같은 의미가 되도록 'too … to'를 이용하여 문장을 완성하시오.

Last weekend, Tom went camping with his family. They arrived at the campsite around noon. Tom wanted to set up the tent, but he couldn't do it alone. His father helped him with the tent. After that, Tom collected firewood for the campfire. In the evening, they roasted marshmallows and told stories. Tom was very excited and stayed up late. The next morning, he was very tired. (A) He couldn't wake up early to go hiking with his family. They decided to postpone the hike until Tom felt more rested. Despite this small setback, Tom enjoyed the camping trip very much.

⇨ Tom was _____.

6) 주어진 글을 읽고 특정 사항에 대해 한글로 긴 글 쓰기 (30~50자 분량)

Q. 다음 글을 읽고 집에서 할 수 있는 재활용 방법을 한글로 30자 이상 쓰시오.

Recycling at Home

Recycling helps keep our planet clean. At home, we separate trash into different bins. Paper goes in one bin, plastic in another, and food waste in a third. We rinse cans and bottles before recycling them. Old newspapers can be used to wrap gifts or make crafts. By recycling, we use less energy and save trees. It's an easy way for everyone to help the environment.

⇨ _____

_____

_____

이러한 다양한 유형의 문제는 단순 암기식 공부만으로는 대비하기가 어렵습니다. 라이팅 경험과 능력을 요구하는 문제들이죠.

-서술형 문항의 대비 방법

이를 대비하기 위해서는 독해력, 문법적 지식과 응용력, 조건을 고려해 답을 쓰는 능력, 작문 능력 그리고 세밀한 주의력 등이 필요합니다.

- **독해력**: 지문을 정확하게 이해하고 핵심을 파악하는 능력입니다. 지문을 꼼꼼히 읽고 중요한 정보를 추출할 수 있어야 해요.
- **문법적 지식과 응용력**: 단순히 문법 규칙을 암기하는 것을 넘어서 실제 상황에서 적절히 적용할 수 있는 능력이 필요합니다. 다양한 문맥에서 문법을 활용하는 연습이 도움이 됩니다.
- **조건을 고려해 답을 쓰는 능력**: 제시된 조건과 문법, 문맥을 모두 고려해 답안을 작성할 수 있어야 합니다. 이는 문제를 꼼꼼히 읽고 요구 사항을 정확히 파악하는 습관을 들이는 것부터 시작할 수 있어요.
- **작문 능력**: 한 문단 분량의 글을 작성할 수 있는 능력이 요구됩니다. 이것은 단순히 문장을 나열하는 것이 아니라 논리적으로 연결된 글을 쓸 수 있어야 한다는 의미예요.
- **세밀한 문법 주의력**: 시제, 태, 수 일치, 대소문자 구분, 마침표 등 사소해 보이는 요소도 시험에서는 모두 중요합니다. 아까운 감점 요소이기 때문이에요. 답안 작성 후 꼼꼼한 검토가 반드시 필요합니다.

영어 내신 평가는 단순 암기식 학습에서 벗어나 영어 사용 능력을 키우는 방향으로 변화하고 있습니다. 이러한 변화에 효과적으로 대응하기 위해서는 라이팅 능력의 향상이 필수이고요.

자신의 생각을 담은 라이팅

라이팅의 본질적인 목적은 단순히 시험 점수를 잘 받는 것을 넘어서 자신의 생각과 경험을 글로 표현하는 데 있습니다. 이는 한글이든 영어든 모든 언어의 글쓰기에 해당되는 보편적인 목표이죠. 영어교육에서 라이팅 학습을 진행할 때에도 우리는 이 근본적인 목적을 항상 염두에 두어야 합니다.

일반적으로 좋은 글의 기준은 충분한 분량, 주제 적합성, 구성력, 어휘력, 문법적 정확성 등을 꼽습니다. 이들이 중요한 요소인 것은 분명하지만 영어 글쓰기의 최소 기초를 다진 후 가장 중요한 것은 '내용'이에요. 그리고 이 내용을 풍성하게 만드는 핵심 요소가 바로 '경험'입니다.

경험은 직접적인 것일 수도 있고 독서나 미디어를 통한 간접적인 것일 수도 있습니다. 중요한 것은 이러한 경험이 글의 내용을 더욱 풍부하고 생생하게 만든다는 점이죠. 자신만의 고유한 경험과 생각을 글에 녹여 냄으로써 단순한 글쓰기를 넘어서 진정한 의미의 소통이 가능해지기 때문입니다..

또한 영어 글쓰기를 하기 전에 한글로 자신의 생각을 표현하는 연습도 중요합니다. 모국어로 자신의 생각을 정리하고 잘 표현하는 능력은 영어 글쓰기에 필요한 기본 조건이기 때문이에요. 생각을 구조화하고 논리적으로 전개하는 능력은 언어에 관계없이 좋은 글의 기본입니다.

결국, 많이 경험하고 많이 써보는 것이 가장 중요합니다. 글쓰기 능력은 이론적 지식보다는 실제 연습을 통해서 향상되거든요. 따라서 아이에게 다양한 주제로 자주 글 쓰는 기회를 주세요. 이때 중요한 것은 완벽성을 추구하기보다는 자유롭게 자신의 생각을 표현하도록 격려하는 것입니다.

영어 글쓰기 교육에서 문법이나 어휘도 물론 중요하지만 이것들은 도구일 뿐입니다. 진정한 목표는 아이들이 자신의 생각과 경험을 영어로 표현할 수 있게 하는 것임을 잊지 마세요.

단계별 라이팅 훈련법

알파벳 쓰기

라이팅의 시작점은 '알파벳 쓰기'입니다. 알파벳은 영어의 기본 단위로서 이를 정확하게 쓸 수 있는 능력은 향후 영어 학습의 토대가 됩니다.

알파벳 쓰기의 첫 단계는 영어 습득 과정을 자연스럽게 따르는 겁니다. 즉, 듣기와 읽기(보기)를 통해서 알파벳에 충분히 노출되는 것이 중요합니다. 아이들에게 알파벳 송을 자주 들려주거나 알파벳을 주제로 하는 다양한 그림책을 읽어주세요. 이러한 활동을 통해서 아이들은 알파벳의 모양과 소리를 자연스럽게 익히게 됩니다.

이 단계가 충분히 익숙해졌다고 판단되면 그때 알파벳 '쓰기'를 시작해 보세요. 이 시점에서 중요한 것은 아이의 흥미와 발달 수준을 고려하는 겁니다. 무리하게 쓰기를 강요하기보다는 아이가 스스로 알파벳을 쓰고 싶어 하는 욕구를 보일 때 시작하는 것이 가장 효과적입니다.

-알파벳 쓰기의 단계별 지도법

알파벳 쓰기를 시작할 때는 대문자부터 시작하는 것이 일반적입니다. 대문자는 직선과 곡선의 조합이 비교적 단순해서 아이들이 쉽게 따라 쓸 수 있기 때문이며 이후에 소문자 쓰기를 하시면 됩니다.

또한 단순히 알파벳을 따라 쓰는 것에 그치지 않고, 각 알파벳의 철자와 소리를 연결 지어 학습하도록 하세요. 예를 들어, 'A'를 쓸 때 'Apple'의 'A' 소리를 함께 익히는 식으로요. 이는 파닉스 학습의 기초가 되어 향후 단어 읽기와 쓰기에 큰 도움이 됩니다.

-알파벳 쓰기 지도 시 주의점

첫째, 많은 학부모님이 알파벳 쓰기를 연습시킬 때 '반복 쓰기' 방식을 선택합니다. 종이 위에 무한히 반복해서 쓰는 방법 말이죠. 하지만 이 방법은 아이에게 지루함을 느끼게 할 수 있고, 생각한 만큼 학습 효과도 크지 않습니다. 그 대신에 모래나 소금 위에 손가락으로 쓰기, 점토나 플레이 도우로 알파벳 모양 만들기, 전선을 구부려 알파벳 모양 만들기, 돌이나 조개껍데기나 낙엽 등으로 알파벳 모양 만들기, 가족 이름과 주변 사물 이름의 첫 글자 쓰기 등 다양한 방법으로 알파벳 쓰기를 즐겁게 훈련시켜 주시면 좋습니다.

둘째, 알파벳에는 대문자와 소문자가 있으며 각각 쓰이는 상황이 다르다는 것을 아이에게 이해시켜야 합니다. 동시에 다음의 경우처럼 항상 대문자를 사용해야 하는 때도 있다는 것을 다양한 예시와 함께 알려주시면 좋아요.

- 문장의 첫 글자
- 고유명사: 사람 이름(John Smith), 지명(New York), 국가(France), 회사(Apple), 조직(United Nations), 브랜드명(Coca-Cola) 등 대문자로 시작
- I (1인칭 단수의 주격 대명사)
- 월(January, February 등)
- 요일(Monday, Tuesday, Wednesday, Thursday, Friday, Saturday, Sunday)
- 휴일과 특별한 날(Christmas, Thanksgiving Day 등)

셋째, 헷갈리기 쉬운 알파벳 b-d, p-q를 구분할 수 있게 도와주세요. 'b'와 'd', 'p'와 'q'는 모양이 비슷해 헷갈리기 쉬운 가장 대표적인 알파벳 조합입니다. 알파벳을 배우는 초기에는 (미국 아이들도)

이것을 구분하는데 어려움을 겪기 때문에 특별한 방법으로 구분할 수 있게 하세요.

- b와 d의 구분법: 'b'와 'd'를 연속해서 쓰면 'bed'가 된다는 점을 이용하세요. 'b'가 침대의 머리말, 'd'가 발끝 모양이라고 설명하면 아이가 쉽게 이해하고 기억하게 됩니다.
- p와 q의 구분법: p와 q는 쓰기 시작하는 방향이 다릅니다. 'p'는 위에서 아래로 직선을 그은 후 오른쪽으로 동그라미를 그리지만, 'q'는 동그라미를 먼저 그린 후 펜을 떼지 않고 동그라미의 오른쪽 위에서 아래로 직선을 그립니다. 이 쓰기 방향의 차이를 강조하면 아이들이 두 글자를 구분하는 데 큰 도움이 됩니다.

단어 쓰기

단어 쓰기는 리딩에서 자연스럽게 이어지는 것이 가장 이상적입니다. 아이가 리딩을 통해 자주 접하는 단어를 쓰기 연습에 활용하면 학습의 연속성을 유지할 수 있어요. 하지만 여기서도 주의할 점이 있습니다. 파닉스 단계까지는 단어의 철자와 의미를 완벽하게 암기하는 데 중점을 둘 필요가 없다는 겁니다. 이 시기에는 단어를 읽고 쓰는 것 자체에 의미를 두는 것만으로 충분합니다. 완벽을 기하다가 시간을 너무 많이 지체하면 아이와 여러분 모두 쉽게 지쳐서 앞으로 나아갈 동력을 잃을 수 있으니까요.

-리더스북 단계에서의 단어 쓰기

리더스북 단계에 들어서면, 조금 더 체계적인 단어 쓰기 학습이 가능해집니다. 모르는 단어를 뽑아내어 학습하는 것도 좋지만 매일 읽은 부분에서 단어 3개를 선택하여 쓰기 연습을 하는 것을 추천합니다. 이렇게 하면 규칙적으로 단어 학습을 할 수 있고, 개수에 중점을 두면 내가 아는 단어와 모르는 단어에 대해서 한번 더 생각해 볼 수 있기 때문입니다.

더 나아가 이렇게 선택한 단어로 자기만의 단어장을 만들어 보는 것도 좋습니다. 각 단어에 어울리는 그림을 그려 넣으면 시각적 기억을 통해서 단어 학습 효과를 높일 수도 있어요. 또 이렇게 만든 단어장은 나중에 플래시카드로 활용할 수 있어서 복습에도 매우 효과적입니다.

-단어 암기와 쓰기의 병행

단어 쓰기는 단어 암기와 함께 진행하는 것이 가장 효과가 좋습니다. 앞서 언급한 성향에 따른 어휘 학습 방법 등을 참고하여 단어의 의미와 쓰임을 이해하면서 동시에 쓰기 연습을 하도록 지도해 주세요. 또한 단어 쓰기에서 가장 주의해야 할 점은 소리 내며 쓰는 연습을 해야 한다는 겁니다. 단순히 철자 하나하나를 보고 쓰는 것은 효과가 없습니다. 처음에는 어려울 수 있지만 결국에는 온전한 단어 하나를 소리 내어 말하면서 쓸 수 있을 정도로 충분히 훈련해야 한다는 걸 기억해 주세요.

-단어 쓰기를 단계별로 접근해야 하는 이유

단어 쓰기 학습은 아이의 수준에 맞는 단계별 접근이 중요합니다. 초기에는 간단히 서너 글자로 된 단어부터 시작하여 점차 긴 단어로 난도를 높여가는 것이 좋습니다. 예를 들어, 'cat', 'dog'에서 시작하여 'elephant', 'beautiful'과 같은 복잡한 단어로 나아가는 식으로 말입니다.

또한 단어 쓰기를 다른 영역과 통합하는 것도 효과적입니다. 새로 배운 단어가 포함된 짧은 문장을 따라서 써보거나(문장 쓰기), 그 단어를 사용하여 말해 보는 등 단어 사용의 실제적 맥락을 통해서 뜻과 발음을 더 명확히 기억할 수 있도록요.

문장 쓰기

영어 학습에서 문장 쓰기는 단어를 단순히 나열하는 것을 넘어서 의미 있는 표현을 만들어내는 첫걸음이라고 할 수 있습니다.

-기초적인 문장 구조 익히기

문장 쓰기는 주어와 be동사를 사용한 문장(예: I am happy.), 주어와 일반 동사를 사용한 문장(예: I like apples.)과 같이 '가장 기본적인 문장 구조'를 익히는 것부터 시작합니다. 이 과정에서는 앞서 학습한 단어를 활용하는 것이 중요합니다.

예를 들어, 'happy', 'sad', 'tired' 등의 감정(상태) 형용사를 배운 후, "I am happy.", "She is sad.", "They are tired."와 같은 문장을 만들어 보는 거예요. 이어서 'eat', 'play', 'read' 등의 동사를 배운 후에는 "I eat breakfast.", "We play soccer.", "She reads books." 같은 문장도 만들어 보고요.

-문법 요소 도입하기

이처럼 기본 문장 구조에 익숙해지면, 점차 문법적 요소를 가미할 수 있습니다. 수의 일치(단수/복수), 시제(현재/과거/미래) 등의 개념을 도입하여 문장에 변형을 주는 연습을 시도해 봅니다.

예를 들어, "The cat sleeps on the sofa."라는 문장을 배운 후에 이것을 "The cats sleep on the sofa."(복수), "The cat slept on the sofa."(과거) 등으로 변형해 봅니다. 이러한 활동을 통해서 문법 규칙을 자연스럽게 익힐 수 있습니다.

-문장 부호 익히기

문장을 정확히 쓰기를 위해서는 문장 부호의 사용법을 아는 것도 중요합니다. 마침표, 쉼표, 물음표, 느낌표, 콜론, 세미콜론 등의 기본적인 문장 부호 사용법을 익히는 거죠. 이때는 필사 활동이 매우 많은 도움이 됩니다. 쉬운 문장부터 시작하여 점차 복잡한 문장을 필사해 본다면 문장 부호 사용법을 자연스럽게 익힐 수 있습니다.

- 마침표(Period .): 문장의 끝을 나타냅니다.
- 쉼표(Comma ,): 문장 내에서 짧은 휴지(텀)를 나타내요.
- 물음표(Question mark ?): 의문문의 끝에 사용합니다.
- 느낌표(Exclamation mark !): 강한 감정이나 명령을 나타낼 때 사용합니다.
- 콜론(Colon :): 리스트나 설명을 도입할 때 사용합니다.
- 세미콜론(Semicolon ;): 관련 있는 독립절을 연결할 때 사용합니다. (예: I love coffee; my sister prefers tea.)
- 따옴표(Quotation marks " "): 직접 인용을 나타낼 때 사용합니다.
- 아포스트로피(Apostrophe '): 소유격이나 축약형을 나타낼 때 사용합니다.

-바꿔 쓰기 활동

학습한 문장 구조를 다양하게 활용하는 능력을 기르기 위해서는 '바꿔 쓰기' 활동이 도움이 됩니다. 주어진 문장의 구조를 유지하면서 단어만 바꾸어 새로운 문장을 만드는 활동이에요.

예를 들어, "I like to eat apples."라는 문장을 배운 후에 이것을 "She likes to play soccer.", "They like to watch movies." 등으로 바꿔 써볼 수 있습니다. 이러한 패턴 연습은 문장 구조를 익히는 데 매우 효과적입니다. 기본 회화 능력을 높이는 데에도 도움이 됩니다.

-문장 쓰기에서 단어 지식의 중요성

문장 쓰기의 기초는 풍부한 어휘력입니다. 단어의 철자, 뜻, 쓰임새를 정확히 알고 있어야 올바른 문장을 구성할 수 있기 때문입니다. 예를 들어, 'pretty'라는 단어를 알고 있다고 해서 모든 상황에서 적절하게 사용할 수 있는 것은 아닙니다. 'pretty'는 대체로 '귀여운'의 의미로 알지만 '꽤'라는 뜻으로도 사용될 수 있음을 알아야 하죠. 또한 단어의 품사와 활용 형태를 아는 것도 중요합니다. 'happy'가 형용사라는 것, 'happily'가 부사 형태라는 것 그리고 'happiness'가 명사 형태라는 것을 알면 다양한 문장 구조에서 이 단어를 적절하게 사용할 수 있습니다.

-문장 확장하기

기본 문장 쓰기에 익숙해지면 점차 문장을 확장할 수 있습니다. 형용사와 부사를 추가하여 문장을 더욱 풍부하게 만들 수도 있고요. 접속사를 이용하여 두 개 이상의 문장을 연결하는 연습을 할 수도 있습니다.

- 기본 문장: "I read a book."
  간단한 주어와 동사, 목적어로 이루어진 문장입니다.
- 형용사 추가: "I read an interesting book."
  'interesting'이라는 형용사를 추가하여 책의 특성을 설명했습니다.
- 부사 추가: "Every day, I read an interesting book at the library."
  'Every day', 'at the library'라는 부사(구)를 추가하여 언제 어디서 이 행동이 일어나는지를 나타냈죠.
- 접속사를 이용한 문장 연결: "Every day, I read an interesting book at the library, and then I go home."
  'and'이라는 접속사를 사용하여 두 개의 관련된 행동을 하나의 문장으로 연결했습니다.

이러한 확장 과정을 통해서 단순한 문장에서 시작하여 더 풍부하고 상세한 정보를 전달하는 문장을 만들어낼 수 있습니다.

이러한 단계를 거치면서 충분한 연습을 한 후에야 비로소 자신의 생각을 담은 짧은 글쓰기가 가능해집니다. 이 단계에 이르면 영어로 자신의 의견이나 경험을 표현할 수 있게 돼요. 이것이 바로 진정한 글쓰기의 시작이라고 할 수 있습니다.

일기 쓰기

라이팅에서 일기 쓰기는 매우 효과적인 방법 중 하나입니다. 영어 일기는 개인의 경험과 생각을 자유롭게 표현할 수 있으면서 동시에 영어 라이팅 능력을 키울 수 있는 훌륭한 도구이기 때문이죠.

-일기 쓰기의 시작: 간단한 것부터

영어 일기를 시작하는 데 있어서 가장 중요한 것은 '부담을 갖지 않는 것'입니다. 글감(topic)과 기본적인 문장 작성 능력만 있다면 '가볍게 시작할 수 있다'고 생각하셔야 해요. 처음에는 두세 문장으로 구성된 짧은 일기로도 충분하거든요. 예를 들어, "Today was sunny. I went to the park. I had ice cream."과 같은 간단한 문장만으로도 오늘의 일기는 완성입니다!

이전 단계에서 연습한 문장을 활용하는 것이 아이에게는 좀더 쉽게 느껴질 수 있습니다. 예를 들어, 문장 쓰기 연습에서 "I like to read books."와 "I like novels."라는 문장을 배웠다면 이것을 연결하여 "I like to read books. I like novels. Today, I started a new novel."과 같이 문장 나열로 일기를 쉽게 쓸 수 있는 거죠.

또한 샘플 영어 일기를 필사하거나 샘플 속 문장을 바꿔 쓰는 연습을 하는 것도 좋습니다. 시작 단계에서는 아이가 '어? 나도 영어 일기를 쓸 수 있네?'라고 스스로 놀라며 자신감을 얻도록 해주는 것이 가장 중요하니까요.

-일기 쓰기의 형식 훈련은 이렇게 하세요

영어 일기를 쓸 때 고려해야 할 몇 가지 형식적 요소가 있습니다.

- **날짜와 날씨 표기**: 일기의 맨 앞에 날짜와 날씨를 적는 것은 좋은 습관입니다. 표기는 다음과 같은 기준으로 지도해 주세요.
  - Month Day, Year 순 (예: June 15, 2024)
  - 월은 첫 글자를 대문자로 씁니다.
  - 날씨는 형용사로 날씨 상태를 간단히 표현합니다. (예: Sunny, Cloudy, Rainy, Windy 등)
- **시간 표현**: 일기에서는 현재, 과거, 미래의 시간 표현을 적절히 사용해야 합니다. 대개 과거의 일을 쓸 때는 과거 시제를, 현재의 행동이나 상태를 표현할 때는 현재 시제 또는 현재진행형, 미래의 계획을 언급할 때는 관련 조동사를 사용합니다.

예: "Yesterday, I bought the book. Today, I am reading the book. Tomorrow, I will finish it."

- **감정 형용사 연습**: 일기에는 개인의 감정이 많이 표현됩니다. 다양한 감정 형용사를 사용하여 자신의 기분을 표현하는 연습을 시켜주세요.
  - 긍정적인 감정(상태): Brave(용감한), Calm(평온한), Cheerful(명랑한), Excited(신나는), Friendly(친근한), Glad(기쁜), Happy(행복한), Joyful(즐거운), Proud(자랑스러운), Thankful(감사하는).
  - 부정적인 감정(상태): Angry(화난), Bored(지루한), Disappointed(실망한), Nervous(긴장된), Sad(슬픈), Scared(무서워하는), Shy(수줍은), Tired(피곤한), Upset(속상한), Worried(걱정되는).
  - 기타 감정(상태): Confused(혼란스러운), Curious(호기심 있는), Quiet(조용한), Serious(진지한), Surprised(놀란).

-영어 일기 쓰기를 지도할 때 주의할 점

영어 일기 쓰기를 효과적으로 하기 위해서는 주의해야 할 몇 가지 사항이 있습니다.

- **매일 쓰라고 강요하지 마세요**: 매일 일기를 쓰는 것은 아이에게 엄청난 부담입니다. 한글 일기도 아니고 영어 일기라면 훨씬 더 부담이 크겠죠. 주 1~2회로 시작하여 조금씩 횟수를 늘려가는 것

이 좋습니다. 무리하게 매일 쓰게 하다가 흥미를 잃지 않도록 주의해 주세요.

- **충분한 브레인스토밍이 되어야 합니다**: 일기를 쓰기 전에 주제에 대해 충분히 생각하는 시간을 갖게 해주세요. 머릿속에 무언가를 떠올리는 것이 어려운 아이는 마인드맵이나 그림 등으로 표현하게 하는 것도 좋은 방법입니다. 또한 한글로 먼저 생각을 정리한 후에 영어로 옮기는 방법도 고려해 보세요. 아이가 쓰고 싶은 내용이 있는데, 영어로는 표현하기 어렵다면 좀더 영어 공부를 해야겠다는 생각이 자연스럽게 들 수 있습니다. 쓰고 싶은 표현에 맞는 단어를 잘 모르겠다고 하면 아이와 함께 사전에서 찾아보세요. 라이팅이 어휘력 확장에 도움이 되는 순간이니까요.

- **최소한으로 첨삭하세요**: 일기는 개인이 자유롭게 표현하는 장이므로 엄격한 첨삭은 쓰기에 대한 흥미를 잃게 할 수 있습니다. 초기에는 첨삭 자체를 하지 마세요. 문법 학습을 시작한 이후에 심각한 문법적 오류나 표현의 문제가 있을 때만 최소한으로 첨삭을 하는 것이 좋습니다. 직접 첨삭이 어렵다면 유용한 앱과 사이트를 활용하는 것도 한 방법입니다. 뒤에서 자세히 안내해 드리겠습니다.

북리포트 쓰기

종합적인 영어 능력의 향상을 위한 효과적인 도구로 북리포트 작성을 추천합니다. 북리포트는 단순한 독후 활동이 아니라 리딩, 어휘, 라이팅, 그리고 문법까지 영어의 거의 모든 영역을 아우르는 중요한 활동입니다. 또한 읽기 활동과 쓰기 활동을 자연스럽게 연결하는 가교 역할을 하고요. 책의 내용을 정리하고 자신의 생각을 표현하는 과정에서 어휘력과 문법 능력도 자연스럽게 발전하게 됩니다.

-수준별 추천 북리포트 작성 방법
• 시작 단계

북리포트 작성의 첫걸음은 부담 없이 시작하는 것입니다. 처음부터 라이팅을 하는 것이 아니라 하루 또는 일주일 단위의 독서 목표를 달성했는지 여부를 간단하게 표시하는 것부터 시작할 수 있어요. 이 과정에서 책에 대한 간단한 느낌을 그림으로 표현하거나 인상 깊은 단어나 문장을 옮겨 적는 것만으로도 의미 있는 시작이 될 수 있습니다.

• 1단계 수준

이 단계는 간단한 문장을 쓸 수 있되 책의 가장 기본적인 특징을 파악하고 표현하는 데 중점을 두면 됩니다. 등장인물의 이름을 쓰거나 그들의 특징을 간단한 단어나 짧은 문장으로 표현하는 연습을 할 수 있어요. 책의 내용과 관련된 아주 간단한 퀴즈를 만들고 답변을 쓰는 활동도 효과적입니다. 논픽션 도서로는 관련된 추가 자료를 찾아서 스크랩북을 만드는 활동을 할 수도 있어요. 이를 통해 지금 북리포트를 쓰고 있는 대상 책에 대한 흥미를 유발하고 관련 지식을 확장할 수 있습니다.

• 2단계 수준

이 단계에서는 책 내용의 '구조적 요소'에 대한 이해를 바탕으로 북리포트를 작성합니다. 그래서 등장인물, 배경, 주요 사건에 대한 설명을 포함하죠. 이야기의 흐름을 타임라인으로 만들거나 주요 장면을 '네 컷 만화'로 표현하는 활동, 책의 내용에 대한 질문을 만들고 답하는 활동 등을 할 수 있어요. 이는 책의 내용을 체계적으로 이해하고 정리하는 데 큰 도움이 됩니다.

• 3단계 수준

이 단계부터는 좀더 체계적이고 분석적인 북리포트 작성이 가능해집니다. 즉, 책 제목, 작가 이름, 등장인물과 배경 소개, 주요 사건의 전개 그리고 책의 주제나 교훈, 개인적으로 배운 점 등을 포함하는 종합적인 리포트를 작성할 수 있어요. 이 과정에서 우리 아이는 자신의 의견을 논리적으로 표현하는 능력을 기를 수 있습니다. 꾸준히만 한다면 영어로 긴 문장을 쓰고 단락을 구성하는 능력이 눈에 띄게 향상될 수 있어요.

-북리포트 작성 시 주의 사항

장점이 많은 활동임에도 불구하고 많은 아이가 북리포트 작성을 부담스러워 합니다. 주로 완벽한 결과물에 대한 압박감 때문이에요. 그러나 북리포트의 진정한 가치는 완성도 높은 결과물을 만드는 것보다는 책을 깊이 있게 이해하고 자신의 생각을 표현하는 과정에 있습니다. 따라서 처음부터 모든 책에 대해 상세한 리포트를 작성하려고 하면 안 됩니다. 그보다는 흥미를 느끼거나 깊은 인상을 받은 책부터 시작하는 것이 좋아요. 좋아하는 주제나 장르의 책이라면 더욱 편안하고 자연스럽게 북리포트 작성을 할 수 있으니까요.

또한 북리포트 작성을 단순한 과제가 아니라 자신의 독서 경험을 기록하고 공유하는 즐거운 활동으로 인식하도록 유도하는 것이 중요합니다. 이를 위해서 다양한 형식과 방법을 시도해 볼 수 있어요. 예를 들어, 전통적인 에세이 형식 대신에 마인드맵, 그림일기, 편지 형식 등 다양한 방식으로 북리포트를 작성할 수 있습니다.

학년별 추천 라이팅 STEP: 1~3학년

초등 1~3학년은 영어 학습의 기초를 다지는 중요한 시기입니다. 라이팅 분야에서도 흥미와 자신감을 키우는 것이 가장 중요하죠. 이 시기의 아이에게 적합한 라이팅 활동으로는 일기 쓰기, 친숙한 소재의 자유로운 글쓰기 그리고 리딩과 연계한 글쓰기가 있습니다.

-일기 쓰기

일기는 아이들이 자신의 일상을 영어로 표현하는 가장 쉬운 방법입니다. 이 시기의 일기는 완벽한 문장 구조나 복잡한 표현을 기대하기보다는 영어로 자신을 표현하는 습관을 들이는 데 초점을 맞춰주세요.

- **실천 방법**: 매일이 아닌 주 1~2회로 두세 문장의 짧은 일기를 쓰게 하세요. 그러다 점차 횟수와 문장의 길이를 늘리는 겁니다. 날짜와 날씨를 영어로 쓰는 것부터 시작하고 감정 형용사를 활용하여 그날의 기분을 표현하도록 지도해 주시면 좋습니다.

-친숙한 소재의 자유로운 글쓰기

아이에게 친숙한 주제로 자유롭게 글을 쓰게 하는 것은 좀더 수월하게 라이팅을 시작하면서 표현력을 키우는 데에도 도움이 됩니다.

- **실천 방법**: 가족, 좋아하는 동물, 음식 등 익숙한 주제로 라이팅을 시작하는 거예요. 으선 브레인스토밍을 통해서 관련 단어를 먼저 나열해 봅니다. 문장의 길이나 문법적 완성도보다는 내용 표현에 중점을 두는 것이 좋아요. 그림과 글을 함께 써보는 활동도 추천합니다.

-리딩 연계 글쓰기

읽은 책의 내용을 바탕으로 글쓰기를 하면 어휘와 문장 구조를 자연스럽게 따라 쓰면서 라이팅에 익숙해질 수 있습니다.

- **실천 방법**: 읽은 책 속 주인공의 행동이나 가장 기억에 남는 장면의 문장을 변형하여 간단한 라이팅 연습을 해보는 겁니다. 책의 결말 문장에서 단어 몇 개를 바꾸어 다른 결말을 만드는 창의적 글쓰기를 해 보는 것도 좋은 방법이에요. 또한 마음에 드는 등장인물에게 편지 쓰기를 해보는 것도 좋습니다.

단, 이러한 활동을 진행할 때는 다음 내용을 꼭 명심하셔야 돼요.

- 과도한 첨삭은 피합니다. 문법적 오류보다는 표현의 자유로움을 격려하는 것이 중요한 때니까요.
- 쓰기 활동에 대한 긍정적인 피드백을 많이 해주세요. 작은 진전에도 칭찬을 아끼지 않으셔야 합니다.
- 쓰기 활동의 결과물을 모아서 개인 포트폴리오를 만들어 주세요. 거창하지 않아도 파일에 시간 순서대로 꼽아 주시는 것만으로 충분합니다. 이를 통해서 아이의 성장 과정을 확인하고 동기부여를 할 수 있으니까요.

학년별 추천 라이팅 STEP: 4~6학년

초등 4~6학년은 영어 라이팅 능력이 한 단계 도약하는 중요한 때입니다. 이 시기에는 체계적인 라이팅의 시작, 문법과 구문의 정확성 향상, 북리포트 작성의 본격화 그리고 독서를 통한 배경지식의 확장에 중점을 두어야 합니다.

-체계적인 라이팅의 시작

이 시기에는 단순히 생각나는 대로 글을 쓰는 것이 아니라 체계적인 글쓰기를 배우기 시작해야 합니다.

- **실천 방법**: '주제문, 뒷받침 문장, 결론 문장'의 3단계 개념을 적용하는 '단락 구성 연습'을 시켜주세요. 단, 글을 쓰기 전에 간단한 개요를 먼저 작성하는 습관을 들여 주어야 합니다. 또한 설명문, 논설문, 이야기 등 다양한 장르의 글쓰기가 있다는 것을 알고 시도해 보도록 지도해 주세요.

-문법과 구문의 정확성 향상

문법과 구문에 대한 이해를 바탕으로 더 정확하고 세련된 표현을 사용할 수 있습니다.

- **실천 방법**: 새로 배운 문법 구문 요소를 즉시 글쓰기에 적용해 봅니다. 예를 들어, 단순 문장에서 시작하여 복합문, 중문으로 확장하는 연습을 하는 거죠. 또한 자신이 쓴 글을 스스로 검토하고 수정하는 습관을 들이기 시작해야 합니다. 퇴고가 사실 '진정한 글쓰기'거든요.

-본격 북리포트 작성 시작

앞서 설명해 드렸듯이 북리포트는 독서와 라이팅을 연계하여 종합적인 영어 능력을 높입니다.

- **실천 방법**: 간단한 줄거리 요약부터 시작해서 점차 자신의 의견

과 감상을 덧붙이는 수준으로 발전시키는 겁니다. 책 제목, 작가, 주요 등장인물, 줄거리, 느낀 점 등을 포함하는 등 구조화된 북리포트 양식을 활용하면 좋습니다. 또한 전통적인 에세이 형식 외에도 편지, 일기, 인터뷰 등 다양한 형식의 북리포트도 작성해 볼 수 있습니다.

-독서를 통한 배경지식 쌓기

폭넓은 독서를 통해서 아이들은 다양한 주제와 아이디어를 경험합니다. 그리고 이렇게 축적된 지식은 글쓰기 소재와 내용을 풍부하게 만들어 주죠. 다양한 분야의 책을 많이 읽을수록 글감이 늘어나고 독창적인 아이디어를 떠올리는 데 도움이 되니까요.

- **실천 방법**: 픽션뿐만 아니라 논픽션 등 다양한 종류의 글을 읽게 해주세요. 읽은 내용과 새로 알게 된 정보를 정리하는 간단한 독서 일지를 영어로 작성해 보는 것도 좋습니다.

이러한 활동을 효과적으로 실천하기 위해서는 매일 15~20분이라도 영어로 글을 쓰는 시간을 루틴처럼 갖는 것이 좋습니다. 또 초등 고학년부터는 쓴 글에 대해서 선생님이나 학원 강사 또는 라이팅 관련 프로그램을 통해 정기적인 피드백을 받고 이를 바탕으로 자신의 약점을 보완하게 하세요. (AI의 도움을 받을 수 있는 방법은 뒤에서 다시 설명해 드릴게요!)

초등 고학년 시기의 영어 라이팅은 정확성과 유창성의 균형을 잡는 것이 중요합니다. 이때는 문법과 구조에 대한 이해를 바탕으로 자신의 생각을 더 정확하고 풍부하게 표현할 수 있거든요. 동시에 다양한 주제에 대한 배경지식을 쌓음으로써 글의 내용도 더욱 깊게 만들 수 있기도 합니다.

이 시기에 형성된 체계적인 글쓰기 습관과 폭넓은 독서 경험은 향후 중고등학교에서 더 높은 수준의 영어 학습을 하기 위한 탄탄한 기반이 됩니다. 단순히 과제로서의 글쓰기가 아니라 자신의 생각과 경험을 표현하는 즐거운 활동으로 라이팅에 접근할 수 있도록 지도해 주세요.

학년별 추천 라이팅 STEP: 중등 이후

중등 과정에 들어서면서 아이들은 내신 영어 시험에서 좀더 어려운 라이팅 능력을 요구받습니다. 이 시기의 영어 시험은 단순한 문법 문제나 객관식 문항을 넘어서 제한된 시간 내에 영어로 표현할 수 있는 능력도 평가합니다.

먼저, 시간 제한 글쓰기 연습이 시켜주세요. 실제 시험 상황을 가정한 '타임드 라이팅(timed writing)' 연습은 매우 효과적인 준비 방법입니다. 이것은 단순히 글을 빠르게만 쓰는 것이 아니라 주어진 시간을 효율적으로 분배하여 구조화된 글을 완성하는 능력을 기르는 거예요. 예를 들어서 10분 동안 짧은 에세이를 작성해야 한다면 처음 2분은 개요 작성에, 6분은 본문 쓰기에, 마지막 2분은 검토와 수정에 할애하는 식으로 시간을 배분하는 것도 연습합니다.

다음으로, 문법과 어휘력 강화는 정확성과 풍부한 표현력을 위해서 반드시 필요합니다. 내신 시험에서 자주 출제되는 문법(시험 범위 내의 문법)을 정리하고, 이를 실제 문장에 활용하는 연습을 시키세요. 어휘는 단순 암기뿐만 아니라 문맥 속에서의 활용을 익히는 것이 핵심입니다. 예를 들어, 'significant'라는 단어를 배운다면 'a significant increase', 'play a significant role' 등의 표현과 함께 학습하는 것이 효과적입니다.

학교마다 내신 시험의 유형이 다르기 때문에 자신의 학교 시험 유형을 미리 정확하게 파악하고 그에 맞는 답안 작성 전략을 수립하는 것도 중요합니다. 서술형, 논술형, 요약문 작성 등 다양한 유형의 문제에 대비하여 각각에 적합한 구조와 표현을 미리 익혀 두게 하세요. 또한 높은 점수를 받은 모범 답안을 분석하는 것도 매우 유용한 학습 방법입니다. 이를 통해서 출제자가 원하는 답안의 구조와 표현을 미리 파악할 수 있습니다.

추천 모음

추천 교재

Write Right

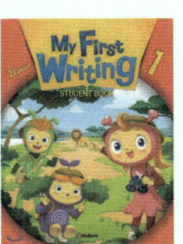

My First Writing

Spectrum Language Arts

기적의 영어문장 쓰기 매일 1장 초등영어 쓰기 습관 100일의 기적 1일 1쓰기 초등 영어일기

가장 쉬운 초등 영어일기 따라쓰기 30일 완성 초등영어 세 문장 쓰기 시원스쿨 초등 영어 쓰기

*국내 라이팅 - 문법 연계 교재는 325쪽 참고

추천 사이트 및 APP 활용 방법

영어 라이팅에 도움이 되는 앱과 사이트 중 효과적이고 널리 쓰이는 그래머리 (Grammarly, https://www.grammarly.com/), Chat GPT (https://chat.openai.com/)를 중심으로 소개해 드리겠습니다.

-그래머리

그래머리는 실시간으로 문법, 맞춤법, 구두점 등을 검사하고 수정해 주는 영어 쓰기 도구이며, 다음과 같은 기능이 있어 글쓰기 훈련에 도움을 받을 수 있습니다.

- **실시간 문법 검사**: 철자, 문법, 구두점 등의 오류를 감지하고 수정을 제안합니다. 문맥에 맞는 교정으로 정확성이 향상될 수 있죠.
- **더 좋은 문장 제안**: 어색하거나 틀린 문장을 자연스럽고 올바른 문장으로 고쳐줍니다. 이를 통해 글의 명확성과 간결성을 높일 수 있어요.
- **어휘 도움**: 반복되는 단어에 대해 동의어를 추천하고, 맥락에 맞는 더 정확하고 세련된 단어를 제안합니다. 이를 통해서 어휘 다양성과 표현력을 배울 수 있죠.
- **가독성 체크**: 텍스트의 전반적인 가독성을 체크하고, 개선이 필요한 부분에 대해 도움을 줍니다. 더 잘 읽히는 글을 쓰도록 도와주죠.

그래머리는 웹사이트에서 직접 사용할 수도 있고, 브라우저 확장 프로그램으로 설치하여 온라인 어디서나 사용할 수 있습니다. 또한 모바일 앱으로 스마트폰에서도 활용할 수 있어요. 구체적인 사용 방법은 그래머리 에디터에 직접 텍스트를 입력하거나, 기존 문서를 업로드(Word, Google Docs 등)할 수 있고, 브라우저 확장 프로그램을 사용할 때는 웹페이지 내에서 자동으로 검사가 이루어집니다.

-Chat GPT

Chat GPT는 다양한 주제에 대한 글쓰기를 도와주는 AI 기반 대화형 프로그램입니다. 문법 교정 및 문장 개선 등 영어 글쓰기 전반에 활용할 수 있죠. 글감에 대한 아이디어 제공과 브레인스토밍에도 유용하며, 다양한 글쓰기 스타일을 연습할 수 있게 도와줍니다. 웹사이트나 앱에서 대화 형식(음성도 가능)으로 사용하고요. 질문이나 요청 사항을 채팅하듯 입력하면 됩니다. 또한 결과에 대해 추가 질문이나 수정을 요청할 수도 있어서 상호작용적인 학습이 가능하죠. 단, Chat GPT에 입력하는 것을 '프롬프트(Prompt)'라고 하는데 프롬프트를 어떻게 입력하느냐에 따라 답변의 질이 달라질 수 있습니다. 여기서는 영어 글쓰기에 활용할 수 있는 기본적인 프롬프트를 알려드릴게요.

- **주제 브레인스토밍**: 영어 글쓰기 주제에 대한 아이디어 제공
  - ▶프롬프트 예시: "초등 3학년 아이가 영어로 10줄짜리 글을 쓰려고 해. 어떤 주제로 써보면 좋을지 아이디어를 5개 줘."
- **관련 어휘 제시**: 주제와 관련된 핵심 단어나 표현 제공
  - ▶프롬프트 예시: "'학교생활'에 대해 글을 쓰려고 해. 초등학생 수준에서 사용할 수 있는 관련 영어 단어나 표현을 10개 알려줘."

- **예시 문장, 글 제공**: 필사 또는 바꿔쓰기 단계에서 활용하면 좋을 "예시 문장"이나 "예시 글" 제공
  - ▶프롬프트 예시: "가족들과 주말에, 놀이공원에 갔던 일기를 쓰려고 해. 참고하면 좋을 10줄짜리 예시 글을 보여줘."
- **질문을 통한 아이디어 확장**: 아이의 아이디어를 더욱 발전시킬 수 있는 질문을 제시
  - ▶프롬프트 예시: "내가 '좋아하는 동물'에 대해 글을 쓰고 있어. 글을 더 풍부하게 만들 수 있는 질문 5개를 해줘."
- **제목 작성 아이디어**: 효과적인 제목 작성을 위한 아이디어 제공
  - ▶프롬프트 예시: "'우리 가족 여행'이라는 주제의 글에 어울리는 재미있는 영어 제목 5개를 제안해 줘."
- **맞춤법 및 문법 검토**: 완성된 글의 오류를 지적하고 수정 방법을 설명
  - ▶프롬프트 예시: "다음 영어 문단을 검토해 줘. 맞춤법이나 문법 오류가 있다면 지적하고, 왜 틀렸는지, 어떻게 고쳐야 하는지 설명해 줘: [아이가 쓴 영어 문단 입력]"
- **자기 교정 가이드**: 아이 스스로 글을 검토하고 수정할 수 있는 체크리스트 제공
  - ▶프롬프트 예시: "초등학생이 자신의 영어 글쓰기를 스스로 점검할 수 있는 간단한 체크리스트를 5개 항목으로 만들어줘."

*Chat GPT의 대답이 아이의 수준에 맞지 않는다면 추가 요청으로 수준을 조절하시면 됩니다.

라이팅 컨설팅 상담
자주 묻는 질문

1. 영어 문장, 책 필사가 라이팅에 도움이 될까요?

영어 작문 실력을 높이는 효과적인 방법 중 하나가 바로 '필사'입니다. 많은 영어교육 전문가가 영어 작문 실력을 높일 수 있는 최선의 방법으로 '잘 쓰인 글을 읽고 그것을 따라 쓰는 것'을 추천하죠.

실제로도 필사의 장점은 다양합니다. 우선, 문장을 그대로 따라 쓰는 과정에서 영어 문장을 정확하게 쓰는 감각을 키울 수 있고 다양한 어휘를 활용하는 연습도 할 수 있습니다. 이와 함께 책의 내용을 더 깊이 이해할 수 있다는 것도 큰 장점이죠. 또 문장 구조,

어순, 문법적 요소도 자연스럽게 습득하게 됩니다.

하지만 필사를 시작하기 전에 몇 가지 기본적인 능력이 갖춰져 있어야 합니다. 우선, 알파벳 쓰기와 단어 쓰기가 전제되어야 합니다. 이 능력이 갖춰지지 않은 아이는 철자를 그림처럼 따라 그리는 수준에 그칠 수 있어요. 또한 기본적인 문장 쓰기 연습도 선행되어야 해요. 예를 들어, '주어 + (be)동사'로 이루어진 가장 간단한 문장부터 쓰는 연습이 필요합니다.

이러한 기본 능력이 갖춰졌다면 본격적인 필사를 시작할 수 있습니다. 아이가 재미있어 했던 책부터 시작하는 것이 좋은 방법입니다. 이는 확실히 학습 동기를 높이는 데 도움이 되니까요.

필사 방법에는 여러 가지가 있습니다. 문장을 낭독하며 쓰는 방법, 외워서 쓰는 방법 등이 있어요. 문장을 소리 내어 읽으면서 쓰면 듣기와 쓰기를 동시에 연습할 수 있습니다. 또한 짧은 문장을 외워서 쓴 뒤 원문과 비교해 보면 자신의 오류를 스스로 발견하고 수정할 수 있기 때문에 더 효과적이죠.

마지막으로, 학습 효과를 높이기 위해서 교과서 필사도 추천합니다. 학교에서 배우는 영어 교과서를 필사하면 학교 수업과 연계되어 학습 효과를 더욱 높일 수 있고요. 교과서에 나오는 주요 표현과 문법을 자연스럽게 익힐 수 있어서 학교 영어 성적의 향상에도 큰 도움이 됩니다.

2. 영작문을 꾸준히 하는데도 도무지 실력이 늘지 않습니다. 뭐가 문제일까요?

어휘 부족부터 의심해 보세요. 어휘가 부족한 상태라면 쓰기 실력이 늘기는 매우 어렵습니다. 라이팅 실력 향상을 위한 가장 핵심적인 요소를 꼽으라면 단연 어휘력이거든요. "어휘 수준이 곧 작문 수준"이라는 말은 결코 과장이 아닙니다.

그렇다면 왜 라이팅에서 어휘력이 이토록 중요할까요?

우선, 어휘는 생각을 표현하는 도구입니다. 아는 어휘가 더 많을수록 더 정확하고 섬세하게 자신의 생각을 표현할 수 있죠. 예를 들어, '좋다'라는 의미 하나만 해도 'good', 'great', 'excellent', 'superb', 'wonderful' 등 다양한 단어로 표현할 수 있어요. 각 단어는 미묘한 뉘앙스의 차이를 가지고 있어서 상황에 가장 적합한 단어를 선택할 수 있는 능력은 글의 품격을 한 단계 끌어올립니다.

또한 풍부한 어휘력은 더 복잡하고 심도 있는 주제로도 글을 쓸 수 있게 해줍니다. 전문적인 주제나 추상적인 개념을 다루려면 그에 걸맞은 어휘력이 뒷받침되어야 합니다. 제한된 어휘로는 깊이 있는 내용을 표현하는 데 한계가 있으니까요.

어휘력은 문장 구조의 다양성과도 직결됩니다. 다양한 동사, 형용사, 부사를 알고 있으면 단조로운 문장 구조에서 벗어나 더 풍부하고 세련된 문장을 만들 수 있습니다. 이는 글의 전반적인 흐름과 리듬감을 좋게 해서 읽는 이로 하여금 더 큰 흥미를 느끼게 하는 요소예요.

이 어휘력을 효과적으로 높일 수 있는 방법은 첫째, 꾸준한 독서가 필수입니다. 다양한 장르의 책을 읽으면서 새로운 단어를 접하고 그 단어가 사용된 문맥을 이해하는 것이 중요해요. 둘째, 새로 배운 단어를 적극적으로 사용해 봐야 합니다. 단순히 암기하는 것이 아니라 실제 문장 속에서 사용해 봄으로써 그 단어를 자신의 것으로 만들어야 해요. 또한 동의어, 반의어, 연관어 등을 함께 학습하는 것도 효과적입니다. 이를 통해서 단어 간의 관계를 이해하고 상황에 따라 가장 적절한 단어를 선택할 수 있는 능력을 기를 수 있거든요.

3. 작문 실력을 쑥쑥 키워줄 수 있는 비법은 없나요?

라이팅 실력을 빠르게 길러 줄 수 있는 특급 비법은 바로 '**문법과 연계하여 공부하는 것**'입니다.

문법은 영어의 뼈대와 같기 때문에 문법에 대한 깊은 이해가 없다면 정확하고 효과적인 문장 구성이 어렵습니다. 따라서 라이팅과 문법을 함께 학습하면 시너지 효과를 얻을 수 있어요. 문법 규칙을 배우고 이를 즉시 라이팅에 적용해 보면서 이론과 실제를 동시에 익힐 수 있는 거죠.

다행히도 현재 시중에는 이러한 접근 방식을 채택한 교재가 많이 출간되어 있습니다. 이러한 교재는 각 문법 포인트를 설명한 후에 그와 관련된 라이팅 연습 문제를 제시하고 있어요. 이를 통해서 학습자는 배운 문법을 즉시 실제 글쓰기에 적용해 볼 수 있습니다. 그러니 라이팅 교재를 선택할 때는 문법과의 연계성을 꼭 확인해 보세요. 단순히 글쓰기 주제만 제시하는 교재보다는 관련 문법 포인트를 함께 다루는 교재가 더 효과적입니다. 마찬가지로 영어학원을 선택할 때도 라이팅과 문법을 통합적으로 가르치는 커리큘럼이 있는지 확인해 보는 것이 좋습니다.

스피킹

: 영어 유창성의 기준

대한민국에서 '영어 스피킹'은 단순한 언어 능력 이상의 의미를 지닙니다. 조금 과장해서 많은 학부모의 꿈이자 야망, 때로는 집착에 가까운 목표라고 할 수 있죠. 우리 세대의 학부모는 학창 시절 내내 영어를 공부했지만 정작 외국인을 만났을 때 입도 뻥끗하지 못했던 슬픈 기억을 가지고 있습니다. 문법과 독해 위주의 학습은 실제 의사소통 능력의 향상으로 이어지지 않았고 그로 인해 외국인 앞에서 좌절감을 느끼곤 했었죠. 이러한 경험이 '우리 아이는 달라야 한다'는 강한 동기로 작용한 겁니다.

그래서 직접 영어회화를 배워 아이와 대화하려는 노력을 기울이는 부모님도 있고, 또 아이에게 어릴 때부터 해외 경험을 쌓게 하거나 심지어 아이의 영어교육 때문에 단기 이민을 선택하는 경우도 있습니다. 경제적 부담에도 불구하고 화상 영어, 원어민 수업에 많은 비용을 투자하는 가정도 있죠. 이 모든 것이 '영어로 말 잘하는 아이'를 키우고자 하는 열망의 표현입니다.

하지만 일상에서 영어를 사용할 기회가 극히 제한적이기 때문에 EFL(English as a Foreign Language) 환경에서 영어 스피킹 능력을 키우는 것은 생각만큼 쉽지 않습니다. 그렇다면 이러한 현실적 제약 속에서 어떻게 효과적으로 영어 스피킹 능력을 키울 수 있을까요?

영어 스피킹 능력의 향상은 쉽지 않은 과제임이 분명합니다. 그러나 현실적인 접근과 꾸준한 노력을 한다면 충분히 달성 가능한 목표이기도 해요. 중요한 것은 장기적인 안목을 가지고 꾸준히 노력하는 자세죠.

그러면 지금부터 어떤 학습 과정을 통해서 우리 아이의 스피킹 실력을 효과적으로 키워나갈 수 있을지 하나씩 살펴보도록 하겠습니다.

우리 아이가
스피킹을 잘 못하는 진짜 이유

　많은 학부모님이 아이의 영어 스피킹 능력을 키우기 위해 다양한 노력을 기울이고 있습니다. 앞에서도 언급했듯이 가정에서 영어로 대화하는 환경을 만들거나 해외 거주를 선택하기도 하고, 화상 영어 수업을 통해 외국인과의 접촉 기회를 늘리는 등 다방면으로 투자하고 있죠. 그럼에도 불구하고 많은 아이가 부모의 기대에 미치지 못하는 영어 스피킹 능력을 보여주고 있습니다. 도대체 우리 아이가 영어 스피킹을 잘하지 못하는 이유는 무엇일까요?

ONLY '회화' = 스피킹?

일단 '회화'만을 스피킹으로 인식하는 제한된 시각을 가진 경우가 많습니다. 많은 학부모님이 외국인과 대화를 나누는 것만을 '영어 스피킹'이라고 생각하죠. 하지만 이는 매우 제한적인 시각입니다. 그렇다 보니 영어 노래를 곧잘 부르고 영어책을 수월하게 따라 읽어도 "우리 아이는 영어 말하기를 잘 못한다!"라고 하는 거죠. 사실 앞서 말한 경우도 넓은 의미에서는 스피킹에 포함됩니다. 자신의 생각을 잘 표현하기 위해서는 우선 아주 간단한 것이라도 영어로 따라 하는 과정이 필요하기 때문이에요. 이런 모방의 단계를 거쳐야 비로소 자신만의 표현이 가능해집니다.

충분한 '인풋'의 부족

말을 하기 위해서는 충분한 언어 자극이 필요합니다. 무슨 뜻인지 정확히 이해하지 못하더라도 소리로 들어본 경험이 있어야 그대로 따라할 수 있습니다. 의미를 이해하는 것은 그다음 단계이며 자신의 의사를 표현하는 것은 그보다 더 나아간 단계예요. 모국어 습득 과정을 생각해 보면 이해가 쉬우실 겁니다. 아기들도 갑자기 말문이 터지는 것이 아니라 오랜 시간 듣고 이해하는 과정을 거친 후에야 말을 하기 시작하잖아요? 영어도 마찬가지입니다. 충분히 듣고 읽는 과정을 거친 후에야 비로소 말문이 트입니다.

스스로 문장을 만들어낼 역량이 부족

회화를 할 때, 단순히 외운 표현만을 반복하는 아이가 많습니다. 이는 처음에는 잘하는 것처럼 보여도 실제 의사소통 상황에서는 큰 한계로 작용하게 되요. 진정한 의미의 회화 능력은 자신이 하고 싶은 말을 스스로 구성할 수 있는 능력이기 때문이에요. 따라서 회화를 잘하기 위해서는 기본적인 어휘력과 문장 구성 능력을 갖추어야 합니다.

감정적으로 스피킹이 두려운 상태

마지막으로, 감정적인 요인도 중요한 역할을 합니다. 어떤 아이는 영어로 말하는 것 자체에 두려움을 느끼거든요. 아이의 성격이 소심해서일 수도 있지만 다른 아이들과 비교당하는 환경이나 선생님의 평가에 대한 부담감 때문일 수도 있습니다. 이런 아이에게는 무엇보다 자신감을 심어주는 것이 중요합니다. 영어 사용에 대한 두려움을 줄이기 위해 실수를 자연스럽게 받아들이는 분위기를 만들어주세요. 작은 진전에도 큰 칭찬을 아끼지 말고 영어 사용을 즐거운 경험으로 인식할 수 있도록 도와주시면 좋습니다.

영어 스피킹 훈련의 방법

다른 영어 영역과 함께하는 스피킹

영어 학습에서 스피킹은 많은 아이가 실제로 어려워하는 영역입니다. 하지만 다른 영어 영역과 연계하여 접근하면 그 부담을 크게 줄일 수 있어요.

-리스닝과 함께: 노래 부르기

그중에서도 리스닝과 연계한 대표적인 스피킹 연습 방법은 '노래 따라 부르기'입니다. 어린 시절부터 자주 접했던 '마더구스'류의 영어 동요가 이제는 스피킹 연습의 훌륭한 재료가 되는 거죠.

처음에는 단순히 귀를 트이게 하는 목적으로 노출했던 이 노래들이 이제는 아이의 입을 통해 새로운 역할을 하게 되는 겁니다.

멜로디 듣기에 익숙해진 아이는 처음에는 자연스럽게 선율을 흥얼대며 가사를 따라 부르다가 점차 가사를 외우게 될 겁니다. (물론 들리는 대로 부르는 것이기에 실제 단어나 문장과는 다를 수 있습니다.) 정말 그럴지 궁금하시다고요? 우리는 이미 멜로디가 있으면 외우기가 훨씬 수월해진다는 사실을 경험을 통해 알고 있어요. (구구단송이나 주기율표를 노래로 외웠던 경험을 떠올려 보시면 동의하실 거예요.) 영어 노래를 통해 아이는 자연스럽게 영어 표현을 습득하고 쉽게 암기할 수 있습니다.

아이가 따라 부르면서 외우는 동요의 개수가 늘어나고 그 종류가 다양해지면 기본적인 단어, 문장, 회화의 틀이 자연스럽게 잡힌다고 볼 수 있습니다. 다음의 영어 동요들은 일상 문장이 담겨 있으면서 많은 아이가 즐겨 듣는 것들입니다. 우리 아이의 취향에도 맞는지 한번 노출해 보세요.

제목	바로가기 QR	내용
Hello!		기본적인 인사와 감정 표현을 담고 있는 노래

제목	QR	설명
Head, Shoulders, Knees and Toes		기본적인 신체 부위와 간단한 동작을 반복하는 노래
Five Little Monkeys Jumping On The Bed		숫자와 반복되는 기본 회화 구조, 명령문을 배우는 노래
If You're Happy		간단한 감정 표현과 동작을 반복하는 노래로, 조건문 구조를 자연스럽게 익힘
This Is the Way		일상적인 행동을 표현하는 노래로, 기본 동사와 함께 일과를 설명하는 문장을 배움
Clean Up Song		정리 정돈과 관련된 표현을 배우는 노래로, 일상 속 사물의 단어를 익힘
Do You Like Broccoli Ice Cream?		선호를 표현하는 문장 구조를 익히는 노래로 아이들의 상상력을 자극함
How's The Weather?		다양한 날씨 표현을 배우는 노래

초등학교 이후에는 수준을 높여서 쉬운 팝송을 활용하는 것도 좋습니다. 특히 가사가 좋은 팝송이라면 추천합니다. 다만 한 가지 주의할 점은 단순히 소리만 듣고 따라 부르는 것에 그치지 말아야

한다는 겁니다. 초기에는 그저 따라 부르는 것만으로도 충분히 기특하지만 일정 수준 이상이 되면 실제 가사를 찾아보면서 단어와 문장을 파악할 필요가 있어요. 들리는 것과 실제 문장은 다를 수 있기 때문이에요. 또한 이렇게 정확히 알아두어야 노래 외의 상황에서도 그 단어와 표현을 활용할 수 있습니다.

노래를 통한 영어 스피킹 연습은 즐겁고 효과적인 방법입니다. 아이들은 노래를 부르며 자연스럽게 영어 발음과 리듬, 표현을 익힐 수 있고 이는 실제 대화 상황에서의 자신감으로 이어질 수 있습니다. 학부모님이 아이와 함께 노래를 들으며 따라 부르고 가사의 의미를 설명해 주는 등 적극적으로 참여한다면 더욱 효과적일 겁니다.

-리딩과 함께: 소리 내어 읽기, 낭독하기

영어 학습에서 리딩과 스피킹은 종종 별개의 영역으로 취급되곤 합니다. 하지만 이 두 영역을 효과적으로 연계할 수 있는 강력한 학습 방법이 있어요. 바로 '낭독'입니다. 낭독은 단순히 글을 소리 내어 읽는 것 이상의 의미를 지녔고 영어 실력의 향상에 놀라운 효과를 발휘합니다.

낭독의 가장 큰 장점은 글을 말로 전환하는 과정에서 언어의 다양한 요소를 자연스럽게 학습할 수 있다는 겁니다. 연음, 강세, 억양 등 구어체 영어의 핵심 요소를 직접 체험하고 연습할 수 있어요. 특히 오디오북이나 CD가 함께 제공되는 교재를 활용한다면 원어민의 발음을 모델 삼아 더욱 정확하고 자연스러운 발음 연습이 가능합니다.

낭독 연습의 효과를 최대화하기 위해서는 꾸준함이 필수입니다. 하지만 모든 독서 자료를 낭독하는 것은 현실적으로 가능하지 않죠. 따라서 초기에는 주 1~2회로 정해진 시간에 집중적으로 낭독 연습을 하는 것이 좋습니다. 이후에는 매일의 리딩 세션을 마무리할 때, 그날 읽은 내용 중 특히 인상 깊었거나 좋아하는 부분을 선별하여 낭독하는 루틴을 만들어보는 것도 좋은 방법입니다.

낭독의 또 다른 이점은 텍스트의 이해도를 높인다는 점입니다. 소리 내어 읽으면서 텍스트의 리듬과 흐름을 직접 체감할 수 있는데 이것은 내용 이해와 기억력의 향상으로 이어져요. 또한 낭독 과정에서 자연스럽게 반복 학습이 이루어지기 때문에 어휘와 문장 구조가 더욱 견고하게 기억됩니다.

낭독은 자신감 향상에도 큰 도움이 됩니다. 처음에는 서툴고 어색할 수 있지만 꾸준한 연습을 한다면 점차 유창해지는 자신의 모습을 발견하게 돼요. 이런 경험은 실제 대화 상황에서의 자신감으로 이어질 수 있습니다.

낭독 자료의 선택도 중요한 부분입니다. 우리 아이의 수준과 흥미를 고려하여 적절한 난이도의 텍스트를 선택해 주세요. 초보자의 경우에는 짧고 간단한 문장으로 구성된 동화책이나 그림책이 좋은 시작점이 될 수 있습니다. 중급 이상이라면 신문 기사, 에세이, 소설 등 다양한 장르의 텍스트를 활용해 보면 좋습니다.

-라이팅와 함께: 쓴 글 발표하기

영어교육에서 스피킹 능력의 평가는 매우 중요한 부분이지만 많은 학교에서 실시하는 실제 평가는 즉흥적인 대화라기보다는 준비된 내용을 잘 전달하는 것에 초점을 맞추고 있습니다. 이러한 평가 방식은 라이팅과 스피킹 능력을 동시에 요구하고 있죠.

중고등학교에서 이러한 형태의 수행평가가 중요한 비중을 차지하는 만큼 이에 대한 준비를 초등 때 미리 시작하는 것이 좋습니다. 이를 위해 가정에서 실천할 수 있는 효과적인 방법 중 하나가 바로 '기자 되어보기' 활동인데요. '기자 되어보기' 활동의 장점은 다음과 같습니다.

- **구조화된 글을 쓰는 연습이 가능합니다**: 기사 작성은 육하원칙(5W1H)에 따른 체계적인 글쓰기여야 합니다. 그래서 명확하고 논리적인 글을 쓰는 능력을 기르는 데 도움이 되죠.
- **객관성과 주관성의 균형**: 기사에는 사실 정보와 함께 기자의 의견도 포함할 수 있기 때문에 객관적 서술과 주관적 견해를 적절히

섞는 능력을 기를 수 있습니다.
- **다양한 주제 탐구**: 다양한 주제에 대한 기사를 작성함으로써 폭넓은 어휘와 표현을 학습할 수 있죠.
- **발표 능력의 향상**: 작성한 기사를 발표하는 과정에서 스피킹 능력을 자연스럽게 키울 수 있습니다.

이 활동을 효과적으로 진행하기 위해서는 다음과 같은 단계별 접근이 필요합니다.

주제 선정: 아이의 관심사나 시사 이슈 중 적절한 주제 선택하기
⇨ **자료 수집**: 선택한 주제에 대한 정보를 다양한 출처를 통해 수집하기
⇨ **기사 작성**: 수집한 정보를 바탕으로 육하원칙에 따라 기사를 작성하고 영어로 작성하기 어렵다면 한글로 먼저 쓰고 영어로 바꿔 써보는 연습하기
⇨ **발표 준비**: Natural Reader 등 영어 텍스트를 원어민처럼 읽어주는 프로그램(TTS)을 활용하여, 작성한 기사를 듣고 또 소리 내어 따라 읽는 연습부터 시작하여 점차 암기하여 말하는 수준으로 발전시키기
⇨ **녹화 및 피드백**: 발표 과정을 녹화하여 태도, 발음, 내용 전달력 등을 객관적으로 평가하고 개선점 찾기

⇨ **포트폴리오 관리**: 녹화된 영상을 시간 순으로 정리하여 진전 상황 확인하기

이 활동을 진행할 때 부모님의 역할이 매우 중요합니다. 특히 칭찬과 격려는 아이의 자신감과 동기부여에 결정적인 영향을 미칩니다. 구체적인 피드백을 하면서 항상 긍정적인 측면을 강조하는 것이 좋아요. 예를 들어, "오늘 발표한 내용 중에서 환경 문제의 원인을 설명한 부분이 특히 인상적이었어. 다음에는 해결책도 함께 제시해보면 어떨까?"처럼 말입니다.

스피킹 연습 실천 전략

영어교육에서 가장 중요한 것은 지속적인 학습 동기를 유지하는 것입니다. 특히 영어는 회화 영역에서 그 필요가 더 두드러지죠. 성인에게 영어 회화가 '평생의 숙제'로 여겨지는 이유도 바로 여기에 있습니다. 매해 '영어 회화 완성'을 새해 목표로 삼아 호기롭게 시작했다가도 곧 여러 일상에 치여 그만두는 일이 반복되잖아요? 즉 당장의 구체적인 목표나 필요성 없이 하는 회화 연습은 지속성을 갖기가 그만큼 어렵습니다. 이는 아이들의 영어 회화 학습에서도 마찬가지입니다.

물론 학원이나 화상 영어 수업 등 정해진 스케줄에 따라 학습을 유지할 수는 있습니다. 그러나 진정한 의미의 지속 가능한 학습을 위해서는 아이 스스로 '영어로 말하기'의 필요성을 인식하는 것이 가장 좋아요. 그리고 이것은 단순히 외부에서 주어진 동기가 아니라 내적 동기여야 합니다.

그렇다면 어떻게 아이에게 영어 회화의 필요성을 느끼게 할 수 있을까요? 해답은 생각보다 단순합니다. 영어가 실생활에서 얼마나 유용하게 쓰이는지 그리고 영어를 통해 얼마나 풍요로운 경험을 할 수 있는지를 직접 체험하게 하는 겁니다. 구체적인 방법으로는 다음과 같은 것이 있습니다.

- **해외여행**: 직접적인 영어 사용 환경을 경험하게 됩니다.
- **외국 영화나 TV 프로그램 시청**: 재미있는 콘텐츠를 통해서 자연스럽게 영어에 노출되죠.
- **언어 교환 프로그램 참여**: 또래 외국인 친구들과 교류하며 실제적인 의사소통을 경험합니다.
- **영어 캠프 참가**: 몰입형 영어 환경에 놓이게 되죠.

이러한 경험을 통해서 아이는 영어가 단순히 학교 교과목이 아니라 세계와 소통하는 도구임을 깨닫게 되고 이는 영어 학습에 대한 가장 강력한 동기부여가 됩니다. 부모님의 역할은 이러한 기회를 제공하고 아이들이 경험을 통해 얻은 깨달음을 영어 학습으로 연결할 수 있도록 돕는 거예요. 예를 들어, 해외여행을 다녀온 후에 그 경험을 영어 일기나 에세이로 쓰게 하거나 외국 영화를 본 후에 좋아하는 장면을 영어로 따라 해보게 하는 것처럼요.

-회화 교재 활용 대화하기

영어 회화 학습을 시작할 때, 많은 학부모님이 어떻게 접근해야 할지 막막해합니다. 아이를 곧바로 영어 회화 환경에 노출시키는 것은 생각보다 부담스럽고, 잘할 수 있을지에 대한 걱정이 들며 또 비현실적이라고 생각하기 때문이에요. 이런 상황에서 가장 효과적이고 접근하기 쉬운 방법은 회화 교재를 활용하는 것입니다.

시중에는 '엄마표 영어 회화'를 표방한 다양한 교재가 출판되어 있습니다. 이러한 교재 대부분은 일상적인 주제에 대한 두 사람의 대화로 구성되어 있어서 실제 회화 상황을 간접적으로 경험할 수 있게 해줍니다.

이런 책을 활용할 때의 핵심은 단순한 읽기가 아니라 상호작용이 가능한 학습으로 발전시키는 것입니다. 학습은 다음과 같은 방법으로 진행해 보세요.

- **역할 나누어 읽기**: 부모와 아이가 각각 대화의 한 역할을 맡아서 번갈아 가며 읽습니다. 이는 가장 기본적인 단계로서 대화의 흐름을 익히는 데 도움이 됩니다.
- **바꿔 말하기**: 대화 내용 중 일부를 우리 집의 상황에 맞게 변경해 봅니다. 예를 들어, 등장인물의 이름을 아이의 이름으로 바꾸거나 상황에 맞는 단어로 교체해 보는 거죠. 이는 단순 암기를 넘어서 언어를 유연하게 사용하는 데 효과적입니다.
- **자연스러운 대화로 발전시키기**: 점차 교재의 내용에서 벗어나 실제 상황에 적용해 봅니다. 예를 들어, 교재의 대화가 학교에 대한 것이라면 아이의 실제 학교생활에 비추어 비슷한 구조로 대화를 나눠보세요.

이러한 접근 방식의 장점은 기존 책 읽기 활동의 연장선상에 있기 때문에 아이가 거부감 없이 받아들일 수 있다는 것입니다. 또한 구조화된 대화를 통해서 자연스럽게 문장 구조와 표현을 익힐 수 있어요.

주의할 점은 완벽주의에 빠지지 않는 겁니다. 초기 단계에서는 철자나 문법의 정확성보다는 전체적인 대화의 흐름과 의미 전달에 집중하세요. 발음이 걱정된다면 책과 함께 제공되는 음원을 활용하여 원어민의 발음을 듣고 따라 하는 것도 좋은 방법입니다.

-대본 따라 하기

아이의 영어 회화 능력을 키우는 또 하나의 효과적인 방법은 아이들이 좋아하는 미디어 콘텐츠를 활용하는 것입니다. 특히 애니메이션이나 영화는 아이의 관심을 자연스럽게 끌 수 있는 훌륭한 학습 도구죠. 이러한 접근법은 '에듀테인먼트(Edutainment)'의 좋은 예로서 교육과 엔터테인먼트를 결합하여 학습 효과를 극대화합니다.

이 방법의 핵심은 단순히 영상을 시청하는 것에서 그치지 않고 적극적으로 참여하는 활동으로 발전시키는 건데요. 구체적인 학습 단계는 다음과 같습니다.

- **콘텐츠 선택**: 아이의 관심사와 언어 수준에 맞는 애니메이션이나 영화를 선택합니다. 초기에는 간단한 대화로 구성된 짧은 클립이나 에피소드부터 시작하는 것이 좋아요.
- **스크립트 준비**: 선택한 콘텐츠의 스크립트를 구합니다. 공식 스크립트를 구하기 어려운 경우에는 최근 발달한 AI 기술을 활용하여 음성을 텍스트로 변환하는 서비스를 이용할 수 있습니다. 이러한 서비스는 상당히 높은 정확도를 제공하지만 혹시 모를 오

류 검토를 위해 앞서 추천해 드린 프로그램(그래머리)을 활용하시면 좋습니다.

- **역할 놀이**: 아이가 좋아하는 캐릭터의 역할을 맡게 합니다. 영상을 재생하면서 해당 캐릭터의 대사가 나올 때마다 아이가 따라 말하도록 하는 거죠. 이는 '섀도잉(Shadowing)' 기법의 일종으로 발음과 억양을 자연스럽게 익힐 수 있습니다.
- **상호작용적인 대화**: 점차 발전하여 영상 속 다른 캐릭터의 대사에 아이가 자신의 캐릭터로 응답하는 형식으로 대화하게 합니다. 이는 실제 대화 상황을 시뮬레이션하는 효과가 있어서 회화 능력의 향상에 큰 도움이 됩니다.
- **가족 참여**: 부모나 형제자매도 다른 캐릭터의 역할을 맡아서 함께 참여합니다. 이는 학습을 더욱 재미있게 만들어주며 가족 간의 유대감도 강화할 수 있습니다.

이 방법의 장점은 다양합니다. 먼저, 아이가 좋아하는 콘텐츠를 활용하기 때문에 학습 동기가 자연스럽게 생깁니다. 또한 원어민의 발음을 직접 듣고 따라 하는 것이어서 자연스러운 발음과 억양을 배울 수 있죠. 이때 다양한 상황에서 사용되는 표현도 배울 수 있고 영화나 애니메이션을 통해서 해당 언어권의 문화까지도 함께 간접 경험할 수 있습니다.

주의할 점은 처음부터 완벽함을 추구하지 않는 것입니다. 초기에는 정확성보다는 참여도와 즐거움에 초점을 맞춰주세요. 정확성은 점차 높여가면 되니까요.

-화상 영어 활용하기

디지털 기술이 더욱 발전하고 코로나19 팬데믹 이후 온라인 학습의 중요성이 부각되면서 화상 영어의 인기가 급증했습니다. 시간과 장소에 구애받지 않으면서 우리 아이의 수준과 요구에 맞춤화된 수업(1:1 수업의 경우)이 가능하기 때문이죠. 게다가 화상 영어는 EFL(English as a Foreign Language) 환경에서도 전 세계 원어민 강사와 수업할 수 있기 때문에 다양한 문화 경험이 가능하다는 장점이 있습니다. 무엇보다 오프라인 수업에 비해서 상대적으로 저렴한 비용으로 학습할 수 있다는 것이 큰 장점이죠.

화상 영어의 종류는 크게 회화형과 수업형으로 나눌 수 있습니다. 초보자, 특히 어린아이에게는 회화형이 더 적합한데요. 이런 방식이 1:1 상호작용을 통해 기본적인 의사소통 능력을 기르는 데 효과적이기 때문입니다. 회화형 수업에서는 회화의 기초, 즉 일상적인 회화 표현, 간단한 지시 사항 이해하기, 기본적인 문장 만들기, 시제 개념 등을 눈높이에 맞춰서 자연스럽게 익힐 수 있습니다.

반면, 수업형은 보통 특정 주제나 교과과정을 따라 진행됩니다. 회화형보다 상대적으로 체계적인 학습이 가능하지만 초보자가 처음부터 여러 명이 참여하는 수업형 화상 영어를 선택할 경우에는 적극적으로 참여하지 못하고 수동적인 청취자로 전락할 위험이 있습니다. 그렇기 때문에 회화형으로 어느 정도 기초가 쌓인 후에 1:1로 진행하는 수업형부터 시작해서 그룹 수업형으로 전환할 것을 추천합니다. 그룹 수업의 경우에는 비슷한 수준의 아이들과 함께 수업을 받으면서 또래와 유대감을 형성하고 건전한 경쟁을 통해 동기부여에 도움을 받을 수도 있습니다. 하지만 그룹의 크기가 너무 크면 개인별 발화 기회가 줄어들 수 있으니 주의가 필요합니다.

화상 영어를 효과적으로 활용하기 위해서 꼭 명심해야 할 사항이 있습니다.

- **적절한 수준 선택**: 우리 아이의 현재 영어 수준에 맞는 프로그램을 선택해야겠죠?
- **강사 선정**: 우리 아이의 성향과 잘 맞는 강사를 선택하는 것이 사실 가장 중요합니다. 특히 아이가 어릴수록 칭찬과 격려를 적절히 해주면서도 단호하게 원칙을 지키게 하는 강사가 좋아요.
- **학습 환경 조성**: 집중할 수 있는 조용한 공간을 마련하고 아이가 수업에 집중하는 동안에 학부모님은 거실에서 TV를 본다든가 옆에서 휴대전화를 보고 있는 등으로 집중력을 흩트리는 행동을 절대 하지 말아야 합니다.
- **꾸준한 참여**: 특별한 사정이 없는 한 규칙적인 수업 참여를 통해

서 학습의 연속성을 유지하도록 노력해 주세요.
- **수업 외 활동**: 복습은 물론이고 수업에서 배운 내용을 일상생활에서 활용하려는 노력이 필요합니다.

그렇다면 어떤 화상 영어 프로그램이 좋을까요?

아이마다 성향 및 수준, 화상 영어를 하는 목적 등이 다르기 때문에 우선 목적을 명확히 하는 것이 가장 중요합니다. 또 결정을 하기 전, 다양한 프로그램의 무료 체험 수업을 활용하는 것이 좋습니다. 많은 회사에서 무료 체험의 기회를 제공하고 있으니까 모두 직접 체험해 보고 우리 아이에게 맞는 프로그램을 선택하시길 바랍니다.

또한 처음에는 아이가 원어민 선생님과의 수업을 어색해할 수 있으므로 적응할 때까지는 부모님이 아이 옆에서 함께 참관하는 것도 괜찮습니다.

-Chat GPT 활용하기

대표적인 AI 기반 대화형 프로그램인 Chat GPT를 활용하여 스피킹 연습을 할 수 있습니다. 웹보다 훨씬 접근성이 좋은 모바일 앱을 활용하는 것을 추천합니다. 앱 스토어에서 'Chat GPT'를 다운로드, 설치한 후 회원 가입을 하면 메인 채팅창으로 이동하게 되는데요. 하단의 음성 대화 아이콘을 눌러 대화를 시작할 수 있습니다.

여기서는 Chat GPT를 스피킹에 활용할 수 있는 몇 가지 팁과 기본적인 프롬프트를 알려드리겠습니다. 생각보다 재미있을 테니 아이와 바로 시도해 보시기 바랍니다.

- **대화 상대 설정**: Chat GPT와 대화를 나눌 상황 설정
  - ▶ 프롬프트 예시: "안녕! 나는 초등학교 3학년이고 이름은 민준이야. 너는 나의 영어 회화 선생님이야. 나는 너와 이야기를 나누면서 영어를 배우고 싶어. 그럼 시작해 볼까?"
- **다양한 상황 설정**: 다양한 상황과 역할을 설정하고 대화 나누기
  - ▶ 프롬프트 예시: "여기는 학교 급식실이야. 나는 학생이고 너는 급식 담당 선생님이야. 오늘의 메뉴에 관해서 영어로 대화하고 싶어."
  - ▶ 추천 대화 상황: 학교 도서관에서 책 빌리기, 패스트푸드점에서 주문하기, 치과에서 충치 치료받기, 슈퍼마켓에서 엄마 심부름하기, 놀이터에서 새 친구 사귀기, 우체국에서 편지 부치기, 놀이공원에서 길 찾기, 문구점에서 학용품 구매하기, 학교 청소 당번 활동하기, 동네 놀이터에서 술래잡기 하기 등
- **쉬운 대화 요청**: 대화의 수준 조절 요청
  - ▶ 프롬프트 예시: "방금 설명이 조금 어려웠어. 초등학생이 이

해할 수 있게 더 쉽게 말해줘."
- **피드백 요청**: 대화 중 틀린 표현, 어색한 표현 등에 피드백 요청
  - ▶ 프롬프트 예시: "내가 방금 한 말 중에 고칠 부분이 있어? 문법이 틀리거나 어색한 표현이 있다면 알려줘. 그리고 더 자연스럽게 표현할 방법도 알려줘."
- **말 속도 조절 요청**: 말이 빠르거나 느릴 때 속도 조절 요청
  - ▶ 프롬프트 예시: "좀 천천히 말해줘.", "좀 더 빠르게 말해줘."

Chat GPT는 영어로도, 한국말로도 대화가 가능하므로 대화 시 필요한 요청 사항이 있다면 언제든지 영어 대화의 주제, 방식 등을 조절할 수 있습니다.

단, Chat GPT를 활용할 때는 부모님의 감독하에 안전하고 적절한 사용이 이루어져야 합니다. Chat GPT의 응답을 그대로 받아들이기보다는 학습 도구로 활용하는 것이 중요하다는 것도 아이에게 꼭 일러주세요.

영어 학습에 있어 꾸준함과 실천은 무엇보다 중요합니다. Chat GPT를 활용한 영어 회화 연습은 아이들에게 재미있고 효과적인 학습 방법이 될 수 있어요. 매일 10-15분씩 꾸준히 연습하는 것이 장기적으로 큰 효과를 가져오니까요. 때때로 부모님도 함께 대

화에 참여해 보시고, 가족 전체가 영어로 대화하는 시간을 가지면, 아이는 영어 사용에 더 친숙해지고 자신감을 얻을 수 있습니다.

스피킹 컨설팅 상담
자주 묻는 질문

1.영어 회화, 언제부터 시작할 수 있을까요?

많은 학부모님이 궁금해하는 질문 중 하나가 "우리 아이가 언제부터 영어 회화를 시작할 수 있을까요?"입니다. 이는 단순한 질문 같지만 실제로는 아이의 언어 발달 과정과 개인차를 고려해야 하는 복잡한 문제예요. 그럼에도 불구하고 영어 회화 학습을 본격적으로 시작할 수 있는 몇 가지 기본적인 조건이 있습니다.

첫째, **기본적인 어휘력이 갖춰져 있어야** 합니다. 일상생활에서 자주 사용되는 단어 500~1000개를 알고 있다면 기본적인 의사소통이 가능합니다. 예를 들어, 'red', 'five', 'mother', 'book', 'go' 같은 색깔, 숫자, 가족 관계, 일상 물건, 기본 동사 등을 이해하고 사용할 수 있어야 한다는 거죠.

둘째, 간단한 문장 구조를 이해하고 사용할 수 있어야 합니다. '주어 + 동사 + 목적어'의 기본 구조를 이해하고 "I like apples.", "She goes to school." 같은 문장을 만들 수 있어야 합니다. 또한 의문문과 부정문의 기본 형태도 알고 있어야 하고 "Do you like pizza?", "I don't like tea." 등의 표현을 할 수 있어야 합니다.

셋째, 기본적인 시간 표현 개념을 이해하고 있어야 합니다. 현재, 과거, 미래를 구분할 수 있고 각 시간에 맞는 간단한 문장을 만들 수 있으면 좋아요. "I am eating now.", "I played soccer yesterday.", "I will go to the park tomorrow." 정도의 문장 말이죠.

넷째, 간단한 일상 회화 표현을 알고 있어야 합니다. 인사, 감사, 사과 등의 기본적인 예의 표현과 함께 자기소개, 좋아하는 것 표현하기, 간단한 요청하기 등의 표현을 할 수 있어야 해요. 예를 들어 "Nice to meet you.", "Thank you.", "I'm sorry.", "My name is….", "I like….", "Can I have…?" 등의 표현을 적절히 사용할 수 있어야 한다는 거죠.

다섯째, 영어로 된 간단한 지시 사항을 이해하고 따를 수 있어야 합니다. "Stand up.", "Sit down.", "Open your book.", "Listen carefully." 등의 기본적인 '교실 영어'를 이해하고 반응할 수 있어야 합니다.

여섯째, **영어 알파벳을 읽고 쓸 수 있어야** 합니다. 철자법을 완벽하게 익힐 필요는 없지만 기본적인 단어를 보고 읽거나 들은 단어를 간단히 적을 수 있는 정도의 능력은 필요합니다.

마지막으로, 가장 중요한 것은 **영어로 의사소통을 하려는 의지와 자신감**입니다. 완벽한 문법이나 발음보다는 자신의 생각을 표현하려는 적극성이 더 중요합니다. 실수를 두려워하지 않고 시도하는 태도가 영어 회화 학습의 핵심이거든요.

결론적으로, 영어 회화 학습을 시작하기 좋은 나이나 시기를 정확히 특정하기는 어렵지만 일반적으로 초등 저학년 무렵부터 본격적인 회화 학습이 가능하다고 봅니다. 이 역시 개인차가 크거든요. 중요한 것은 아이의 흥미와 동기를 유발하는 것입니다. 영어로 대화하는 것이 재미있고 유용하다는 것을 빨리 느낄수록 빨리 시작할 수 있다는 것을 기억해 주세요.

2.영어 말하기 대회에 참가하는 것이 도움이 될까요?

각 학교나 교육기관에서 주최하는 영어 말하기 대회는 아이들의 영어 실력 향상에 있어서 매우 효과적인 기회입니다. 일반적으로 준비된 원고를 2~3분 동안 발표하는 형식이고요. 단순한 경쟁을 넘어서 종합적인 영어 능력을 향상하는 데 촉매제 역할을 하기 때문에 추천합니다.

우선 대회 준비 과정에서 아이는 주제 선정, 원고 작성, 발음 연습 등 다양한 영어 학습 영역을 경험하게 됩니다. 이는 단순히 스피킹 능력뿐만 아니라 작문 능력, 발음 그리고 무대에서의 자신감까지 종합적으로 키울 수 있는 기회가 되죠.

상을 받는 것도 물론 중요하지만 대회 참가 자체만으로도 큰 의미가 있습니다. 준비 과정에서 얻는 경험과 자신감은 향후 영어 학습에 지속적인 동기부여가 되기 때문이에요. 또한 최근 인공지능(AI) 기술의 발전으로 원고 첨삭이나 발음 교정에 쉽게 도움을 받을 수 있어서 더욱 효과적인 준비가 가능해졌습니다. 그러면 우리 학교나 지역에서 진행되는 영어 말하기 대회 일정이 언제인지 확인하러 가 볼까요? 우리 아이도 도전할 수 있습니다.

PART 04.

초등 영어 학부모 컨설팅
현실적인 영어교육 상담

1. 영어학원 고르는 방법을 알려주세요. 어떤 학원이 좋은 영어학원인가요?

학원 선택은 그 자체로 우리 아이의 영어에 지대한 영향을 끼치기 때문에 여러분은 학원 선택 전에 '좋은 학원'에 대한 명확한 기준을 가지고 계셔야 합니다. 지금부터 말씀드리는 기준 5개로 우리 아이 상황에서 가장 중요한 '우선순위' 조건을 가진 곳은 어디인지 찾아보시기 바랍니다.

1) 맞춤형 교육이 가능한 곳

좋은 영어학원의 첫 번째 조건은 내 아이 수준에 맞는 학습 환경을 제공하는 곳입니다. 이를 위해서는 우선 형식적인 테스트가 아니라 정확성이 높은 레벨 테스트를 치를 수 있는 곳이어야 해요.

우선 처음에 실시하는 반 편성 테스트를 통해서는 학생의 현재 영어 실력을 정확하게 파악하고 그에 맞는 적절한 반 배정이 이루어져야 합니다. 또한 이후에도 주기적인 레벨 테스트를 실시해서 학생의 성장과 변화에 맞춰 지속적으로 맞춤 수업이 이루어져야 함은 물론이고요.

그렇기 때문에 레벨 차이가 큰 학생들이 함께 수업을 받는 환경의 학원은 피해야 합니다. 만약 반 평균보다 우리 아이의 수준이 높다면 너무 쉬운 수업을, 반대로 평균보다 수준이 낮다면 너무 어려운 수업을 받을 가능성이 있기 때문이에요. 우리 아이의 입장에서는 결코 좋은 영어교육 환경이 아닙니다. 따라서 수준별 클래스가 갖춰진 적정 규모의 학원이거나 작은 학원이더라도 개인별로 맞춤 수업을 하는 학원을 선택하는 것이 좋습니다.

2) 충분한 수업 시간

초등학생 대상의 학원은 충분한 수업 시간과 일수를 확보하는 것이 중요합니다. 초등 영어 학습은 충분하고 지속적인 영어 환경 노출과 반복이 핵심이기 때문이에요. 수업 시수가 지나치게 적다면 학습 효과를 크게 기대하기가 어렵습니다. 따라서 영어 공부를 해당 학원을 통해서만 전적으로 하는 경우라면 가급적 주 1, 2회보다는 3회 이상의 수업이 권장되고요. 또 특정 요일에 학습량이 몰리는 것보다 적더라도 매일 학습을 할 수 있도록 과제나 보조 프로그램을 제공하는 학원이 더 좋습니다.

3) 체계적인 관리가 가능한 곳

특히 초등학생의 경우에는 꼼꼼하고 세심한 학생 관리가 매우 중요합니다. 가장 좋은 초등 영어학원 1순위 기준이 바로 '관리'이니까요. 좋은 영어학원은 단순히 수업을 제공하는 데 그치지 않고 학생의 학습 이행 상황과 과제 수행 여부를 면밀히 관찰하고 이를 학부모와 공유합니다. 즉, 학원에서의 학습 상황, 과제 수행 정도, 테스트 결과, 수업 태도 등을 정기적으로 학부모에게 알리고 소통하죠. 이런 체계적인 관리 시스템은 학생의 학습 효과를 극대화할 뿐 아니라 학부모가 믿고 아이를 보낼 수 있는 중요한 기준이 됩니다.

4) 쓰기 능력 향상을 위한 프로그램이 있는 곳

최근의 영어교육에서 쓰기의 중요성은 더욱 부각되고 있습니다. 지필고사 서논술형 문제나 수행평가에서의 쓰기 능력이 중요하게 다뤄지고 있으니까요. 그래서 초등 대상이라도 중고등 영어까지 제대로 내다보는 학원이라면 체계적인 쓰기 프로그램을 갖추고 있습니다. 여기에는 내신 유형의 쓰기 연습은 물론이고 단순한 문장 쓰기부터 시작하여 에세이 작성까지 다양한 수준의 쓰기 활동이 포함되어 있어야 합니다.

5) 지역 학교의 내신 정보를 바탕으로 수업하는 곳

초등 고학년 때는 중등 영어에 적응과 대비를 시작해야 합니다. 이를 위한 좋은 영어학원은 우선 지역 중학교의 내신 영어 기출문제 정보를 보유하여 그에 맞는 수업을 하는 곳입니다. 학교마다 내신 시험의 유형과 난이도가 다를 수 있고, 특히 고등학교 때는 고교학점제에 따른 선택과목도 다양할 수 있기 때문에 학생들이 다닐(다니는) 학교의 특성을 잘 파악하고 그에 맞는 내신 대비 수업을 진행해야 하거든요. 이를 위해서 지역 학교의 교육과정과 시험 유형을 지속적으로 분석하고 그에 맞춘 교재와 수업 내용을 개발하는 곳이 좋은 학원입니다.

2. 영어학원을 보내야 할 때와 그만두게 해야 할 때가 따로 있나요?

지금부터는 학원을 보내야 할 때와 그만두게 해야 할 때에 대해서 말씀드릴게요. 그 전에 우선 영어학원에 대한 다음의 4가지 대전제를 명심하시면 좋겠습니다.

첫째, 고등학생 때는 가급적 영어학원을 보내지 않는 것을 목표로 삼으셔야 합니다. 그 때는 지금까지 익힌 것을 바탕으로 자신의 공부를 해야할 때거든요. 시간이 없습니다.

둘째, 늦었다는 불안감으로 갑자기 소위 '빡센' 학원을 선택하시면 안 됩니다. 앞에서도 여러 번 말씀드렸지만 이런 환경은 아이의 회복탄력성을 무너뜨리고 자기효능감도 갉아먹기 쉬워요. 흥미는 차치하고 어렵고 싫은 영어 공부가 다른 과목에까지 영향을 미치는 악순환이 바로 아이가 자기 수준에 맞지 않는 어렵고 '빡센' 학원에 가면서 시작되거든요.

셋째, 진도가 빠르거나 과제가 너무 많은 학원은 일단 경계하세요. 일례로 (고등학생이 아닌데도) 단어 테스트가 너무 과하거나 과제를 하는 데 필요한 시간이 매일 2시간 이상으로 과도하다면 이 학원은 좋은 선택지가 아닙니다. 아이의 학습 자존감만 떨어지고 1등급에 대한 환상만 가득한 채 잘하는 아이들의 들러리로 전락하게 될 가능성이 높아요. 어디까지나 우리 아이가 할 수 있을 때 그런 학원도 효과가 있는 겁니다.

마지막으로, 무엇보다 학원은 '필요한 부분을 도움 받는 곳'이라는 인식이 필요합니다. 학원을 보내기 시작할 때 분명히 끝나는 시기에 대한 계획도 있어야 합니다. 학원에 보냈다고 무조건 100% 믿고 맡긴 채 아이가 어떤 학습을 하는지, 과제나 테스트 결과는 어떤지 등에 관심을 갖지 않는다면 이는 한마디로 방임입니다.

학원을 보내야만 할 때, 그만두어야 할 때

우선 '영어 학습의 위기의 순간'과 '시기별로 반드시 해야 하는 영어 학습에 꼭 도움을 받아야 할 때'는 학원의 도움을 받을 것을 추천합니다.

예를 들면 다음과 같은 경우입니다.

- 초 3인데 파닉스가 안 돼서 글을 못 읽는데 집에서 딱히 대안이 없는 경우
- 초등 저학년인데 리스닝 환경 노출을 제대로 해줄 수 없는 경우
- 초 4, 5인데 문법을 시작하지 못하고 있는 경우
- 초 5, 6인데 어휘 공부를 너무 싫어해서 지금까지 시작도 못 하고 있는 경우
- 초등 고학년 ~ 중 1인데 중등 내신 시험에 전혀 대비가 안 되고 있는 경우
- 중학생인데 서논술형, 수행평가 등 영어 라이팅에 대한 준비가 부족한 경우
- 중 2, 3인데 고 1 수준의 내신과 수능 영어에 대한 준비가 미흡한 경우
- 엄마표 또는 자기주도 영어 학습이 2달 이상 표류할 때

반대로 학원이나 아이의 문제로 인해서 학원을 그만두어야 할 때도 있습니다. 예를 들어 선택한 학원이 기대에 미치지 못하거나 아이가 학원을 다녀도 공부를 전혀 하지 않을 때처럼 말이지요. 그럴 때 학원에 계속 다니게 할지 아니면 그만두게 할지 고민하기만 하고 단호한 결정을 내리지 못한다면 학습 효과 없이 시간과 돈만 버리며, 속된 말로 '학원의 전기세 내주러 다니는 꼴'이 됩니다.

그러니 앞서 말씀드린 '좋은 영어학원의 기준'에 비추어 우리 아이에게 전혀 맞지 않는 학원이라면 과감히 다른 대안을 찾아봐야 합니다. 아이가 전혀 공부할 마음과 태도가 없는 상태라면 억지로 학원에 보내기 보다 잠시 쉬면서 문제의 근원을 학원이 아닌 아이에게서 찾아보는 지혜를 발휘하시기 바랍니다.

3. 어학원과 입시 영어학원, 어디에 보내야 할지 모르겠어요.

　대한민국 초등 영어학원을 선택하는 데는 하나의 큰 패턴이 있습니다. 초등 중학년까지는 주로 어학원에 보냈다가 고학년이 되면서 입시 보습 영어학원으로 갈아타는 겁니다. 그래서 초등 5학년 전후로 영어학원 사이의 대이동 현상이 목격됩니다. 그런데 이 선택에 대해서 합당한 이유와 근거 없이 '남이 하니까 나도 한다'는 식으로 따라가다가는 오히려 낭패를 보는 경우가 많습니다. 두 학원은 일반적으로 어떤 차이가 있길래 이런 현상이 나타나는 걸까요?

　우선 '어학원'은 학원에 따라 차이가 있긴 하지만 보통 리딩과 스피킹 또는 라이팅이 강조된 커리큘럼을 가지고 있습니다. 일반적으로 의사소통 중심의 영어교육을 지향하죠. 예전에는 '원어민 강사가 있다'는 것이 어학원의 특징이었는데 요즘은 원어민 강사가 없는 어학원도 많습니다.

입시 보습 학원에서는 대부분 스피킹은 따로 다루지 않습니다. 또한 일반적인 글쓰기 개념의 라이팅도 마찬가지로 다루지 않아요. 그 대신에 내신과 수능을 대비하기 위해서 문법 구문과 어휘 그리고 리딩, 문제 풀이 등을 위주로 한 커리큘럼을 가지고 있습니다. 그렇기 때문에 초등 고학년 때, 현실적인 영어교육을 위해서 어학원에서 입시 보습으로 옮기는 일반적은 패턴이 만들어진 겁니다.

그런데 수행평가의 확대와 지필고사 서답형, 서논술형의 실질 비중이 늘어남에 따라서 이 패턴에 변화가 생겼습니다. 리딩 중심이었던 내신에 '라이팅'의 중요성이 커진 것이죠. 또한 앞으로 수능 영어도 논서술형으로 바뀔 수 있다는 이야기가 나오고 있어요. 결국, 이러한 변화는 초등 고학년 이후의 영어교육도 단순 리딩 중심을 탈피해야 함을 시사하고 있습니다.

그래서 최근에는 전통적인 영어학원의 구분이 조금씩 모호해지는 추세입니다. 예를 들어 입시 보습 학원인데 라이팅 수업을 한다거나 어학원인데 중등 내신을 대비하는 등의 변화죠. 이러한 변화는 바뀌는 영어 평가 제도, 학령인구 감소 등에 대한 학원의 현실적인 자구책으로 볼 수 있습니다. 따라서 이런 변화의 흐름을 이해하며 알고 있어야 학부모님이 영어학원을 잘못 선택하는 것을 방지할 수 있습니다. 특히 초등 5학년 전후, 고학년 시기에는 다음과 같은 학원에 보내거나 선택은 하지 않는 것이 좋습니다.

1. 서논술형 등 중등 영어 내신에 대비하는 라이팅 관련 커리큘럼이 전혀 없는 학원
2. 우리 동네 중학교 내신 기출문제 정보와, 수행평가 출제 스타일에 대한 정보 등이 없는 학원 (수행평가는 출제 방식이 워낙 다양하기 때문에 기출문제의 유형을 알고 미리 대비하는 것이 중요합니다. 중학교 때 연습을 잘해 놓아야 고등 영어 내신도 잘 대비할 수 있게 되죠. 그러니 반드시 참고하셔야 하는 기준입니다.)
3. 다른 영역은 학습하지 않고 오직 리딩만 하는 영어 도서관 방식으로 초 6까지 쭉 진행하는 학원
4. 어학원 커리큘럼에 잘 적응해서 잘하고 있는 4학년 아이를 너무 일찍 문법과 리딩 중심 (입시 보습) 학원으로 옮기는 경우
5. 아직 영어 실력이 충분히 올라오지 못했는데 5학년이니까 소위 '빡센' 입시 영어학원으로 보내는 경우 (학년이 높다고 해도 영어 학년(수준)이 낮은 경우는 문법과 어휘 중심의 입시 영어학원에는 천천히 보내시길 당부드립니다. 현재 실력과 수업 수준의 격차가 커지면 '영포자'가 될 가능성이 높기 때문이에요.)

앞서 말씀드린 대로 영어학원들의 구분과 역할이 점차 중첩되고 있습니다. 사실 같은 종류의 학원이라고 해도 특성과 커리큘럼이 굉장히 다른 경우도 많아요. 따라서 5학년이 되면 무조건 어디로 옮긴다는 공식을 따르기보다는 우리 아이의 '영어 학년'은 현재 어느 수준인지, 학원별로 다른 특장점이 지금 우리 아이에게 어떤 도움이 될지 등을 고려하여 최종적으로 학원을 선택하시기 바랍니다.

4. 부모가 영어를 잘 못하는데 아이에게 영어를 가르칠 수 있을까요?

오히려 영어를 잘 못하는 엄마의 아이가 영어에 더 유리할 수도 있습니다. 영어를 잘하는 엄마는 아이의 틀린 영어를 고쳐주려고 하는 경향이 좀더 있기 때문이에요. 이 과정에서 아이는 영어를 할 때마다 엄마에게 평가받는 느낌이 들 수 있습니다.

초등 때 영어에서 가장 중요한 것은 바로 영어를 재미있고 만만하게 느낄 수 있는 환경입니다. 그래야 좀더 자주 더 많이 영어를 접하고 싶어지니까요.

그런데 영어 공부를 할 때마다 평가받는 느낌이 든다면 아이는 영어를 점차 꺼리는 마음이 생기게 될 겁니다. 오히려 "엄마는 잘 모르겠으니까 지연이가 좀 설명해 줄래?"라는 말이 아이의 마음을 편하게 만들어 줍니다.

  부모가 영어를 잘 못하는 건 아이 영어에 문제 요소가 아닙니다. 오히려 부모가 어설프게 알거나 욕심을 부려 아이를 심리적으로 불안하게 하는 것이 진짜 문제이죠. 우리 아이, 혹시 영어 불안이 심한 환경에서 공부하고 있진 않나요? 이 기회에 꼭 한번 점검해 보시기 바랍니다.

5. 초등 영어에서 가장 중요한 부모의 역할은 무엇인가요?

학원을 보내든 엄마표 영어를 하든 부모로서 나름의 역할을 한다고 했는데도 안타깝게 그 결과가 기대에 못 미치는 경우가 많습니다. 그리고 이러한 실패에는 공통적인 원인이 있어요.

절대 따라 하시면 안 되는 '초등 영어 학습의 실수 3가지'를 말씀드리겠습니다. 이 3가지만 잘 피하셔도 학부모의 역할을 충분히 하는 것이니 혹시 해당 사항이 없는지 꼭 파악해 보시기 바랍니다.

첫째는 '영어 공부를 쉬는 일이 잦다'는 겁니다. 아이가 하기 싫다고 해서, 혼자 해본다고 해서, 엄마표가 방황을 해서, 맞는 영어 학원을 찾아 여기저기를 전전해서 등 여러 가지 이유로 영어 공부를 쉬는 때가 너무 잦으면 아주 좋지 않은 상황입니다. 영어 공부의 시작이 늦은 것보다도 빨리 시작했지만 하다 말다 하다 말다를 하는 것이 더 안 좋은 영어 환경이에요. 대개 한 달을 쉬면 그걸 복구하는 데 한 달이 걸릴 거라 생각하지만 적어도 두세 달은 지나야 원상복구가 됩니다. 쉰 한 달과 다시 끌어올리기 위한 한두 달이 더 필요한 거죠.

더 위험한 것은 그 사이에 아이의 영어에 대한 관심과 흥미가 같이 멈춘다는 사실입니다. 사실 일단 '쉰다'는 신호 자체가 어떤 문제가 발생한 것을 의미하잖아요? 물론 공부하다 보면 쉬어야 할 때가 충분히 생길 수 있습니다만 그 기간을 최소한으로 줄이고 빠르게 대안을 만들어야 합니다.

아이가 영어 공부를 하기 싫어하는 상황이라면 가장 쉽고 만만한 것만 할 수 있도록 조정해 주셔야 합니다. 절대 혼자서는 못 할 거 같은 아이가 혼자 공부하겠다고 한다는 건 놀고 싶다는 의미이니까 전적으로 수용해 주시면 안 돼요. 엄마표가 방황을 하는 상황이라면 잠시라도 외부의 도움을 받으시는 게 낫습니다. 장기적으로 지속할 자신이 없다면 아예 학원의 도움을 받는 것이 더 나은 전략일 수 있습니다.

영어학원을 전전하는 건 보통 3가지 이유 때문이에요. '아이가 영어에 대한 동기부여를 갖지 못해서 소극적인 태도를 보일 때', '아이 실력보다 부모의 기대가 커서 소위 빡센 커리큘럼이 있는 곳만 찾아서 보낼 때', '영어 못지않게 학습 태도와 습관에 대한 케어가 필요한 아이인데 진도 위주의 학원에만 보낼 때'입니다. 우리 아이가 학원을 전전하고 있다면 이 세 가지 중 어디에 해당되는지 객관적으로 파악해서 그 이유부터 개선해야 아이의 영어가 방황하지 않을 수 있습니다.

방학 때든, 어떤 이벤트가 생기든 아이의 영어가 쉬는 걸 가볍게 생각하지 말아주세요. 그냥 최소한으로만 하더라도 이어가는 것이 '언어'인 영어에 있어서 가장 중요한 조건입니다. 이를 실천하기 위해서는 1) 초등 영어는 아이의 수준과 흥미를 가장 중시해야 한다는 원칙과 2) 주 2~3회가 아니라 '매일 노출과 학습'이 원칙이 되는 것이 가장 좋습니다.

둘째는 '2, 3, 5를 잘 챙기지 못했다'는 것입니다. 2, 3, 5가 의미하는 바는 바로 '학년'이에요. 이 중요 시기를 잘 대처하지 못한 채 그냥 넘어가 버리면 좋지 못한 결과가 따르기 마련입니다. 간단히만 짚어보겠습니다.

2학년 때는 최소한 '3학년 영어를 대비'해야 합니다. 늦어도 2학년까지는 파닉스, 3학년 교과서, 리스닝 위주에서 리딩 병행, 영단어 공부 가능 상태 등의 준비가 되어야 해요. 아이들을 대상으로 설문한 조사에서 보통 초등 시기에 영어가 가장 어렵다고 느끼는 학년이 3학년이라고 한 결과가 있다는 사실을 꼭 유념하셔야 합니다. 이때부터 영포자가 발생하거든요. 영어를 늦게 해도 괜찮다고 생각하시더라도 2학년이 마지노선이라는 사실도 아셔야 합니다. 리스닝 집중듣기도 좋고, 리더스, 챕터북도 좋지만 앞서 말씀드린 내용에 대한 준비도 필요하다는 것을 꼭 기억해 주시기 바랍니다.

3학년 영어는 본격적으로 리딩을 해야 하는 '시작점'입니다. 이 시기를 놓치면 풍부하고 다양한 리딩의 시작이 애매해지거든요. 어휘도 하루에 단 한 개라도 쓰고 기록해 보는 습관을 들여야 하는 때입니다. 리딩 실력의 폭발적인 성장은 단순히 많이 읽어서 생기기보다 어휘력이 뒷받침돼서 올라가는 경우가 현실적으로 더 많고 타당합니다. 책을 백 권, 천 권 읽는 아이보다 그렇지 않은 아이가 절대 다수인 것이 현실이니까요.

5학년 때 '문법 구문 학습'이 시작되지 않으면 중등 영어의 스텝이 꼬이기 시작할 수 있습니다. 아주 쉬운 'starter' 수준이라도 문법이 '영어 문장의 형식'이라는 개념을 이해하기 시작해야 해요. 그래야 좀더 길고 어려운 문장을 해석해 낼 수 있습니다. 또한 이 시기부터는 논픽션 읽기의 비중을 조금씩이라도 늘려 주셔야 합니다. 논픽션은 어휘는 물론이고 문장 구조도 이야기책보다 좀더 딱딱하고 어려울 수 있습니다. 중고등 영어 지문은 대부분 비문학 지문이기 때문에 절대 소홀히 할 수 없어요. 이 시기에는 리딩에 집중하는 것도 좋지만 시간을 조절해서 꼭 문법 구문 학습도 시작해야 합니다. 아이의 영어가 한 단계 더 도약할 수 있는 골든타임이기 때문입니다.

셋째는 '포기도 좋은 전략이라는 걸 모른다'는 것입니다. 아이가 5, 6학년인데도 '내 아이는 나처럼 영어 한마디 못하는 사람이 되어서는 안 되니까' 하며 스피킹에 신경 쓰고 싶어서 스피킹 중심의 커리큘럼을 가진 학원에 보내거나 화상 영어를 시켜서 회화에 많은 시간을 쓴다는 분을 꽤 봤습니다. 그 이유와 심정은 100% 이해되지만 그런다고 영어로 의사소통이 잘되는 영어 실력을 갖추기는 어렵습니다. 의외로 스피킹은 결국 리딩 실력에 비례하기 때문이에요. 또한 문법 구문 실력에도 비례하고 라이팅과도 직결됩니다. 미국이 아닌 한국이라는 환경에서는 더욱 그렇습니다. 단순히 패턴만 달달 외우거나 같은 표현만 반복해서는 실력을 크게 올리지도 못해요. 또 필요하다면 회화는 나중에도 언제든 할 수 있습니다. 놓을 건 놓고, 포기할 건 포기해야 진정으로 중요한 것부터, 즉 우선순위에 따라서 아이의 영어 실력을 착실히 쌓아갈 수 있습니다.

중등 대비를 시작할 시기에 원서 읽기를 시작하는 것도 추천하지 않습니다. 또한 아무리 유명하고 좋은 학원이라도 아이에게 맞지 않으면 과감히 포기하고 빨리 대안을 찾는 것도 중요해요. 이건 앞서 말씀드린 첫 번째 이유와도 직결되는 사안입니다. 영문법 학원만 2개나 다니는 학생도 직접 본 적이 있습니다. 왜 2개나 다니냐고 물어보니까 둘 다 유명한 학원이라서 엄마가 다니라고 했다더군요. 이런 사고방식을 저는 '기계적 교육관'이라고 부릅니다. 투입된 양에 비례해서 결과가 나올 거라고 생각하지만 (아닌 것이 불 보듯 뻔하니) 참 위험한 발상입니다.

교육과 학습에서 '어른들의 욕심'이 가장 위험한 암초인 경우가 많습니다. 아이에게 부담이 크거나 못할 거 같을 때는 과감히 포기할 줄도 알아야 합니다. 그 포기한 자리에서 새로운 싹이 자라날 여유가 생기니까요.

6. 영어 디지털 교과서 시대, 어떻게 대비해야 하나요?

디지털 교과서의 시대가 다가왔습니다. 교과서뿐만 아니라 이미 우리 아이의 학습 전반에 컴퓨터와 스마트폰 그리고 태블릿PC 등을 통한 디지털 공부 환경이 많이 자리 잡고 있죠. 그런데 이러한 변화가 우리 아이의 영어 학습에 미칠 영향에 대해서 많은 학부모님이 걱정하는 것이 사실입니다.

디지털 도구는 분명 많은 장점이 있습니다. 예를 들어, 실시간 피드백, 개인화된 학습 경험 그리고 풍부한 멀티미디어 자료 등을 제공하죠. 하지만 동시에 몇 가지 우려할 만한 점도 있습니다. 그래서 학부모님께서 꼭 제대로 아시고 미리 대비시켜 주셔야 합니다.

지금부터 관련한 문제점 4가지와 해결 방법을 말씀드리겠습니다.

우선 첫 번째로 우려되는 부분은 '기억력'입니다. 2021년 도쿄대학 연구팀이 발표한 연구 결과에 따르면 종이에 손으로 쓰는 것이 디지털 기기를 사용하는 것보다 기억력 향상에 더 효과적이라고 합니다. 손으로 쓰면 뇌가 더 활성화되어 기억력 향상에 도움이 된다는 것이죠. 그러니 디지털 기기를 활용하더라도 손으로 써야만 기억력 향상에 더 좋다는 사실을 기억해 주세요. 종이나 노트를 꼭 따로 준비해서 아이가 자주 쓸 수 있는 환경을 만들어 주시기 바랍니다.

두 번째로 우려되는 부분은 '철자법'입니다. 디지털 사용까지 가지 않더라도 손으로 직접 쓰지 않고 눈으로만 철자를 읽는 방식으로 학습하면서 스펠링을 제대로 익히지 못한 아이가 많습니다. 디지털 기기 사용 시에는 자동 완성이나 클릭에만 의존하다 보니 실제로 철자를 쓸 줄 모르는 아이가 많고요. 손으로 쓰면 단어 실력이 확실히 늘어납니다. 힌트에 의존하지 않고 철자 하나하나를 신경 쓰게 되니까요.

저학년이지만 알파벳 쓰기가 가능한 아이는 쓰는 연습을 시작해 보길 권장합니다. 3학년부터는 무조건 단어 하나부터 손으로 직접 쓰는 연습을 시작해야 하고요. 문법 구문 공부가 시작되는 4,

5학년 아이도 눈으로만 보거나 문제 풀이 위주로 학습하지 말고 꼭 해당 문장과 구문을 손으로 직접 쓰면서 공부해야 합니다.

세 번째로 우려되는 부분은 '개념 이해도'입니다. 미국 심리 과학 저널에 발표된 연구 에 따르면 손으로 필기를 하는 학생이 노트북으로 타이핑하는 학생보다 개념 이해도가 더 높았다고 합니다. 아무래도 손으로 쓰면서 천천히 내용을 음미하면 학습 내용을 더 깊이 이해할 수 있을 테니까요.

마지막으로 네 번째로 우려되는 부분은 '독해력'입니다. 노르웨이에서 진행된 연구 에 따르면 종이로 된 텍스트를 읽을 때가 컴퓨터 화면으로 읽을 때보다 독해력이 더 높았다고 합니다. 이는 영어 리딩과 관련해서 중요한 것을 시사합니다. 바르 종이책을 읽을 때에 집중력이 더 발휘된다는 사실이죠. 물론 디지털 기기의 장점도 큽니다. 리스닝과 함께 연계 학습을 할 수도 있고, 모르는 단어를 바로 찾을 수도 있으며, 문제 풀이도 실시간으로 가능합니다. 하지만 리딩 자체는 종이척으로 읽을 때 독해력이 더 발휘되므로 디지털 기기로 공부할 때에도 종이책과 병행하는 것이 더 좋겠습니다.

디지털 영어 학습 도구가 발달하고 디지털 교과서가 나와도 이러한 문제점을 해결하면서 장점도 놓치지 않으려면 결국은 '아날로그 방식'을 병행하는 지혜가 필요합니다. 말씀드린 대로 손으로 직접 쓰는 활동이 특히 중요하죠. 그렇다면 어떻게 실천하면 좋을지, 실천 방법 4가지를 제시해 드릴 테니 이 중에서 딱 하나라도 골라서 바로 실천해 보시기 바랍니다.

1. 단어장을 만들어 배운 단어를 직접 쓰고, 뜻을 적어보는 것이 좋습니다. 단어나 문장을 카드로 만들어 보는 것도 좋아요. 만드는 과정에서 촉각까지 사용하면 기억에 더 오래 남게 되거든요.
2. 문장 쓰기 연습을 해보는 것이 좋습니다. 교과서에 나온 문장을 그대로 따라 쓰는 것부터 시작해서 점차 자기만의 문장을 만들어보도록 지도하세요.
3. 영어 일기를 써보는 것도 좋은 방법입니다. 하루에 한 문장이라도 좋고 틀려도 아무 상관없으니 꾸준히 할 수 있도록 지도해 주세요.
4. 받아쓰기를 해보는 것도 좋습니다. 리스닝 실력을 단기간에 늘리는 방법으로는 받아쓰기가 최고이니까요.

디지털 시대라고 해서 모든 것을 디지털로 해야 할 필요는 없습니다. 오히려 아날로그적인 방식이 언어 학습에는 더 효과적인 측면이 있으니까요. 특히 초등 영어에서는 더욱 그렇습니다. 학부모님께서는 아이의 디지털 기기 사용을 모니터링하면서도 손으로 할 수 있는 쓰기와 독서, 대화 등 전통적인 학습 방법도 꾸준히 실천할 수 있도록 지도해 주시기 바랍니다. 디지털 시대에도 균형 잡힌 교육은 당연히 중요하니까요.

7. 우리 아이, 영어를 잘하게 하려면 어떻게 해야 하나요? 조언을 부탁드립니다.

우선, 아이가 실제로 공부해야 하는 영어는 4대 영역이 아니라 6대 영역(듣기, 읽기, 쓰기, 말하기, 어휘, 문법)이며 각 영역의 공부량은 다른 한 교과목의 공부량보다 많습니다. 그래서 영역별 학습 순서와 시기별 우선순위를 정하지 않고 무작정 영어 공부를 시키는 것은 비효율적일 뿐만 아니라 아이의 학습 흥미와 자신감을 떨어뜨리게 하죠. 지금 아이의 학년에서 가장 신경 써줘야 하는 영역과 새로 시작해야 할 영역이 무엇인지부터 파악하고 바로 실천하시기 바랍니다.

영어는 목적이 아니라 이야기나 정보를 전달하는 '수단'입니다.

그래서 아이가 영어를 싫어하는 것처럼 보인다면 대부분은 영어 자체가 싫은 것이 아니라 영어로 쓰인 그 내용이 싫고 재미없어서일 가능성이 높습니다. 영어를 좋아하는 아이로 키우고 싶다면 아이가 좋아하는 것, 즉 아이의 선호를 파악해서 가급적 아이가 좋아하는 내용을 영어로 듣고 읽게 해주세요. 아이가 정말 좋아하는 소재나 주제의 내용이라면 영어든 프랑스어든 눈과 귀를 떼지 못할 테니까요. 좋아하는 게 딱히 없는 아이라면 다양한 경험부터 해보게 해야 합니다. 호불호는 경험을 통해 가려지니까요.

아이에게 맞는 영어 교재, 학원, 온라인 프로그램 등을 잘 선택하기 위해서는 사교육 추천 정보보다 아이의 현재 상태를 잘 알아야 합니다. 대부분의 학부모님이 우리 동네의 유명 학원 리스트는 알지만 정작 내 아이의 학습 성향, 강점, 부족한 영역 등은 제대로 모르고 계십니다. 바로 이것이 남들이 좋다는 학원을 어렵게 보내도 정작 아이의 영어 실력에 변화가 없는 이유입니다. 딱 1주일만 아이의 영어 공부 시간(요일별 시간, 총시간), 과제를 하는 패턴(매일 조금씩 또는 몰아서), 영단어 학습 역량(단어 5개를 암기하는 데 걸리는 시간), 하루 리딩 시간 등을 파악해 보세요. 아이의 현 상태가 구체적으로 그려지면 어떤 영어 공부가 필요한지를 어렵지 않게 파악할 수 있으실 겁니다.

이야기보다 지식과 정보가 있는 글을 더 좋아하는 아이가 의외로 많습니다. 그런데 초등 때 읽히는 대다수의 영어 글은 이야기를 담고 있죠. 만약 우리 아이가 '지식정보 선호형'이라서 아이가 영어 글 읽기를 싫어하는 이유가 글감이 마음에 들지 않기 때문이라면 참 안타까운 일이 아닐 수 없습니다. 이처럼 아이마다 영어 학습 성향이 다를 수 있습니다. 앞에 소개된 6가지 학습 성향을 참고해 아이의 성향을 꼭 파악해 보시고 아이에게 맞는 영어 환경을 만들어 주세요. 초등 때의 영어 교육은 환경 조성이 8할이라는 점을 꼭 기억하시기를 바랍니다.

'초등 영어 교육을 성공적으로 했다'는 것의 기준은 바로 중등 영어를 얼마나 잘 준비했는가로 결정됩니다. 영어로 유창하게 말할 수 있고 미국에 어학 연수를 다녀온 아이라 해도, 한국에서 대학에 가야 하는데 중고등 영어 점수가 안 나온다면 좋은 평가를 받을 수가 없어요. 그렇기 때문에 초등 고학년(5, 6학년) 시기는 중등 대비 영어 학습의 골든타임입니다. 그동안 준비가 부족했던 아이라도 이 시기에 올바른 계획을 세우고 학습한다면 충분히 따라갈 수 있습니다. 또한 최상위권으로의 도약을 목표로 하는 아이라면 이때가 지금보다 한 차원 높은 수준의 영어 실력을 갖출 수 있는 적기이고요. 따라서 5, 6학년의 학부모님은 중고등 영어 대비를 위한 목표와 계획을 갖고 계셔야 합니다. 그래야 흔들리지 않고 아이의 올바른 성장을 기다려 줄 수 있습니다. 중고등학교 때에 영어를 정말 잘하는 아이는 바로 이 시기에 허송세월하지 않았다는 점, 꼭 기억해 주시기 바랍니다.

부록

Dolch Sight Words List

PRE-KINDERGARTEN

a	find	is	not	three
and	for	it	one	to
away	funny	jump	play	two
big	go	little	red	up
blue	help	look	run	we
can	here	make	said	where
come	I	me	see	yellow
down	in	my	the	you

KINDERGARTEN

am	eat	now	so	went
are	four	on	soon	what
at	get	our	that	white
ate	good	out	there	who
be	have	please	they	will
black	he	pretty	this	with
brown	into	ran	too	yes
but	like	ride	under	
came	must	saw	want	
did	new	say	was	

FIRST GRADE

after	fly	how	open	then
again	from	just	over	think
an	give	know	put	walk
any	going	let	round	were
as	had	live	some	when
ask	has	may	stop	
by	her	of	take	
could	him	old	thank	
every	his	once	them	

SECOND GRADE

always	does	made	tell	why
around	don't	many	their	wish
because	fast	off	these	work
been	first	or	those	would
before	five	pull	upon	write
best	found	read	us	your
both	gave	right	use	
buy	goes	sing	very	
call	green	sit	wash	
cold	its	sleep	which	

THIRD GRADE

about	eight	if	only	ten
better	fall	keep	own	today
bring	far	kind	pick	together
carry	full	laugh	seven	try
clean	got	light	shall	warm
cut	grow	long	show	
done	hold	much	six	
draw	hot	myself	small	
drink	hurt	never	start	

NOUNS

apple	children	flower	money	sister
baby	Christmas	game	morning	snow
back	coat	garden	mother	song
ball	corn	girl	name	squirrel
bear	cow	goodbye	nest	stick
bed	day	grass	night	street
bell	dog	ground	paper	sun
bird	doll	hand	party	table
birthday	door	head	picture	thing
boat	duck	hill	pig	time
box	egg	home	rabbit	top
boy	eye	horse	rain	toy
bread	farm	house	ring	tree
brother	farmer	kitty	robin	watch
cake	father	leg	Santa Claus	water
car	feet	letter	school	way
cat	fire	man	seed	wind
chair	fish	men	sheep	window
chicken	floor	milk	shoe	wood

Fry Sight Words List

1st 100 WORDS

a	each	it	out	to
about	find	like	part	two
all	first	long	people	up
an	for	look	said	use
and	from	made	see	was
are	get	make	she	water
as	go	many	sit	way
at	had	may	so	we
be	has	more	some	were
been	have	my	than	what
but	he	no	that	when
by	her	not	the	which
called	him	now	their	who
can	his	number	them	will
come	how	of	then	with
could	I	oil	there	words
day	if	on	these	would
did	in	one	they	write
do	into	or	this	you
down	is	other	time	your

2nd 100 WORDS

after	does	letter	over	such
again	end	line	page	take
air	even	little	picture	tell
also	follow	live	place	things
America	form	man	play	think
animal	found	me	point	three
another	give	means	put	through
answer	good	men	read	too
any	great	most	right	try
around	hand	mother	same	turn
ask	help	move	say	us
away	here	much	sentence	very
back	home	must	set	want
because	house	name	should	well
before	just	need	show	went
big	kind	new	small	where
boy	know	off	sound	why
came	land	old	spell	work
change	large	only	still	world
different	learn	our	study	years

3rd 100 WORDS

above	earth	hear	never	song
add	eat	high	next	soon
almost	enough	idea	night	start
along	every	important	often	state
always	example	Indian	once	stop
began	eyes	it's	open	story
begin	face	keep	own	talk
being	family	last	paper	those
below	far	late	plant	thought
between	father	leave	real	together
book	feet	left	river	took
both	few	let	run	tree
car	food	life	saw	under
carry	four	light	school	until
children	girl	list	sea	walk
city	got	might	second	watch
close	group	mile	seem	while
country	grow	miss	side	white
cut	hard	mountains	something	without
don't	head	near	sometimes	young

4th 100 WORDS

across	early	hundred	problem	sun
against	easy	I'll	products	sure
area	ever	king	pulled	table
become	fall	knew	questions	today
best	farm	listen	reached	told
better	fast	low	red	top
birds	field	map	remember	toward
black	figure	mark	rock	town
body	fire	measure	room	travel
certain	fish	money	seen	true
cold	five	morning	several	unit
color	friends	music	ship	upon
complete	ground	north	short	usually
covered	happened	notice	since	voice
cried	heard	numeral	sing	vowel
didn't	himself	order	slowly	war
dog	hold	passed	south	waves
door	horse	pattern	space	whole
draw	hours	piece	stand	wind
during	however	plan	step	wood

5th 100 WORDS

able	common	full	nothing	size
ago	contain	game	noun	special
am	correct	gave	object	stars
among	course	government	ocean	stay
ball	dark	green	oh	stood
base	decided	half	pair	street
became	deep	heat	person	strong
behind	done	heavy	plane	surface
boat	dry	hot	power	system
box	English	inches	produce	ten
bring	equation	include	quickly	though
brought	explain	inside	ran	thousands
building	fact	island	rest	understand
built	feel	known	road	verb
cannot	filled	language	round	wait
carefully	finally	less	rule	warm
check	fine	machine	scientists	week
circle	fly	material	shape	wheels
class	force	minutes	shown	yes
clear	front	note	six	yet

6th 100 WORDS

anything	divided	interest	present	store
arms	drive	job	probably	subject
beautiful	drop	kept	race	suddenly
believe	edge	lay	rain	sum
beside	eggs	legs	raised	summer
bill	energy	length	ready	syllables
blue	Europe	love	reason	teacher
brother	exercise	main	record	test
can't	farmers	matter	region	third
cause	felt	meet	represent	train
cells	finished	members	return	wall
center	flowers	million	root	weather
clothes	forest	mind	sat	west
dance	general	months	shall	whether
describe	gone	moon	sign	wide
developed	grass	paint	simple	wild
difference	happy	paragraph	site	window
direction	heart	past	sky	winter
discovered	held	perhaps	soft	wish
distance	instruments	picked	square	written

7th 100 WORDS

act	century	gold	moment	smiled
Africa	consonant	hair	nation	snow
age	copy	hill	natural	soil
already	couldn't	hole	outside	solve
although	count	hope	per	someone
amount	cross	ice	phrase	son
angle	dictionary	instead	poor	speak
appear	died	iron	possible	speed
baby	dress	jumped	pounds	spring
bear	either	killed	pushed	stone
beat	everyone	lake	quiet	surprise
bed	everything	laughed	quite	tall
bottom	exactly	lead	remain	temperature
bright	factors	let's	result	themselves
broken	fight	lot	ride	tiny
build	fingers	melody	rolled	trip
buy	floor	metal	sail	type
care	fraction	method	scale	village
case	free	middle	section	within
cat	French	milk	sleep	wonder

8th 100 WORDS

alone	control	garden	pay	stick
art	cool	gas	period	straight
bad	cost	glass	plains	strange
bank	decimal	God	please	students
bit	desert	grew	practice	suppose
break	design	history	president	symbols
brown	direct	human	received	team
burning	drawing	hunting	report	touch
business	ears	increase	ring	trouble
captain	east	information	rise	uncle
catch	else	itself	row	valley
caught	engine	joined	save	visit
cents	England	key	seeds	wear
child	equal	lady	sent	whose
choose	experiment	law	separate	wire
clean	express	least	serve	woman
climbed	feeling	lost	shouted	wrote
cloud	fell	maybe	single	yard
coast	flow	mouth	skin	you're
continued	foot	party	statement	yourself

457

9th 100 WORDS

addition	doctor	insects	process	stream
army	dollars	interesting	property	string
bell	eight	Japanese	provide	suggested
belong	electric	lie	rather	supply
block	elements	lifted	rhythm	swim
blood	enjoy	loud	rich	terms
blow	entered	major	safe	thick
board	except	mall	sand	thin
bones	exciting	meat	science	thus
branches	expect	mine	sell	tied
cattle	famous	modern	send	tone
chief	fit	movement	sense	trade
compare	flat	necessary	seven	tube
compound	fruit	observe	sharp	value
consider	fun	park	shoulder	wash
cook	guess	particular	sight	wasn't
corner	hat	planets	silent	weight
crops	hit	poem	soldiers	wife
crowd	indicate	pole	spot	wings
current	industry	position	spread	won't

10th 100 WORDS

action	dead	huge	settled	we'll
actually	deal	isn't	shoes	western
adjective	death	led	shop	win
afraid	details	level	similar	women
agreed	determine	located	sir	workers
ahead	difficult	march	sister	wouldn't
allow	division	match	smell	wrong
apple	doesn't	molecules	solution	yellow
arrived	effect	northern	southern	
born	entire	nose	steel	
bought	especially	office	stretched	
British	evening	opposite	substances	
capital	experience	oxygen	suffix	
chance	factories	plural	sugar	
chart	fair	prepared	tools	
church	fear	pretty	total	
column	fig	printed	track	
company	forward	radio	triangle	
conditions	France	repeated	truck	
corn	fresh	rope	underline	
cotton	Greek	rose	various	
cows	gun	score	view	
create	hoe	seat	Washington	

교육부 지정 초등 필수 기본 어휘 600

1	a	부정관사	(글 속에 처음 언급되는 단수형 명사 앞에 쓰임) 어떤 하나(사람)의
2	academy	명사	(특수 분야의) 학교
3	accent	명사	(사람의 출신 지역이나 계층을 보여 주는) 말씨
4	accident	명사	(특히 자동차) 사고, 재해
		명사	우연
5	act	명사	(특정한) 행동, 행위
		동사	행동하다
6	add	동사	첨가/추가하다, 덧붙이다
7	address	명사	주소
8	adult	명사	성인, 어른
9	adventure	명사	모험
10	afraid	형용사	두려워/무서워 하는
11	after	전치사	(시간순서상으로) 뒤에, 후에
12	afternoon	명사	오후
13	again	부사	한 번 더, 다시
14	age	명사	나이, 연령
15	air	명사	공기, 대기
16	airplane/plane	명사	비행기
17	airline	명사	항공사
18	airport	명사	공항

19	**all**	형용사	모든
		대명사	모든 것
20	**alone**	형용사, 부사	혼자, 다른 사람 없이
21	**aloud**	부사	(다른 사람들이 들을 수 있게) 소리 내어
22	**alright**	형용사, 부사	괜찮은, 받아들일 만한
23	**always**	부사	항상, 언제나
24	**A.M. / a.m.**	약어	오전(라틴어 ante meridiem)의 약어
25	**and**	접속사	~와/과, 그리고
26	**angel**	명사	천사, 천사 같은 사람
27	**anger**	명사	화, 분노
		동사	동물
28	**animal**	명사	화나게 하다
29	**answer**	명사	대답, 회신
		동사	대답하다
30	**ant**	명사	개미
31	**apple**	명사	사과
32	**area**	명사	지역
33	**arm**	명사	팔
34	**arrive**	동사	도착하다
35	**art**	명사	미술, 예술
36	**aunt**	명사	이모, 숙모
37	**baby**	명사	아기
38	**background**	명사	배경

39	**bad**	형용사	안 좋은, 불쾌한, 나쁜
40	**bake**	동사	(음식을) 굽다, 구워 지다
41	**ball**	명사	공, 무도회
42	**balloon**	명사	풍선
43	**band**	명사	(가수를 중심으로 한) 밴드
		동사	띠, 줄무늬를 두르다
44	**bank**	명사	은행
		동사	통장에 돈을 넣다, 예금하다
45	**base**	명사	(사물의) 맨 아래 부분
		동사	~에 근거지/본부를 두다
46	**baseball**	명사	야구
47	**basket**	명사	바구니
48	**basketball**	명사	농구
49	**bat**	명사	방망이, 배트
		동사	공을 배트로 치다
50	**bath**	명사	목욕
		동사	목욕시키다
51	**bathroom**	명사	(욕조가 있고 흔히 변기도 딸려 있는) 욕실, 목욕탕
52	**battery**	명사	건전지, 배터리
53	**battle**	명사	전투
		동사	싸우다, 투쟁하다
54	**be**	동사	있다, 존재하다
55	**beach**	명사	해변, 바닷가

56	bean	명사	콩
57	bear	명사	곰
58	bed	명사	침대
59	bedroom	명사	침실, 방
60	bee	명사	벌
61	beef	명사	소고기
62	bell	명사	종, 종소리
63	bicycle	명사	자전거
64	big	형용사	(치수/정도/양 등이) 큰
		부사	크게
65	bill	명사	고지서, 청구서
66	bird	명사	새
67	birth	명사	탄생, 출생, 출산
68	birthday	명사	생일
69	bite	동사	물다
70	black	형용사	검은
		명사	검은색, 어둠
71	block	명사	사각형 덩어리
		동사	(지나가지 못하게) 막다, 차단하다
72	blood	명사	피, 혈액
73	blue	형용사	파란, 푸른
		명사	파란색

74	board	명사	판자, 널
		동사	승선, 승차, 탑승하다
75	boat	명사	배, 보트
76	body	명사	몸, 신체
77	bomb	명사	폭탄
		동사	폭탄으로 공격하다, 폭격하다
78	bone	명사	뼈
79	book	명사	책
		동사	(식당/호텔 등에) 예약하다
80	boot	명사	(튼튼하고) 목이 긴 신발, 부츠
		동사	세게 차다
81	borrow	동사	빌리다
82	boss	명사	(직장의) 상관, 상사
		동사	보스 행세를 하다
83	both	형용사, 대명사	양쪽의, 양쪽 다
84	bottle	명사	병
		동사	병에 담다
85	bottom	명사	맨 아래 (부분)
86	bowl	명사	(우묵한) 그릇, 통
		명사	한 그릇의 양
87	boy	명사	소년, 남자 아이
88	brain	명사	뇌

89	brake	명사	브레이크, 제동 장치
		동사	브레이크를 밟다, 속도를 줄이다
90	branch	명사	나뭇가지
91	brand	명사	상표, 브랜드
92	bread	명사	빵
93	break	동사	깨어지다, 부서지다; 깨다, 부수다
		명사	(작업 중) 휴식 시간
94	breakfast	명사	아침 식사
95	bridge	명사	다리
		동사	다리를 놓다
96	bright	형용사	(빛이) 밝은, 눈부신, 빛나는, 똑똑한
97	brother	명사	형, 오빠, 남동생
98	brown	형용사	갈색(밤색, 고동색)의
		명사	갈색, 밤색, 고동색
99	brush	명사	붓, 솔
		동사	솔질(비질/칫솔질)을 하다
100	bubble	명사	거품
101	bug	명사	벌레, 작은 곤충
102	burn	동사	(불이) 타오르다
		명사	화상, 덴 상처
103	business	명사	사업, 상업, 장사
			(직장의) 일, 업무

104	button	명사	(옷의) 단추
		명사	(기계를 작동시키는) 버튼
105	buy	동사	사다(사 주다), 구입하다
106	by	전치사	옆(가)에
107	cage	명사	(쇠창살이나 철사로 만든 짐승의) 우리; 새장
108	calendar	명사	달력, 일정표
109	call	동사	전화하다, 부르다
110	can	조동사	<능력>~할 수 있다
111	candy	명사	사탕, 초콜릿 류, 캔디
112	cap	명사	모자
113	captain	명사	선장, (항공기의) 기장
114	car	명사	승용차, 자동차
		명사	기차의 차량
115	carrot	명사	당근
		명사	(무엇을 하도록 설득하기 위한) 보상
116	cart	명사	수레, 우마차
117	case	명사	(특정한 상황의) 경우
		명사	상자, 케이스, 용기, 통
118	cash	명사	현금, 현찰
119	castle	명사	성
120	cat	명사	고양이
121	catch	동사	(움직이는 물체를) 잡다

122	chain	명사	사슬, 쇠줄, 목걸이
		동사	(사슬로) 묶다
123	chair	명사	의자
124	chance	명사	(일이 일어날) 가능성
125	change	동사	변하다, 달라지다, 바꾸다
		명사	잔돈
126	cheap	형용사	(값이) 싼, 돈이 적게 드는
		부사	싸게
127	child	명사	아이, 어린이, 자식
128	church	명사	교회
129	cinema	명사	영화관, 극장
130	circle	명사	원형
		동사	빙빙 돌다
131	city	명사	도시
132	class	명사	학급/반
		명사	수업
133	classroom	명사	교실
134	clean	형용사	깨끗한
		부사	닦다, 청소하다
135	clear	형용사	알아듣기 쉬운, 분명한
136	clerk	명사	사무원, 점원
137	climb	명사	오르다, 올라가다

138	clip	명사	핀, 클립
		동사	클립으로 고정하다
139	clock	명사	시계
140	cloth	명사	천, 옷감, 직물
141	cloud	명사	구름
		동사	(기억력판단력 등을) 흐리다
142	club	명사	(특정한 활동/스포츠 등을 위한) 클럽, 동호회
143	coin	동사	동전
144	cold	형용사	추위, 추운 환경
		명사	추위, 추운 환경
145	college	명사	(학위과정으로서) 대학교
146	color/colour	명사	색깔, 빛깔
		동사	~색칠하다
147	come	동사	(~쪽으로) 오다
148	comedy	명사	코미디, 희극
149	concert	명사	연주회, 콘서트
150	congratulate	동사	축하하다
151	cook	동사	요리하다, 밥을 짓다
		명사	요리사
152	cookie/cooky	명사	쿠키
153	cool	형용사	시원한, 서늘한
		동사	식히다, 식다

154	corner	명사	모서리, 모퉁이
		동사	(구석에) 몰리다, 궁지에 몰아넣다
155	cotton	명사	목화
156	country	명사	국가, 나라
157	countryside	명사	시골 지역, 전원 지대
158	couple	명사	두 사람, 두 개
		동사	두 개를 연결하다
159	cousin	명사	사촌
160	cow	명사	암소, 젖소
161	crown	명사	왕관
162	cry	동사	울다, 외치다
		명사	비명
163	curtain	명사	커튼
164	customer	명사	손님, 고객
165	cut	동사	베다, 자르다, 절개하다
		명사	베인 상처
166	cute	형용사	귀여운
167	cycle	명사	자전거, 오토바이
		명사	순환
168	dad	명사	아빠
169	dance	명사	춤
		동사	춤을 추다

170	**dark**	형용사	어두운, 캄캄한
		명사	어둠, 암흑, 캄캄함
171	**date**	명사	날짜
172	**daughter**	명사	딸
173	**day**	명사	하루, 날, 요일
174	**delicious**	형용사	아주 맛있는, 냄새가 좋은
175	**dentist**	명사	치과
		명사	치과의사
176	**desk**	명사	책상
		명사	(호텔, 공항 등의) 프런트/접수처
177	**dialogue/dialog**	명사	대화, 대사
178	**diary**	명사	일기, 수첩
179	**dinner**	명사	저녁 식사
180	**dirty**	형용사	더러운, 지저분한
		동사	더럽히다
181	**dish**	명사	접시
182	**doctor**	명사	의사
183	**dog**	명사	개
184	**doll**	명사	인형
185	**dolphin**	명사	돌고래
186	**door**	명사	문
187	**dream**	명사	꿈
		동사	꿈을 꾸다, 희망을 갖다

188	drink	명사	음료, 마실 것
		동사	마시다
189	drive	동사	운전하다, 몰다
		명사	드라이브, 자동차 여행
190	duck	명사	오리
		동사	(머리나 몸을) 숙이다, 수그리다
191	ear	명사	귀
192	east	명사	동쪽
193	easy	형용사	쉬운, 수월한, 용이한
194	eat	동사	먹다
195	egg	명사	계란, 알
196	elephant	명사	코끼리
197	end	명사	끝, 가장자리, 모서리
		동사	끝을 맺다, 끝내다
198	engine	명사	엔진
199	engineer	명사	기사, 수리공
200	enjoy	동사	즐기다
201	enter	동사	들어가다, 들어오다
202	eraser	명사	지우개
203	evening	명사	저녁, 밤, 야간
204	every	형용사	(단수 명사와 함께 쓰여) 모든, 하나하나 다
205	exit	명사	출구
		동사	나가다, 퇴장하다

206	**eye**	명사	눈
207	**face**	명사	얼굴
		동사	~을 마주보다
208	**fact**	명사	~라는 점, 실상, 사실
			실제, 현실
209	**factory**	명사	공장
210	**fail**	동사	실패하다, 하지 못하다
		명사	낙제, 불합격
211	**fall**	동사	떨어지다, 빠지다, 내리다
		명사	가을
212	**family**	명사	가족, 가정, 가구
213	**famous**	형용사	유명한
214	**fan**	명사	팬, 선풍기
215	**farm**	명사	농장, 농원
		동사	농사를 짓다, 경작하다
216	**fast**	형용사	빠른
217	**fat**	형용사	뚱뚱한, 살찐, 비만의
		명사	지방, 비계
218	**father**	명사	아버지
219	**feel**	동사	느끼다, ~기분이 들다
		명사	촉감, 감촉
220	**field**	명사	들판, 밭

221	fight	동사	싸우다, 전투하다
		명사	싸움
222	file	명사	파일, 서류철
		동사	(문서 등을 정리하여) 보관하다
223	find	동사	찾다, 발견하다
224	fine	형용사	질 높은, 좋은
		명사	벌금
225	finger	명사	손가락
226	fire	명사	불, 화재
		동사	사격하다, 발포하다
227	fish	명사	물고기, 생선, 어류
		동사	낚시하다
228	flag	명사	기, 깃발
229	floor	명사	바닥
230	flower	명사	꽃
231	fly	동사	날다
		명사	파리
232	fog	명사	안개
233	food	명사	식량, 음식, 먹이
234	fool	명사	바보
		동사	속이다, 기만하다
235	foot	명사	발
236	football	명사	축구, 축구공

237	**forest**	명사	숲, 삼림
238	**forever**	부사	영원히
239	**fox**	명사	여우
240	**free**	형용사	자유로운, 자기 하고 싶은 대로 하는
		동사	석방하다, 풀어주다
241	**friend**	명사	친구
242	**frog**	명사	개구리
243	**fruit**	명사	과일
244	**fry**	동사	(기름에) 굽다, 튀기다
245	**full**	형용사	가득한, 빈 공간이 없는
		부사	충분히, 완전히
246	**fun**	명사	재미, 즐거움
		형용사	재미 있는, 즐거운
247	**garden**	명사	뜰, 정원
		동사	정원 가꾸기를 하다
248	**gate**	명사	문, 정문, 대문
249	**gentleman**	명사	신사, 양반
250	**gesture**	명사	몸짓, 제스처
		동사	가리키다, 손짓을 하다
251	**ghost**	명사	귀신, 유령
252	**giant**	명사	거인
		형용사	거대한, 위대한

253	**gift**	명사	선물, 기증품
		동사	선물하다, 내주다
254	**giraffe**	명사	기린
255	**girl**	명사	소녀
256	**give**	동사	주다
257	**glad**	형용사	기쁜, 반가운, 고마운
258	**glass**	명사	유리
259	**glove**	명사	장갑
260	**glue**	명사	접착제
		동사	(접착제로) 붙이다
261	**go**	동사	가다
262	**goal**	명사	목표
		명사	골, 득점
263	**god**	명사	신
264	**gold**	명사	금
		형용사	금색의
265	**good**	형용사	좋은, 잘 된, 괜찮은
		명사	선함
266	**goodbye**	감탄사, 명사	안녕히 가세요, 안녕히 계세요, 작별인사
267	**grandfather**	명사	할아버지, 외할아버지
268	**grape**	명사	포도
269	**grass**	명사	풀, 잔디
270	**great**	형용사	큰, 많은, 엄청난

271	green	형용사	녹색의, 파란
		명사	초록색, 녹색
272	grey/gray	형용사	회색의
		명사	회색, 잿빛
273	ground	명사	땅바닥, 지면
		형용사	가루가 되게 간, 빻은
274	group	명사	무리, 집단
		동사	무리를 지어 모으다, 모이다
275	grow	동사	커지다, 증가하다, 자라다
276	guide	명사	안내(서), 관광 안내 책자, 안내자
		동사	안내하여 데려가다, 보여주다
277	guy	명사	남자, 녀석, 사내
278	habit	명사	습관, 버릇
279	hair	명사	머리, 털
280	hand	명사	손
		동사	건네 주다, 넘겨주다
281	handsome	형용사	멋진, 잘생긴
282	happy	형용사	행복한, 기쁜
283	hard	형용사	단단한, 굳은, 딱딱한
		형용사	어려운, 힘든
284	hat	명사	모자
285	he	대명사	그, 그분(남자)

286	head	명사	머리, 고개
		동사	(특정 방향으로) 가다, 향하다
287	headache	명사	두통, 머리가 아픔
288	heart	명사	심장, 가슴
289	heaven	명사	천국, 천당, 하늘나라
290	heavy	형용사	무거운, 육중한
291	helicopter	명사	헬리콥터
292	hello/hey/hi	감탄사, 명사	인사, 여보세요, 만났을 때의 인사
293	help	동사	돕다, 거들다
		명사	도움
294	here	부사	여기에, 이리
		명사	여기, 지금
295	hero	명사	영웅
296	high	형용사	높은
297	hill	명사	언덕, 나지막한 산
298	hit	동사	때리다, 치다
299	hobby	명사	취미
300	holiday	명사	휴가, 방학
301	home	명사	집, 가정
302	homework	명사	숙제, 과제
303	honest	형용사	정직한, 솔직한
304	honey	명사	꿀, 벌꿀
		명사	사랑하는 사람에 대한 호칭, 여보

305	**hope**	명사	희망, 기대
		동사	바라다, 희망하다
306	**horse**	명사	말, 경마
307	**hospital**	명사	병원
308	**hot**	형용사	뜨거운
309	**hour**	명사	시간
310	**house**	명사	집, 주택
311	**human**	명사	인간, 사람
312	**hundred**	수사	백, 100
313	**hungry**	형용사	배고픈, 굶주리는
314	**hunt**	동사	사냥하다
315	**husband**	명사	남편
316	**I**	대명사	나는, 내가
317	**ice**	명사	얼음
318	**idea**	명사	발상, 생각, 방안
319	**it**	대명사	그것
320	**jeans**	명사	청바지
321	**job**	명사	직장, 일, 일자리
		명사	해야하는 일, 과제
322	**join**	동사	연결하다, 잇다, 합쳐지다
323	**joy**	명사	기쁨, 환희
324	**key**	명사	열쇠
		형용사	가장 중요한, 핵심적인, 필수적인

#	단어	품사	뜻
325	**kick**	동사	발로 차다
		명사	차기, 킥, 발길질
326	**kid**	명사	아이, 청소년
		동사	농담하다, 재미있는 이야기를 하다
327	**kill**	동사	죽이다, 목숨을 빼앗다
328	**kind**	형용사	친절한, 다정한
		명사	종류, 유형
329	**king**	명사	왕, 국왕
330	**kitchen**	명사	주방, 부엌
331	**knife**	명사	칼
332	**know**	동사	알다, 알고 있다
333	**lady**	명사	여자 분, 여성, 숙녀
334	**lake**	명사	호수
335	**land**	명사	육지, 땅
		동사	(땅 표면에) 내려앉다, 착륙하다
336	**large**	형용사	큰, 많은, 엄청난
337	**late**	형용사	늦은, 지각, 만년의
338	**lazy**	형용사	게으른
339	**leaf**	명사	(나뭇) 잎
340	**learn**	동사	배우다, 학습하다
341	**left**	형용사	왼쪽의, 좌측의
		명사	~의 왼쪽
342	**leg**	명사	다리

343	**lesson**	명사	수업, 교습
344	**letter**	명사	편지, 글자, 문자
345	**library**	명사	도서관, 서재
346	**light**	명사	빛, 광선, 빛살
		형용사	밝은, 가벼운
347	**line**	명사	선, 줄
348	**lion**	명사	사자
349	**lip**	명사	입술
350	**listen**	동사	듣다, 귀를 기울이다
351	**little**	형용사	작은, 소규모의
352	**live**	동사	살다, 거주하다, 지내다
		형용사	생방송의, 생중계의
353	**livingroom**	명사	거실
354	**look**	동사	보다, 바라보다
355	**love**	명사	사랑
		동사	사랑하다
356	**low**	형용사	(높이/위치 등이) 낮은
357	**luck**	명사	좋은 운, 행운
358	**lunch**	명사	점심
		동사	점심 식사를 하다
359	**mail**	명사	우편
		동사	우편으로 보내다, 발송하다
360	**man**	명사	남자, 사람

361	**many**	형용사, 대명사	많은, 다수
362	**map**	명사	지도, 약도
		동사	지도를 만들다, 지도를 그리다
363	**marry**	동사	결혼하다
364	**mathematics/ math**	명사	수학
365	**meat**	명사	고기
366	**meet**	동사	만나다
367	**memory**	명사	기억(력)
368	**middle**	명사	중앙, 가운데, 중간
		형용사	한가운데, 중간의
369	**milk**	명사	우유
		동사	젖을 짜다, 우유를 짜다
370	**mirror**	명사	거울
		동사	반영하다, (거울처럼) 잘 보여주다
371	**money**	명사	돈, 금전
372	**monkey**	명사	원숭이
373	**month**	명사	(일 년 열두 달 중 한) 달, 월
374	**moon**	명사	달
375	**morning**	명사	아침, 오전
376	**mother**	명사	어미, 어머니
		동사	(어머니처럼) 보살피다
377	**mountain**	명사	산, 산더미

#	단어	품사	뜻
378	mouse	명사	쥐, 생쥐
379	mouth	명사	입
380	move	동사	움직이다; 움직이게 하다, 옮기다
		동사	이사하다
381	movie	명사	영화
382	much	형용사, 대명사	많은, 많음
383	museum	명사	박물관, 미술관
384	music	명사	음악, 곡
385	name	명사	이름, 성명, 성함
		동사	이름을 지어주다, 명명하다
386	nation	명사	국가
387	nature	명사	자연
388	neck	명사	목
389	new	형용사	새, 새로운
390	newspaper	명사	신문, 신문지
391	next	형용사	다음, 뒤의, 옆의
392	nice	형용사	좋은, 즐거운, 멋진
393	night	명사	밤, 야간
394	no/nope/nay	감탄사	아니, 안 돼
395	noon	명사	정오, 낮 12시, 한낮
396	north	명사	북쪽, 북
		형용사	북쪽에 있는, 북쪽으로 향하는

#	단어	품사	뜻
397	**nose**	명사	코
398	**nothing**	대명사	아무것도 아님, 단 하나도 없음
399	**now**	부사	지금, 이제
400	**number**	명사	수, 숫자
		동사	번호를 매기다, 번호를 붙이다
401	**nurse**	명사	간호사
		동사	간호하다
402	**ocean**	명사	바다, 대양
403	**office**	명사	근무처, 사무실, 사옥
404	**oil**	명사	열려 있는기름, 석유
405	**old**	형용사	나이가 많은, 오래 된
406	**one**	명사, 형용사	하나, 하나의
407	**open**	형용사	열려 있는
		동사	열다
408	**paint**	명사	페인트
		동사	페인트를 칠하다
409	**palace**	명사	궁전
410	**pants**	명사	바지
411	**paper**	명사	종이
		명사	신문
412	**parent**	명사	부모
413	**park**	명사	공원
		동사	주차하다

#	단어	품사	뜻
414	pass	동사	지나가다, 통과하다
		명사	(시험) 합격, 통과
415	peace	명사	평화
416	pear	명사	배(과일)
417	pencil	명사	연필
418	people	명사	사람들
419	picnic	명사	소풍, 피크닉
		동사	소풍을 하다
420	picture	명사	그림
		동사	상상하다, 마음속에 그리다
421	pig	명사	돼지
422	pink	형용사	분홍색의
		명사	분홍색
423	place	명사	장소, 곳
		동사	놓다, 두다, 설치하다
424	play	동사	놀다, 게임/놀이 등을 하다
		명사	연극
425	please	부사	부디, 제발
		동사	(남을) 기쁘게 하다
426	P.M./p.m.	약어	(라틴어 post meridiem) 오후
427	pocket	명사	주머니, 포켓
428	point	명사	(말/글에서 제시하는) 의견, 주장(손가락 등으로) 가리키다
		동사	장(손가락 등으로) 가리키다

429	**police**	명사	경찰
430	**potato**	명사	감자
431	**power**	명사	힘, 세력
		동사	동력을 공급하다, 작동시키다
432	**prince**	명사	왕자
433	**print**	동사	인쇄하다, 프린트를 하다
434	**prize**	명사	상, 상품, 경품
435	**puppy**	명사	강아지
436	**push**	동사	밀다
437	**puzzle**	명사	퍼즐, (머리를 써서) 알아맞히기
		동사	어리둥절하게 만들다
438	**queen**	명사	여왕, 왕비
439	**quick**	형용사	빠른, 신속한
440	**quiet**	형용사	조용한, 한산한
		명사	고요
441	**rabbit**	명사	토끼
442	**race**	명사	경주, 달리기 시합, 레이스
		명사	인종, 민족
443	**rain**	명사	비, 빗물
		동사	비가 오다
444	**rainbow**	명사	무지개
445	**read**	동사	읽다, 판독하다

446	**red**	형용사	빨간, 붉은
		명사	빨간색
447	**restaurant**	명사	식당, 레스토랑
448	**restroom**	명사	화장실
449	**rich**	형용사	보유한, 돈 많은, 부자인
450	**ring**	동사	전화하다, 전화를 걸다
		명사	반지
451	**river**	명사	강
452	**road**	명사	도로, 길
453	**rock**	명사	돌, 암석
		동사	흔들리다, 흔들다
454	**roof**	명사	지붕
455	**room**	명사	방, ~실
456	**run**	동사	달리다, 뛰다
		명사	달리기
457	**sad**	형용사	슬픈, 애석한
458	**sale**	명사	판매
459	**salt**	명사	소금
460	**sand**	명사	모래
461	**school**	명사	학교
		동사	훈련시키다, 가르치다
462	**science**	명사	과학
463	**scissors**	명사	가위

464	**score**	명사	득점, 스코어
		동사	득점을 하다
465	**sea**	명사	바다
466	**season**	명사	계절
		동사	양념을 하다, 간을 맞추다
467	**see**	동사	보다, 목격하다
468	**sell**	동사	팔다, 매도하다
469	**she**	대명사	그녀
470	**ship**	명사	배, 선박, 함선
		동사	(배나 다른 수단으로) 실어 나르다, 수송하다
471	**shoe**	명사	신발
472	**shop**	명사	가게, 상점
		동사	사다, 쇼핑하다
473	**show**	동사	보여 주다
		명사	(극장에서 하는) 쇼, 공연물
474	**sing**	동사	노래하다
475	**sister**	명사	언니, 누나, 여동생
476	**sit**	동사	앉다, 앉아 있다
477	**size**	명사	(사람/사물의) 크기
478	**skin**	명사	피부, 껍질
479	**skirt**	명사	치마
480	**sky**	명사	하늘

481	sleep	동사	잠을 자다
		명사	잠, 수면
482	slow	형용사	느린, 더딘, 천천히 움직이는
		동사	천천히 가다, 속도를 줄이다
483	small	형용사	작은, 소규모의
484	smell	동사	냄새가 나다, 냄새를 맡다
		명사	냄새, 향
485	smile	동사	소리를 내지 않고 웃다, 미소 짓다
		명사	미소
486	snow	명사	눈
		동사	눈이 오다, 눈이 내리다
487	soccer	명사	축구
488	sock	명사	양말
489	soft	형용사	부드러운, 푹신한
490	son	명사	아들
491	song	명사	노래, 가곡
492	sorry	형용사	안된, 안쓰러운, 애석한
		감탄사	미안해요, 죄송해요
493	sound	명사	소리
		동사	~처럼 들리다
494	south	명사	남쪽, 남부
		형용사	남쪽에 있는, 남쪽으로 향하는
495	speak	동사	말을 주고 받다, 이야기하다

496	speed	명사	(물체의 이동) 속도
497	spoon	명사	숟가락
498	stand	동사	서다, 서 있다
499	start	동사	시작하다
		명사	시작, 시작점
500	stone	명사	돌, 석조
501	stop	동사	멈추다, 서다, 정지하다
502	store	명사	가게, 상점
		동사	저장하다, 보관하다
503	story	명사	이야기(말)
504	strawberry	명사	딸기
505	street	명사	거리, 도로, ~가
506	strong	형용사	튼튼한, 강한, 힘센
507	student	명사	학생, 제자
508	study	동사	공부하다, 배우다
		명사	시작, 시작점
509	subway	명사	지하철, 지하도
510	sugar	명사	설탕
511	sun	명사	해, 태양
512	supper	명사	저녁 식사
513	swim	동사	수영하다, 헤엄치다
514	table	명사	식탁, 테이블, 탁자, 상

515	tail	명사	(동물의) 꼬리
		동사	미행하다
516	talk	동사	말하다, 이야기하다, 수다를 떨다
		명사	이야기, 대화, 논의
517	tall	형용사	키가 큰, 높은
518	tape	명사	(접착용) 테이프
		명사	(소리/영상을 기록하는) 테이프
519	taste	명사	맛
		동사	맛을 보다, 맛이 ~하다
520	teach	동사	가르치다, 가르쳐주다
521	teen	명사	10대 청소년
522	telephone	명사	전화, 전화기
523	tell	동사	(말/글로) 알리다, 전하다, 말하다
524	test	명사	시험, 검사
		동사	시험을 치게 하다, 검사하다
525	textbook	명사	교과서
526	thank	동사	감사하다, 고마워하다, 감사를 표하다
527	that	형용사, 대명사	저, 그, 저것 그것(가까이에 있지 않은 것을 가리킬 때)
528	there	부사	거기에
529	they	대명사	그들, 그것들
530	thing	명사	(사물을 가리키는) 것, 거; 물건, 사물
531	this	형용사, 대명사	(가까이 있는 것을 가리켜) 이것, 이

532	tiger	명사	호랑이
533	time	명사	시간
		동사	시간을 맞추다, 시간을 재다
534	today	부사	오늘, 오늘날에, 현재
		명사	오늘
535	tomorrow	부사, 명사	내일
536	tonight	부사	오늘 밤에
		명사	오늘 밤
537	tooth	명사	이빨, 이, 치아
538	top	명사	맨 위 부분, 꼭대기, 정상
539	touch	동사	만지다, 건드리다, 손을 대다
540	tour	명사	(여러 도시·국가를 방문하는) 여행, 관광
		명사	순회하다, 순방하다, 관광하다
541	tower	명사	탑
542	town	명사	(소)도시, 읍
543	toy	명사	장난감
544	train	명사	기차, 열차
		동사	훈련하다, 연습하다
545	travel	동사	여행하다, 이동하다
		명사	여행, 출장, 이동
546	tree	명사	나무
547	triangle	명사	삼각형
548	trip	명사	여행, 이동

549	**true**	형용사	사실인, 참인, 맞는
550	**type**	명사	형타, 유형, 종류
		명사	타자를 치다, 입력하다
551	**ugly**	형용사	못생긴, 추한, 보기 싫은
552	**umbrella**	명사	우산, 양산
553	**uncle**	명사	삼촌, 외삼촌, 고모부, 이모부
554	**understand**	명사	이해하다-, 알아듣다, 알다
555	**use**	명사	사용하다-, 쓰다, 이용하다
		명사	사용, 이용
556	**vegetable**	명사	채소, 야채
557	**visit**	동사	방문하다, 찾아가다
		명사	방문
558	**voice**	명사	목소리, 음성
559	**wait**	동사	기다리다
560	**walk**	동사	걷다, 걸어가다
		명사	걷기, 산책
561	**wall**	명사	벽, 담
562	**war**	명사	전쟁
563	**warm**	형용사	따듯한, 따스한, 훈훈한
		동사	데우다, 따뜻하게 하다
564	**wash**	동사	씻다
565	**watch**	동사	보다, 지켜보다, 주시하다
		명사	시계

566	**water**	명사	물
		동사	(화초 등에) 물을 주다
567	**watermelon**	명사	수박
568	**way**	명사	방법, 방식, 식 투
		명사	길, 도로
569	**we**	대명사	우리, 저희
570	**weather**	명사	날씨, 기상, 일기
571	**wedding**	명사	결혼식, 혼례식
572	**week**	명사	주, 일주일
573	**weekend**	명사	주말
574	**weight**	명사	무게, 체중
575	**welcome**	동사	맞이하다, 환영하다
		감탄사	환영합니다, 어서 오세요
576	**well**	부사	잘, 좋게 제대로
577	**west**	명사	서쪽
578	**wet**	형용사	젖은
		동사	적시다
579	**what**	대명사, 형용사	무엇, 무슨
580	**when**	부사, 대명사	언제
581	**where**	부사, 대명사	어디에, 어디
582	**white**	형용사	흰, 흰색의, 하얀
		명사	흰색, 백색

583	who	대명사	누구
584	why	부사	왜, 어째서
585	wife	명사	아내, 처 부인
586	win	동사	이기다
		명사	승리
587	wind	명사	바람
588	window	명사	창문
589	woman	명사	(성인) 여성, 여자, 여인
590	wood	명사	나무, 목재
591	word	명사	단어, 낱말, 말
592	work	동사	일하다, 작업을 하다, 근무하다
		명사	직장, 직업, 일
593	world	명사	세계
594	year	명사	년/연, 해
595	yellow	형용사	노란, 노란색의
		명사	노란색
596	yes/yeah/yep	감탄사	네, 응, 그래요
597	yesterday	부사, 명사	어제
598	you	대명사	너, 당신
599	zebra	명사	얼룩말
600	zoo	명사	동물원

교육부 지정 초등 필수 심화 어휘 200

1	about	부사	약, -쯤, -경
		전치사	~에 관하여
2	above	전치사	(위치나 지위 면에서) 보다 위에
3	across	부사, 전치사	건너서, 가로질러
4	advise	동사	조언하다, 충고하다, 권고하다
5	against	전치사	(무엇에) 반대하여, 맞서
6	ago	부사	(얼마의 시간) 전에
7	agree	동사	동의하다
8	ahead	부사	(공간, 시간상으로) 앞으로, 앞에
9	almost	부사	거의
10	along	전치사	~을 따라
11	already	부사	이미, 벌써
12	also	부사	또한, 게다가
13	another	형용사	또 하나의
		대명사	또 하나의 것
14	any	형용사	얼마간의, 어느 것이든, 누구든
15	around	부사	약, 쯤
		전치사	둘레에, 주위에
16	as	전치사	~처럼, ~같이
17	ask	동사	묻다, 물어 보다, 부탁하다
18	at	전치사	(장소 또는 시간) ~에

19	away	부사	(시간적/공간적으로) 떨어진 곳에
20	back	명사	등, 허리
		부사, 동사	뒤로, 뒤로 물러서다
21	basic	형용사, 명사	기초적인, 기초, 기본
22	beauty	명사	아름다움, 미
23	because	접속사	~때문에
24	become	동사	~(해)지다, ~이 되다
25	before	전치사	(시간상으로) 전에, 앞에
		접속사	~하기 전에
26	begin	동사	시작하다, 시작되다
27	behind	전치사, 부사	뒤에
28	believe	동사	(무엇이나 누구의 말을) 믿다
29	below	전치사	(위치가) 아래에
30	beside	전치사	옆에
31	between	전치사	(위치가) 사이에, 중간에
32	brave	형용사	용감한, 대담한
33	bring	동사	가져오다, 데려오다
34	build	동사	(건물을) 짓다, 건설하다
35	busy	형용사	바쁜
36	but	접속사	그러나(~이나), 하지만(~지만)
37	calm	형용사	침착한, 차분한
		동사	진정시키다

38	care	명사	걱정, 돌봄, 주의
		동사	걱정하다, 돌보다
39	carry	동사	나르다, 운반하다
40	certain	형용사	확실한, 틀림없는
41	check	명사, 동사	점검, 점검하다
42	choose	동사	선택하다, 고르다
43	clever	형용사	영리한, 똑똑한
44	close	형용사	(시간적공간적으로) 가까운
		동사	닫다, 닫히다
45	collect	동사	모으다, 수집하다
46	company	명사	회사, 동료, 교제
47	condition	명사	상태, 조건
		동사	조건을 붙이다
48	contest	명사	대회, 시합
		동사	(어떤 것을 차지하기 위해) 경쟁을 벌이다
49	control	명사	지배권
		동사	지배하다, 통제하다
50	copy	명사	복사/복제본
		동사	복사하다, 베끼다
51	cost	명사	값, 비용
		동사	비용이 들다
52	could	조동사	CAN의 과거형, ~할 수가 있었다

53	**cover**	동사	(감추거나 보호하기 위해) 씌우다, 가리다
		명사	덮개, 커버
54	**crazy**	형용사	미친, 정상이 아닌, 말도 안 되는
55	**cross**	명사	X 표, 십자, +기호
		동사	건너다, 가로지르다, 횡단하다
56	**crowd**	명사	사람들, 군중 무리
		동사	(어떤 장소를) 가득 메우다
57	**culture**	명사	문화
		동사	(미생물/조직 등을) 배양하다
58	**curious**	형용사	궁금한, 호기심이 많은, 특이한, 별난
59	**danger**	명사	(사망, 부상 등의) 위험
60	**dead**	형용사	죽은
		명사	죽은 사람들
61	**death**	명사	죽는 것, 죽음, 사망
62	**decide**	동사	결정하다, 판결을 내리다
63	**deep**	형용사	(위에서 아래까지) 깊은
64	**design**	명사	(건물/책/기계 등의) 디자인
		동사	설계/도안하다
65	**die**	동사	죽다, 사망하다
66	**different**	형용사	다른, 차이가 나는
67	**difficult**	형용사	어려운, 힘든, 곤란한
68	**discuss**	동사	상의하다, 논의하다
69	**divide**	동사	나누다, 가르다

70	do	동사	(어떤 동작을) 하다
71	double	형용사	두 배의, 갑절의
		동사	두 배로 되다, 두 배로 만들다
72	down	부사	아래로, 아래에
		전치사	높은 데서 아래로
73	draw	동사	그리다
74	drop	동사	떨어지다, 떨어뜨리다
		명사	방울
75	dry	형용사	마른, 건조한
		동사	마르다, 말리다
76	during	전치사	~동안, ~하는 중에
77	early	형용사	초(창)기의, 이른, 조기의 지구
78	earth	명사	세상, 땅, 지면, 흙
79	elementary	형용사	초보의, 초급의, 근본적인
80	enough	형용사	필요한 만큼의, 충분한
81	error	명사	실수, 오류
82	exam (examination)	명사	시험, 검사
83	example	명사	예, 사례
84	exercise	명사	운동
		동사	(권리역량 등을) 행사하다
85	fantastic	형용사	기막히게 좋은, 환상적인
86	far	부사	멀리

87	**favorite**	형용사	매우 좋아하는
88	**fever**	명사	열, 열병
89	**fill**	동사	채우다, 채워지다
90	**finish**	동사	끝내다, 마무리 짓다
91	**fix**	동사	고정시키다, 박다
92	**focus**	동사	집중하다, 집중시키다
		명사	초점, 주목
93	**for**	전치사	~을 위해, ~의
94	**forget**	동사	(과거의 일을) 잊다, 잊어버리다
95	**form**	명사	종류, 유형
		동사	형성되다, 형성시키다
96	**fresh**	형용사	신선한 것
97	**from**	전치사	~에서 부터
98	**front**	명사	(사물의) 앞면, 앞부분
99	**future**	명사	미래
100	**get**	동사	받다, 구하다, 얻다
101	**guess**	동사	추측하다, 짐작하다
		명사	추측, 짐작
102	**hang**	동사	걸다, 매달다, 걸리다 매달리다
103	**hate**	동사	몹시 싫어하다, 질색하다
		명사	(사람에 대한) 증오
104	**have**	동사	가지다, 있다, 소유하다

105	heat	명사	열기, 열
		동사	뜨겁게 만들다, 뜨거워지다
106	history	명사	역사
107	hold	동사	잡고 있다
		명사	쥐기, 잡기
108	how	부사	어떻게
109	however	부사	그렇지만, 아무리 ~해도
110	humor (humour)	명사	유머, 익살, 해학
111	hurry	동사	서두르다, 급히 하다
		명사	서두름, 급함
112	if	접속사	만약, ~면
113	important	형용사	중요한
114	in	전치사	(지역/공간 내의)~에, ~에서
115	inside	전치사	~의 안에, 속에, 내부에
		명사	안쪽, 속, 내부
116	into	전치사	안으로, 속으로
117	introduce	동사	소개하다
118	invite	동사	초대하다, 초청하다
		명사	초대
119	just	부사	(정확히라는 의미의) 딱
		형용사	공정한
120	keep	동사	유지하다, 계속 하다, 계속 있게 하다

121	last	형용사	마지막의, 최종적인, 지난
		동사	계속되다
122	lie	동사	누워있다, 눕다
		명사,동사	거짓말(하다)
123	like	전치사	~와 비슷한
		동사	좋아하다, 즐기다
124	long	형용사	긴
		동사	간절히 바라다
125	mad	형용사	미친, 정신 이상인, 화가 난
126	make	동사	만들다, 제조하다
127	may	조동사	(가능성을 나타내어)~일지도 모른다, ~일 수도 있다
128	might	조동사	may의 과거형, ~해도 좋다, ~일지도 모른다
129	mind	명사	마음, 정신
		동사	언짢아 하다, 상관하다
130	miss	동사	놓치다, 빗나가다
		명사	(결혼하지 않은 여자에게)~양
131	must	조동사	(중요성을 나타내어)~해야 하다
132	near	형용사	(거리상으로) 가까운
		동사	가까워지다, 다가오다
133	need	동사	필요로 하다, 해야 하다
134	never	부사	결코, 절대, 한번도~않다
		감탄사	설마, 그럴 리가
135	not	부사	~아니다, ~않다

136	note	명사	메모, 쪽지
		동사	~에 주목하다, 주의하다
137	of	전치사	~의(어떤 사람/사물에게 속한 또는 그/그것과 관련된)
138	off	전치사, 부사	~에서 떨어져
139	often	부사	자주, 흔히, 보통
140	on	전치사	~위에
141	only	형용사	유일한, 오직 ~만의
142	or	접속사	그것이 아니면, 또는, 혹은
143	out	부사, 전치사	밖에, 밖으로
144	over	부사	넘어지게, 쓰러지게
		전치사	(다른 사람/사물이 덮이도록) ~위에
145	part	명사	일부, 약간
		동사	~와 헤어지다
146	pay	동사	지불하다, 내다, 결제하다
		명사	급료, 보수
147	pick	동사	고르다, 선택하다, 뽑다
148	plan	명사	계획
		동사	계획을 세우다, 계획하다
149	poor	형용사	가난한, 빈곤한
150	present	형용사	현재의, 출석한, 참석한
		명사	선물
151	pretty	형용사	매력적인, 예쁜, 귀여운
		부사	어느 정도, 꽤

152	**problem**	명사	문제
153	**put**	동사	(특정한 장소에) 놓다, 두다, 얹다
154	**question**	명사	질문, 의문, 문제
		동사	질문하다, 심문하다
155	**ready**	형용사	준비가 된
156	**remember**	동사	기억하다, 기억나다
157	**return**	동사	돌아오다, 반납하다
158	**right**	형용사	올바른, 오른쪽의
159	**safe**	형용사	안전한
		명사	금고
160	**same**	형용사	똑같은, 동일한
161	**save**	동사	구하다, 구조하다, 저축하다
162	**say**	동사	말하다, ~라고 하다
163	**send**	동사	보내다, 발송하다
164	**shock**	명사	(심리적) 충격
		동사	놀라게 하다
165	**short**	형용사	짧은, 키가 작은
166	**should**	조동사	~을 해야 한다
167	**shy**	형용사	수줍음 많이 타는, 부끄러워 하는
168	**sick**	형용사	아픈, 병든
169	**side**	명사	(어떤 것의 중심을 기준으로 한 좌우 중 한) 쪽, 측
170	**smart**	형용사	영리한, 솜씨 좋은

171	so	부사	그렇게, 매우
		접속사	그래서, 그러므로
172	some	형용사, 대명사	얼마간의, 조금의, 얼마간, 어떤 사람들
173	sour	형용사	신, 시큼한
174	space	명사	우주, 공간
175	stay	동사	계속 그대로 있다, 머무르다, 남다
176	stress	명사	스트레스, 압박, 긴장
		동사	강조하다
177	take	동사	잡다, 획득하다, 가지고 가다, 받아들이다
178	than	전치사, 접속사	~보다(비교의 대상이 되는 것을 나타냄)
179	the	정관사	그 (이미 언급되었거나 쉽게 알 수 있는 사람, 사물 앞에 붙임)
180	think	동사	생각하다, 일 것 같다, 사고하다
181	thirst	명사	갈증, 목마름
		동사	목마르다, 갈망하다
182	to	전치사	(이동 방향을 나타내어) ~로, ~쪽으로
183	together	부사	함께, 같이
184	too	부사	너무, ~도, ~또한
185	try	동사	노력하다, 애를 쓰다, 이루려고 하다
		명사	시도
186	turn	동사	돌다, 돌리다
187	twice	부사	두 번, 두 배로

188	**under**	전치사	~아래에, ~속에
189	**up**	부사	위쪽으로
190	**very**	부사	매우, 아주, 정말
191	**wake**	동사	(잠에서) 깨다, 일어나다, 깨우다
192	**want**	동사	원하다, 바라다, 하고 싶어 하다
193	**wear**	동사	입다, 입고 있다
194	**will**	조동사	~일 것이다, ~할 것이다
		명사	의지, 의견
195	**wish**	동사	원하다, 바라다
		명사	바람, 의도, 소망
196	**with**	전치사	~와 함께
197	**worry**	동사	걱정하다, 걱정하게 만들다
		명사	걱정, 우려
198	**write**	동사	쓰다, 집필하다, 작성하다
199	**wrong**	형용사	틀린, 잘못된
		명사	나쁜 행동
200	**young**	형용사	어린, 소생의, 덜 성숙한
		명사	젊은이들

교육부 지정 중고등 필수 어휘 중 초등 고학년 추천 어휘 300

1	able	형용사	할 수 있는
2	absolute	형용사	완전한, 완벽한
3	accept	동사	(기꺼이) 받아들이다
4	admit	동사	인정하다, 들어가게 하다
5	absent	형용사	결석한, 결근한
6	absolute	형용사	완전한, 완벽한
7	aim	명사	목표
8	aisle	명사	통로
9	alive	형용사	살아 있는
10	amaze	동사	(대단히) 놀라게 하다
11	army	명사	군대
12	attend	동사	출석하다, 참석하다
13	balance	명사	균형
		동사	균형을 잡다
14	ban	동사	금지하다
		명사	금지
15	beast	명사	짐승, 야수
16	bend	동사	굽히다, 숙이다
17	blanket	명사	담요
18	blind	형용사	눈이 안보이는
19	blink	동사	눈을 깜박이다

20	bold	형용사	대담한, (선 등이) 굵은
21	boost	동사	북돋우다, 밀어올리다
		명사	밀어올림, 격려
22	border	명사	국경, 경계, 가장자리
23	broadcast	동사	방송하다, 널리 알리다
24	bully	명사	(약한 사람을) 괴롭히는 사람
		동사	괴롭히다, 왕따시키다
25	cancel	동사	취소하다
26	capable	형용사	~ 할 능력이 있는, 유능한
27	capital	명사	수도, 자금, 대문자
28	cave	명사	동굴
29	ceiling	명사	천장
30	century	명사	100년, 세기
31	challenge	명사	도전
		동사	도전하다
32	chaos	명사	혼돈, 혼란
33	chase	명사	추적
		동사	추적하다
34	complain	동사	불평하다, 항의하다
35	connect	동사	연결하다, 이어지다
36	custom	명사	관습, 풍습
37	damage	동사	손상시키다, 훼손하다
		명사	훼손

38	**dawn**	명사	새벽
39	**deal**	동사	거래하다
40	**debate**	동사	토론하다
		명사	토론
41	**debt**	명사	빚, 부채
42	**decision**	명사	결정, 판단
43	**decorate**	동사	장식하다, 꾸미다
44	**defend**	동사	수비하다, 방어하다
45	**deliver**	동사	배달하다
46	**depend**	동사	의존하다, 의지하다
47	**desert**	명사	사막
48	**destroy**	동사	파괴하다
49	**educate**	동사	교육하다, 가르치다
50	**effort**	명사	노력, 수고
51	**elect**	동사	(선거로) 선출하다, 선택하다
52	**emotion**	명사	감정
53	**empty**	형용사	비어 있는
54	**enemy**	명사	적, 반대자
55	**entertain**	동사	즐겁게 하다, 대접하다
56	**entry**	명사	입장, 등장
57	**environment**	명사	환경
58	**exist**	동사	존재하다
59	**expert**	명사	전문가

60	express	동사	(감정/의견 등을) 표현하다
61	fade	동사	(색깔이) 바래다, 희미해지다
62	faith	명사	믿음, 신뢰, 신앙
63	false	형용사	틀린, 사실이 아닌
64	fame	명사	명성
65	familiar	형용사	익숙한, 친숙한
66	fasten	동사	매다, 채우다, 잠그다
67	fate	명사	운명, 숙명
68	fear	명사	공포, 두려움
		동사	두려워하다, 무서워하다
69	feed	동사	먹이를 주다
70	fist	명사	주먹
71	flight	명사	비행, 여행
72	furniture	명사	가구
73	gain	동사	얻다, 갖게 되다
74	gap	명사	틈, 공백, 격차
75	general	형용사	일반적인, 보편적인
76	generous	형용사	너그러운, 관대한
77	genius	명사	천재
78	global	형용사	세계적인, 지구의
79	grade	명사	등급, 품질
		동사	등급을 나누다
80	gradual	형용사	점진적인, 단계적인, 서서히 하는

81	grand	형용사	웅장한, 위대한
82	grateful	형용사	고마워하는, 감사하는
83	guest	명사	손님, 하객
84	guilty	형용사	죄책감이 드는, 유죄의
85	half	명사	반, 절반
86	happen	동사	(일이) 발생하다, 벌어지다
87	harvest	동사	수확하다, 거둬들이다
		명사	수확
88	haste	명사	서두름, 급함
89	heal	동사	치유하다, 낫다
90	height	명사	높이, 키
91	hide	동사	숨기다, 감추다
92	holy	형용사	신성한, 경건한
93	horror	명사	공포, 경악
94	hug	동사	막대한, 거대한
95	huge	형용사	껴안다, 포옹하다, 끌어안다
96	hurt	동사	다치게 하다, 아프다
97	ignore	동사	무시하다
98	ill	형용사	아픈, 병 든, 몸이 안 좋은
99	imagine	동사	모방하다, 본뜨다, 흉내 내다
100	imitate	동사	마련하다, (일을) 주선하다
101	import	동사	수입하다
		명사	수입품

102	**income**	명사	수입, 소득
103	**incredible**	형용사	믿을 수 없는, 놀라운
104	**independent**	형용사	독립된, 독립적인
105	**industry**	명사	산업, 공업
106	**insect**	명사	곤충
107	**international**	형용사	국제적인
108	**invent**	동사	발명하다, 지어내다
109	**jail**	명사	교도소, 감옥
110	**jaw**	명사	턱
111	**joke**	동사	농담하다, 재미있는 이야기를 하다
111	**joke**	명사	농담
112	**judge**	명사	판사
112	**judge**	동사	판단하다
113	**justice**	명사	정의
114	**knee**	명사	무릎
115	**knight**	명사	(중세의) 기사
116	**knock**	동사	두드리다, 노크하다
116	**knock**	명사	노크 소리
117	**lack**	명사	부족, 결핍
118	**language**	명사	언어
119	**laugh**	동사	웃다
119	**laugh**	명사	웃음, 웃음소리
120	**law**	명사	법

121	**lawyer**	명사	변호사
122	**lead**	동사	앞장서서 안내하다, 이끌다
123	**leather**	명사	가죽
124	**leave**	동사	떠나다, 출발하다
		명사	휴가
125	**legend**	명사	전설
126	**lend**	동사	빌려주다, 대출하다
127	**level**	명사	정도, 수준, 단계
128	**limit**	명사	한계, 한도
		동사	제한하다
129	**list**	명사	목록, 명단
130	**literature**	명사	문학
131	**lock**	동사	잠그다
		명사	자물쇠
132	**luxury**	명사	사치, 호화로움
133	**machine**	명사	기계
134	**main**	형용사	주된, 중요한, 가장 큰
135	**major**	형용사	주요한, 중대한
136	**manner**	명사	방식, 태도
137	**marine**	형용사	바다의, 해양의
138	**master**	명사	주인
		동사	숙달하다, 완전히 익히다
139	**mate**	명사	친구

140	matter	명사	문제, 사안
		동사	중요하다
141	maximum	형용사	최대의, 최고의
142	maybe	부사	어쩌면, 아마
143	method	명사	방법
144	mistake	명사	실수, 잘못
		동사	실수하다
145	naked	형용사	벌거벗은
146	narrow	형용사	좁은
147	neat	형용사	정돈된, 단정한, 말쑥한
148	necessary	형용사	필요한, 필연적인
149	needle	명사	바늘
150	negative	형용사	부정적인, 나쁜
151	nervous	형용사	긴장하는, 불안해하는
152	nest	명사	(새의) 둥지
153	nevertheless	부사	그렇기는 하지만, 그럼에도 불구하고
154	nightmare	명사	악몽
155	noble	형용사	고결한, 고귀한, 숭고한
		명사	귀족, 상류층
156	novel	명사	소설
157	obey	동사	시키는 대로 하다, 따르다, 순종하다
158	object	명사	물건, 물체
		동사	반대하다

159	observe	동사	관찰하다, 주시하다
160	obvious	형용사	분명한, 명백한, 확실한
161	occupation	명사	직업
162	offer	동사	제의하다, 제안하다, (기꺼이) 해 주겠다고 하다
		명사	제의, 제안
163	opinion	명사	(개인의) 의견, 견해, 생각
164	opportunity	명사	기회
165	order	동사	명령하다, 지시하다
		명사	순서, 질서
166	outcome	명사	결과
167	owe	동사	빚지고 있다
168	own	동사	소유하다
		형용사	자기 자신의, 스스로 하는
169	pack	동사	(짐을) 싸다, 챙기다
170	pain	명사	아픔, 통증, 고통
171	pair	명사	같은 종류의 두 물건, 함께 사용하는 두 물건
		동사	(둘씩) 짝을 짓다
172	palm	명사	손바닥
173	pan	명사	냄비
174	passenger	명사	승객
175	passion	명사	열정, 격정
176	passport	명사	여권

177	**past**	형용사	지나간(시간상으로 과거에 해당하는)
		명사	과거, 지난 날
178	**path**	명사	길
179	**prey**	명사	먹이, 사냥감
180	**privacy**	명사	혼자 있는 상태, 사생활
181	**quality**	명사	질, 품질
182	**quantity**	명사	양, 수량
183	**quit**	동사	그만두다, 포기하다
184	**quite**	부사	꽤, 상당히
185	**random**	형용사	무작위의, 닥치는 대로 하는
186	**range**	동사	범위, 다양성
187	**rank**	명사	지위, 계급
188	**rare**	형용사	드문, 보기 힘든, 희귀한
189	**raw**	형용사	익히지 않은, 날것의
190	**reach**	동사	~에 이르다, 닿다, 도달하다
191	**react**	동사	반응하다, 반응을 보이다
192	**receipt**	명사	영수증
193	**recipe**	명사	조리법, 요리법
194	**recover**	동사	회복하다
195	**recycle**	동사	재활용하다, 재사용하다
196	**regret**	동사	후회하다
		명사	유감, 후회
197	**religion**	명사	종교

198	rescue	동사	구하다, 구조하다
199	resemble	동사	닮다, 비슷하다
200	reserve	동사	예약하다
201	responsible	형용사	책임지고 있는, 책임 맡고 있는
202	role	명사	역할, 역
203	root	명사	뿌리
		동사	뿌리를 내리다
204	rule	동사	통치하다, 다스리다, 지배하다
		명사	규칙
205	sail	동사	항해하다
206	salary	명사	급여, 봉급, 월급
207	scare	동사	겁주다, 겁먹게 하다, 놀라게 하다
208	scene	명사	현장, 장면, 광경
209	scold	동사	야단치다, 꾸짖다
210	scratch	동사	긁다, 할퀴다
		명사	긁힌 자국, 할퀸 상처
211	search	동사	검색하다, 찾다, 수색하다
212	seat	명사	자리, 좌석
		동사	앉히다
213	secret	명사	비밀, 기밀
214	seed	명사	씨, 씨앗, 종자
215	seem	동사	(~인 것처럼) 보이다, ~인 것 같다
216	self	명사	모습, 본 모습, 자신

217	sense	명사	감각, 느낌
		동사	감지하다, 느끼다
218	sentence	명사	문장
219	serious	형용사	심각한, 진지한
220	several	형용사	몇몇의
		대명사	몇몇
221	sew	동사	바느질하다, 깁다
222	shade	명사	그늘, 빛 가리개
223	shadow	명사	그림자
224	shake	동사	흔들리다, 흔들다
225	summary	명사	요약, 개요
226	super	형용사	대단한, 굉장히 좋은
227	sweet	형용사	달콤한, 단
228	system	명사	제도, 체제
229	tag	명사	꼬리표, 태그, 술래잡기
230	tale	명사	이야기, 소설
231	talent	명사	재주, 재능, 장기
232	tax	명사	세금
233	temple	명사	신전, 사원, 절 사찰, 회당
234	tender	형용사	상냥한, 다정한, 부드러운
235	terrible	형용사	끔찍한, 소름 끼치는
236	text	명사	(책/잡지의) 본문
		동사	문자를 보내다

237	**theater/theatre**	명사	극장, 공연장
238	**theme**	명사	주제, 테마
239	**thief**	명사	도둑, 절도범
240	**thin**	형용사	얇은, 가는
241	**thousand**	명사	1000, 천
242	**throat**	명사	목구멍, 목
243	**throw**	동사	던지다, 내던지다
244	**thumb**	명사	엄지손가락
245	**tie**	동사	(끈 등으로) 묶다
		명사	넥타이
246	**tight**	형용사	(고정된 상태 등이) 단단한, 꽉 조여 있는
247	**tiny**	형용사	아주 작은, 적은
248	**toe**	명사	발가락
249	**toilet**	명사	변기, 변기통, 화장실
250	**tool**	명사	연장, 도구, 공구
251	**tradition**	명사	전통
252	**typical**	형용사	전형적인, 대표적인, 보통의
253	**ultimate**	형용사	궁극적인, 최후의, 최종적인
254	**uniform**	명사	제복, 군복, 교복, 유니폼
		형용사	획일적인, 균일한, 한결같은
255	**unify**	동사	통합하다, 통일하다
256	**unique**	형용사	유일무이한, 독특한
257	**universe**	명사	우주, 은하계

258	**university**	명사	대학
259	**unless**	접속사	~하지 않는 한, ~이 아닌 한
260	**until**	접속사, 전치사	~때 까지
261	**update**	동사	최신의 것으로 하다, 갱신하다
262	**upper**	형용사	더 위에 있는, 상부의
263	**upset**	동사	속상하게 만들다
		형용사	속상한, 마음이 상한
264	**upward / upwards**	형용사	위쪽을 향한, (양/가격이) 증가하고 있는
265	**urban**	형용사	도시의, 도회지의
266	**urge**	동사	~하도록) 촉구하다, 설득하려 하다
267	**urgent**	형용사	긴급한, 시급한
268	**usual**	형용사	뒤쫓다, 흔히 있는, 평상시의, 보통의
269	**vacation**	명사	방학, 휴가
270	**vacuum**	명사	진공
		동사	진공청소기로 청소하다
271	**valley**	명사	계곡, 골짜기
272	**value**	명사	가치, 훌륭함
		동사	소중하게 생각하다, 가치 있게 여기다
273	**various**	형용사	여러 가지의, 각양각색의, 다양한
274	**vary**	동사	(크기, 모양 등에서) 서로 다르다, 각기 다르다
275	**vehicle**	명사	차량, 탈것, 운송 수단
276	**venture**	명사	벤처 사업, (사업상의) 모험

277	**version**	명사	(비슷한 종류의 다른 것들과 약간 다른) 판, 형태, 버전
278	**versus**	전치사	스포츠 경기 등에서) vs, ~대, ~대하여
279	**via**	전치사	(어떤 장소를) 경유하여, 거쳐
280	**victim**	명사	피해자, 희생자, 환자
281	**victory**	명사	승리
282	**view**	동사	보다, ~라고 여기다
		명사	(개인적인) 견해, 생각, 의견
283	**village**	명사	마을, 부락, 촌락
284	**violent**	형용사	폭력적인, 난폭한
285	**visible**	형용사	눈에 보이는, 알아볼 수 있는
286	**visual**	형용사	시각의, 눈으로 보는
287	**vocabulary**	명사	어휘
288	**voluntary**	형용사	자발적인, 임의적인, 자진한
289	**vote**	명사	(선거 등에서의) 표
		동사	투표하다
290	**wage**	명사	임금, 급료
291	**warn**	동사	경고하다, 주의를 주다, 충고하다
292	**waste**	동사	낭비하다
		명사	폐기물
293	**wave**	명사	파도, 물결
		동사	(손/팔을) 흔들다
294	**weak**	형용사	(신체적으로) 약한, 힘이 없는
295	**weapon**	명사	무기

296	**whisper**	동사	속삭이다, 소곤거리다, 귓속말을 하다
		명사	속삭임
297	**wise**	형용사	지혜로운, 현명한, 슬기로운
298	**without**	전치사	~없이
299	**yell**	동사	소리 지르다, 외치다
300	**zone**	명사	지역, 지구, 구역

참고 문헌

- 최민석 (2019). 영어과 교육과정, 대학수학능력시험, EBS 교재의 코퍼스 기반 어휘 분석. 한국교원대학교 교육대학원.
- 한국교육과정평가원 (2017). '일반고 수포자, 영포자를 말하다: 학생, 교사의 이야기'. KICE 연구 정책 브리프 vol.07.
- 지니 킴 (2023). 《회복탄력성의 힘》. 빅피시

- Anne Mangen, Bente R. Walgermo, Kolbjørn Brønnick (2013). Reading Linear Texts on Paper versus Computer Screen: Effects on Reading Comprehension. International Journal of Educational Research.
- Arthur S. Reber (1989). Implicit Learning Tacit Knowledge. Journal of Experimental Psychology: General.
- Brantmeier, C. (2006). Toward a Multicomponent Model of Interest and L2 Reading: Sources of Interest, Perceived Situational Interest, and Comprehension. Reading in a Foreign Language, 18(2), 89-115.
- DeKeyser, R. M. (2005). What Makes Learning Second-Language Grammar Difficult? A Review of Issues. Language Learning, 55(S1), 1-25.
- Dörnyei, Z. (2005). The Psychology of the Language Learner: Individual Differences in Second Language Acquisition.
- Ellis, R. (2006). Current Issues in the Teaching of Grammar: An SLA Perspective. TESOL Quarterly, 40(1), 83-107.
- Kuniyoshi L. Sakai (2021). Paper Notebooks vs. Mobile Devices: Brain Activation Differences During Memory Retrieval.
- Martin, A. J., & Marsh, H. W. (2006). Academic Resilience and Its Psychological and

Educational Correlates: A Construct Validity Approach. Psychology in the Schools, 43(3), 267-281.
- Nagy, W. E., & Scott, J. A. (2000). Vocabulary Processes. Handbook of Reading Research, 3, 269-284.
- Nation, I.S.P. (2001). Learning Vocabulary in Another Language. Cambridge University Press.
- Pam A. Mueller & Daniel M. Oppenheimer (2014). The Pen Is Mightier Than the Keyboard: Advantages of Longhand Over Laptop Note Taking. Psychological Science.
- Ro, E. (2013). A Case Study of Extensive Reading with an Unmotivated L2 Reader. Reading in a Foreign Language, 25(2), 213-233.
- Schmitt, N. (2008). Review Article: Instructed Second Language Vocabulary Learning. Language Teaching Research, 12(3), 329-363.
- Strong, M. (1983). Social Styles and the Second Language Acquisition of Spanish-Speaking Kindergartners. TESOL Quarterly, 17(2), 241-258.
- Wakamoto, N. (2000). Language Learning Strategy and Personality Variables: Focusing on Extroversion and Introversion. IRAL, 38(1), 71-81.
- Zoltan Dienes & Josef Perner (1999). A theory of implicit and explicit knowledge. Behavioral and Brain Sciences

초등 영어 완성을 위한 6가지 절대 공식
초등 영어 식스

초판 1쇄 인쇄 2024년 11월 30일

지은이 권태형
펴낸이 김혜영

펴낸곳 북북북
출판등록 제2021-000064호
주소 서울특별시 송파구 중대로 197, 305
전화 (02) 855-2788
메일 vukvukvuk@naver.com

ⓒ 권태형, 2024
ISBN 979-11-977485-5-4 (13590)

• 책 값은 뒤표지에 있습니다.
• 잘못된 책은 구입하신 구입처에서 바꾸어 드립니다.
• 이 책의 저작권은 권태형과 북북북에 있습니다.
• 또한 저작권법에 의해 보호를 받는 저작물이므로 무단 복제 및 전재를 금합니다.